1x4 70,00
ср6

PAROLES DONNÉES

OUVRAGES DU MÊME AUTEUR :

*LA VIE FAMILIALE ET SOCIALE
DES INDIENS NAMBIKWARA*
(Paris, Société des Américanistes, 1948).

LES STRUCTURES ÉLÉMENTAIRES DE LA PARENTÉ
(Paris, Presses Universitaires de France, 1949.
Nouvelle édition revue et corrigée, La Haye-Paris,
Mouton et Cie, 1967).

RACE ET HISTOIRE
(Paris, Unesco, 1952).

TRISTES TROPIQUES
(Paris, Librairie Plon, 1955.
Nouvelle édition revue et corrigée, 1973).

ANTHROPOLOGIE STRUCTURALE
(Paris, Librairie Plon, 1958).

LE TOTÉMISME AUJOURD'HUI
(Paris, Presses universitaires de France, 1962).

LA PENSÉE SAUVAGE
(Paris, Librairie Plon, 1962).

MYTHOLOGIQUES ★ LE CRU ET LE CUIT
(Paris, Librairie Plon, 1964).

MYTHOLOGIQUES ★★ DU MIEL AUX CENDRES
(Paris, Librairie Plon, 1967).

MYTHOLOGIQUES ★★★ L'ORIGINE DES MANIÈRES DE TABLE
(Paris, Librairie Plon, 1968).

MYTHOLOGIQUES ★★★★ L'HOMME NU
(Paris, Librairie Plon, 1971).

ANTHROPOLOGIE STRUCTURALE DEUX
(Paris, Librairie Plon, 1973).

LA VOIE DES MASQUES
(Genève, Éditions d'Art Albert Skira, 2 vol., 1975.
Édition revue, augmentée et allongée de trois excursions,
Paris, Librairie Plon, 1979).

LE REGARD ÉLOIGNÉ
(Paris, Librairie Plon, 1983).

En collaboration :

Georges CHARBONNIER :
ENTRETIENS AVEC CLAUDE LÉVI-STRAUSS
(Paris, Plon-Julliard, 1961).

*DISCOURS DE RÉCEPTION D'ALAIN PEYREFITTE A L'ACADÉMIE FRANÇAISE
ET RÉPONSE DE CLAUDE LÉVI-STRAUSS*
(Paris, Gallimard, 1977).

*DISCOURS DE RÉCEPTION DE GEORGES DUMÉZIL A L'ACADÉMIE FRANÇAISE
ET RÉPONSE DE CLAUDE LÉVI-STRAUSS*
(Paris, Gallimard, 1979).

CLAUDE LÉVI-STRAUSS
de l'Académie française

PAROLES DONNÉES

PLON
8, rue Garancière
PARIS

La loi du 11 mars 1957 n'autorisant, aux termes des alinéas 2 et 3 de l'article 41, d'une part, que les « copies ou reproductions strictement réservées à l'usage privé du copiste et non destinées à une utilisation collective » et, d'autre part, que les analyses et les courtes citations dans un but d'exemple et d'illustration, « toute représentation ou reproduction intégrale ou partielle, faite sans le consentement de l'auteur ou de ses ayants droit ou ayants cause, est illicite » (alinéa premier de l'article 40).

Cette représentation ou reproduction, par quelque procédé que ce soit, constituerait donc une contrefaçon sanctionnée par les articles 425 et suivants du Code pénal.

© Librairie Plon, 1984
ISBN 2-259-01137-3

« Animé par les objets et par les choses, on parle plus vivement et avec plus de force qu'on ne rapporte après ce qu'on a dit. »

SAINT-SIMON, *Mémoires* (Conclusion)

PRÉFACE

Quelques mois avant que je n'entre en fonction au Collège de France, un appariteur vieilli sous le harnois me promena de salle en salle pour que je choisisse celle où je ferai désormais cours. J'allai en désigner une, mais il me prévint brusquement : « Pas celle-là ! ». Et comme je m'étonnais : « Voyez, expliqua-t-il, elle est disposée de telle façon que, pour gagner la chaire, vous devrez traverser tout l'auditoire, et faire de même en sortant. » — « Quelle importance ? », dis-je. Sur quoi il me lança cette réponse à ses yeux péremptoire : « Quelqu'un pourrait vous parler. » Je maintins mon choix, mais, dans la tradition du Collège, il s'agissait bien pour le professeur de dispenser des paroles, non d'en accueillir ni même d'en échanger.

Ajouterai-je que ce cerbère, convaincu par son ancienneté d'incarner mieux qu'aucun professeur l'esprit du Collège, était aussi une âme sensible ? En lui coexistaient la dignité gourmée et les élans du cœur dont l'alliance, inégalement dosée selon les personnes, donnait à notre maison son style. Après ma leçon inaugurale[1], il me dit avoir été aussi ému par la péroraison qu'en écoutant le solo de flûte de l'interlude de *l'Arlésienne* qu'il aimait particulièrement. Jamais compliment ne me toucha davantage. Mais, dans le genre tendre et naïf, il témoigne lui aussi qu'à cette époque encore, un professeur du Collège, comme un soliste

---

1. Devenue le chapitre premier d'*Anthropologie structurale deux* et, pour cette raison, non incluse dans le présent livre.

de concert, devant des auditeurs muets et recueillis était, le mot n'est pas trop fort, en représentation.

Pourtant, on ne s'est jamais privé, pour me parler, de m'arrêter à la sortie du cours ou monter en ma compagnie l'escalier conduisant au laboratoire d'anthropologie sociale. Et l'atmosphère un peu guindée qui régnait au Collège se modifia quand l'usage se répandit de donner sous forme de séminaires une partie de notre enseignement.

Mais quand je pris ma retraite, le cours magistral — en tout cas le mien — restait ce qu'il avait toujours été ; condition nécessaire, si la règle la plus essentielle du Collège doit subsister. Entièrement maître de ses choix dans le cadre de sa chaire, le professeur est tenu à une seule mais rigoureuse obligation : traiter chaque année un sujet neuf. J'ai connu des collègues qui écrivaient par avance un livre ou des chapitres dont ils donnaient la primeur à leur auditoire. Pour ceux qui, comme moi, improvisent en s'aidant seulement de quelques notes (six à douze pages condensant des semaines ou des mois de recherches et de réflexion), on peut imaginer la concentration mentale, la tension nerveuse aussi, qu'implique ce genre d'exercice. Aussi ai-je toujours refusé qu'on m'enregistre ou qu'on radiodiffuse mes cours en direct : seulement à condition de ne pas me sentir bridé par la crainte d'un procès rétrospectif, je pouvais battre la campagne, m'égarer dans des chemins de traverse, mettre des hypothèses fragiles à l'épreuve de l'expression orale, quitte à m'apercevoir, quand elles ne « mordaient » pas sur un public que je sentais confusément flottant ou déconcerté, qu'elles étaient douteuses ou mal formulées. Rassuré de savoir que des paroles peut-être aventurées ou malencontreuses, mais utiles à moi-même pour faire progresser mes idées, ne seraient pas fixées *ne varietur* sur bande magnétique, je me sentais plus libre de céder aux caprices de ma réflexion et d'en suivre tous les méandres, confiant que quand j'aurais donné à celle-ci une forme mieux définie, nul ne viendrait me demander compte de ces premières approximations. A part des enregistrements pirates qui n'ont pas manqué, mais que j'espère inaudibles, une seule de mes leçons fut fixée par le son et même aussi par l'image : la première de l'année 1970-1971 à quoi il faut ajouter un séminaire de mai 1971, pour les besoins du film de Yannick Bellon «Quelque part quelqu'un» (1972) dont l'acteur principal, introduit dans l'auditoire avec mon accord, tenait le rôle d'un étudiant en ethnologie. Le titre du présent recueil a donc une double justification. Ma principale excuse pour livrer aux auditeurs une matière à l'état brut résidait dans l'engagement implicite que je prenais de leur soumettre ultérieurement le produit fini. Ils savaient que je ne consumais pas leur temps et leur attention en jeux gratuits, en tentatives sans lendemain, et que l'aide procurée par leurs réactions muettes mais perceptibles afin que je puisse mieux cerner, préciser et développer ma pensée, leur serait payée de retour (au moins je l'espérais) sous forme d'ouvrages auxquels, par leur patience ou leurs impatiences, ils auraient indirectement contribué.

Je crois avoir tenu parole : mes cours sont «avant la lettre». Il est de fait que tous mes livres (et bon nombre d'articles) écrits depuis 1960 furent mis oralement en chantier. Le lecteur tant soit peu familier avec mes ouvrages les y reconnaîtra à l'état d'esquisse. Le cas échéant, il sera aidé par les titres donnés à plusieurs sections de ce recueil. Mais même sans renvoi précis à des livres ou articles, on notera que la substance du cours de 1973-1974, «Le Graal en Amérique» se retrouve en partie dans *le Regard éloigné*, chapitre XVII ; le cours de 1971-1972, «Discussions sur l'atome de parenté», dans le chapitre IV de ce même livre et déjà dans *Anthropologie structurale deux*, chapitre VII. Le cycle de cours prononcés de 1976 à 1982 sous le titre général «Clan, lignée, maison» a, partiellement aussi, passé dans *la Voie des masques* (édition de 1979, Excursion II), *le Regard éloigné* (chapitres V et VI), et dans le texte d'une conférence intitulée «Histoire et ethnologie» (*Annales E.S.C.*, n° 6, 1983).

Soumis aux exigences d'un calendrier, l'enseignement oral n'attend pas. Plus lente, l'écriture traîne les pieds. D'autre part, dans la mesure où j'improvisais, des difficultés survenaient parfois là où je les attendais le moins, des énigmes surgissaient, qu'il me fallait déblayer ou résoudre avant de retrouver le fil. Dans les deux cas, le résultat était le même. Mes projets littéraires devaient laisser de côté certains cours, soit pour que le livre en train ne s'allonge pas outre mesure au risque de n'en voir jamais la fin, soit parce que je ne croyais pas souhaitable d'imposer au lecteur des détours que je n'avais pu éviter, mais qu'un meilleur chemin découvert par la suite permettait de lui épargner. Et pourtant, ces détours, inutiles eu égard au propos initial, n'étaient pas tous dépourvus d'intérêt : ils donnaient accès à des domaines que je n'avais pas prévu d'explorer.

Par conséquent, au moment où paraissent ces comptes rendus, plusieurs cours n'ont pas fait l'objet de publications, ou n'ont passé dans des livres que de façon sommaire et sous forme parfois allusive. Peuvent être tenus pour inédits les matériaux mis en œuvre dans les cours suivants : « L'avenir de l'ethnologie » et « Trois dieux hopi » (1959-1960), « Un mythe iroquois » (1960-1961), « État actuel des études bororo » (1972-1973), « Cannibalisme et travestissement rituel » (1974-1975), « Ordre et désordre dans la tradition orale » (1975-1976). Je reviendrai sur les deux derniers. En ce qui concerne « Un mythe iroquois », j'avais une raison particulière pour différer sa présentation en livre ou article. Il me semblait que l'analyse et le commentaire de ce mythe se prêteraient admirablement à un film, joué par des acteurs indiens de préférence, et où, en recourant de façon très réfléchie à divers procédés techniques et stylistiques, on pourrait, par le seul art cinématographique, rendre intuitivement saisissables au spectateur les principes, les démarches et les complexités de l'analyse structurale. Toutefois, ce projet supposait que j'apprisse le métier de cinéaste depuis les rudiments ; il est donc resté à l'état d'utopie.

Quant aux deux cours : « Esquisses pour un bestiaire américain » (1964-1965) et « Le brouillard et le vent » (1968-1969), quelques allusions au premier figurent dans *Du Miel aux cendres* et *l'Origine des manières de table* (voir les index sous « engoulevent », « guariba », « paresseux »), et, pour le second, dans *l'Homme nu* (voir l'index sous « brouillard » et « vent »). Je ne pouvais m'étendre davantage sans risquer d'ajouter deux volumes aux quatre *Mythologiques*. Pourtant, ces cours me tiennent à cœur. Comme quelques autres dossiers inexploités, j'espère les publier un jour sinon sous forme rédigée, au moins tels qu'ils subsistent dans mes notes, à l'état de matériaux déversés en vrac pour approvisionner un chantier.

Je n'en dirai pas autant des cours inédits de 1961-1962 : « Recherches sur la parenté et le mariage », et de 1972-1973 : « Asdiwal revisité ». J'y réglais quelques comptes avec des critiques : E.R. Leach, R. Needham, M. Douglas, G.S. Kirk, d'autres aussi. Sans aucun goût pour la polémique, j'avais le plus souvent renoncé à répliquer par écrit. Mais il ne me semblait pas inutile de consacrer de-ci de-là un cours pour mettre les choses au point. C'était une façon de répondre à l'attente d'auditeurs avertis, et aussi un compromis commode entre le mutisme et les controverses écrites que je continue de trouver aussi ennuyeuses à rédiger qu'à lire.

Deux cours déjà mentionnés jouèrent incidemment le même rôle. Celui de 1974-1975 : « Cannibalisme et travestissement rituel », me servit à démontrer par un exemple l'emploi de ce qu'en 1955, j'avais appelé « relation canonique (...) à quoi tout mythe est réductible » (*Anthropologie structurale*, p. 252-253). De divers côtés, on m'a reproché, après que j'eus énoncé cette formule, de ne l'avoir ni expliquée, ni développée, ni même, disent certains, employée. Ne donnais-je pas ainsi implicitement raison à ceux qui la jugeaient dénuée de sens ? Il y avait là un malentendu que quelques rappels épars dans les *Mythologiques* n'étaient pas parvenus à dissiper. Or, en dépit de son aspect vaguement algébrique, ma formule ne constituait pas un algorithme permettant d'effectuer des calculs. Je la proposais comme une image ou un dessin : représentation graphique qui, dans ma pensée, pouvait faciliter l'appréhension intuitive d'une chaîne de rapports. Cet effet obtenu, il n'était pas nécessaire de reproduire à tout bout de champ la même figure, pas plus que, dans un livre, on ne reproduit l'illustration d'une scène ou d'un objet chaque fois qu'il arrive à l'auteur d'en parler. D'autant que la relation déséquilibrée, que j'entendais mettre en évidence comme une propriété inhérente aux transformations mythiques, était surabondamment illustrée par mes analyses portant sur des centaines de mythes particuliers. Mais puisqu'une démonstration « en clair » paraissait opportune, le cours sur le cannibalisme l'offrait.

Pour ce qui est du cours de 1975-1976 sur l'ordre et le désordre dans la tradition orale, il constitue un exemple des détours qu'il me fallait faire quelquefois, mais dont on pouvait dispenser le futur lecteur. Dans mon esprit, ce cours remplissait une double fonction. D'abord, dresser le bilan de mes réflexions, anciennes ou actuelles, sur la nature et la qualité des documents dont dispose l'ethnologue quand il analyse les mythes. J'écartais ainsi les objections de ceux qui, comme Leach, me font le grief injuste d'utiliser pêle-mêle des documents de provenances et de qualités diverses sans les soumettre à une critique préalable. Le cours donnait l'exemple d'une telle critique, que j'ai toujours exercée sans vouloir fatiguer à ces préliminaires l'attention de mes lecteurs. En second lieu, le cours appliquait plus particulièrement cette critique à la matière mythique provenant de la Colombie britannique. En 1973 et 1974, j'avais effectué deux séjours dans cette province canadienne, et je me tournais à nouveau vers les mythes des peuples côtiers pour écrire *la Voie des masques* et divers articles (Post-scriptum à «La Geste d'Asdiwal» dans *Anthropologie structurale deux; le Regard éloigné*, chapitres XI et XIII).

En annexe, on trouvera les résumés de neuf cours donnés à l'École pratique des hautes études (5e Section : Sciences religieuses) avant mon entrée au Collège. C'est à l'École des hautes études, en effet, que mes idées sur la mythologie et divers autres sujets prirent forme. La période 1950-1959, où j'exerçai à titre principal dans cet établissement, compte dans mon souvenir comme l'une des plus fertiles.

Là aussi, d'ailleurs, plusieurs cours préludèrent à des textes écrits. Celui sur «La visite des âmes» (1951-1952) a inspiré le chapitre XXIII de *Tristes Tropiques*; ceux de 1954-1955 : «Rapports entre la mythologie et le rituel», et de 1959-1960 : «La chasse rituelle aux aigles», les chapitres I et II de *la Pensée sauvage*. Conduites de 1952 à 1954, les «Recherches de mythologie américaine» animaient une entreprise collective pour mettre à l'épreuve, sur les mythes des Pueblos, des méthodes d'analyse aussi appliquées dans le cours «Le dualisme, *etc.* » (1957-1958), et qui sont à l'origine des *Mythologiques*. Le cours : «Trois dieux hopi», donné en 1960 au Collège, représente dans cet ensemble ce que les couturiers appelleraient « une chute ».

Les participants les plus actifs à ces travaux de séminaire furent Jean-Claude Gardin qui revint par la suite à des travaux mieux en rapport avec sa formation d'archéologue, et le regretté Lucien Sebag qui avait entrepris de rédiger ses notes. Mis en ordre par ses amis, le livre parut après sa mort sous le titre : *L'Invention du monde chez les Indiens Pueblos* (François Maspéro, Paris, 1971). D'autres travaux de séminaire ne firent pas l'objet de résumés publiés comme tels. Ainsi ma contribution au séminaire de 1960-1961 sur *la Critique de la raison dialectique*, devenue le chapitre IX de *la Pensée sauvage*. Enfin, j'ai décelé, non sans quelque surprise, une amorce de mes recherches récentes sur les sociétés cognatiques dans les leçons de 1957-1958.

Ces cours et conférences mettent donc en évidence l'intrication des paroles et des écrits qu'à eux seuls les seconds ne rendent pas aussi manifeste. C'est pourquoi j'ai souhaité publier les comptes rendus des premiers tels qu'ils parurent régulièrement dans l'*Annuaire du Collège de France*, et je remercie M. Yves Laporte, Administrateur, et l'Assemblée des professeurs d'avoir bien voulu m'y autoriser. Je remercie également, pour un pareil motif, M. Claude Tardits, Président de la 5ᵉ Section de l'École pratique des hautes études.

Regroupés, ces textes rendront peut-être service à qui voudrait étudier de plus près les livres. Au moment où ceux-ci s'élaboraient dans mon esprit, on verra les points que je croyais devoir faire ressortir dans le résumé, de préférence à d'autres auxquels les livres achevés donneraient peut-être la première place. Il n'est pas inutile non plus à la bonne intelligence des *Mythologiques* de constater que *l'Origine des manières de table* et *l'Homme nu* furent élaborés de concert : après deux cours qu'on peut rattacher dans l'ordre à chaque ouvrage, puis en 1964-1965 une de ces digressions apparentes dont j'ai parlé, un quatrième cours retourne à des problèmes plus tard traités dans *l'Origine* (Sixième partie, I), et les suivants reprennent le fil de *l'Homme nu* au point où j'en étais resté deux ans auparavant. (En 1960-1961, j'avais de même traité ensemble les problèmes du *Totémisme aujourd'hui* et de *la Pensée sauvage* comme s'ils devaient faire l'objet d'un seul livre.) On notera la disproportion entre les cours préparatoires à *l'Homme nu* et ceux qui se rattachent aux trois autres titres. Elle s'explique par le travail beaucoup plus grand que me donna cet ouvrage où je dus entasser une matière qui eût, en fait, requis plusieurs volumes. C'est aussi le seul cas où le dernier cours n'a pas devancé la publication du livre, mais coïncida pratiquement avec celle-ci.

Je ne dissimule pas qu'à de nombreux lecteurs, ces courts chapitres pourront paraître arides parce que trop condensés et souvent elliptiques, dépouillés de cette force et de cette vivacité dont Saint-Simon réserve le privilège à l'expression orale. Celle-ci, d'ailleurs, avait aussi ses défauts que je ne pouvais éviter : «emporté toujours par la matière», comme dit encore Saint-Simon, «et peu attentif à la manière de la rendre, sinon pour la bien expliquer». On se plaindra à bon droit du manque fréquent de références, mais qu'aurais-je dû faire ? Les références bibliographiques, qui figurent dans mes notes manuscrites et les fiches annexes, auraient tenu presque autant de place que le texte, rendant l'ensemble plus rébarbatif.

Avec toutes ses imperfections, le présent livre offre un avantage : il est moins gros que la plupart des autres que j'écrivis. Enfin, pour ceux qui s'intéressent aux mécanismes du travail intellectuel, il illustre les démarches, les tâtonnements, les retours en arrière, parfois aussi les progrès, d'une réflexion saisie sur le vif au cours de trente-deux années qui font un gros morceau d'une existence individuelle et la durée d'une génération.

PREMIÈRE PARTIE

LE CHAMP DE LA RECHERCHE

I
L'AVENIR DE L'ETHNOLOGIE
(année 1959-1960)

Sous le titre général *l'Avenir de l'ethnologie*, le cours du *mardi* a permis de passer en revue, dans une perspective pratique et théorique, les problèmes fondamentaux qui se posent à l'ethnologie contemporaine.

1° *Peuples qui disparaissent et peuples qui se dérobent.* — L'ethnologie n'est-elle pas condamnée à devenir très vite une science sans objet ? Celui-ci était traditionnellement fourni par les populations dites « primitives ». Depuis qu'il y a un demi-siècle, Frazer poussait un dramatique cri d'alarme, ces populations ont continué à fondre. Les indigènes australiens étaient 250 000 au début de la colonisation, ils ne sont plus que 40 à 50 000 aujourd'hui, et l'analyse d'enquêtes récentes les montre en proie à la famine et à la démoralisation, menacés jusque dans leurs déserts par le développement des recherches minières, l'installation de bases atomiques et de stations expérimentales de fusées[1]. Entre 1900 et 1950, près de 90 tribus ont disparu au Brésil et, au lieu d'une centaine, 30 à peine restent relativement isolées. Quinze langues se sont perdues en moins de cinquante ans. De multiples exemples attestent le progrès des maladies épidémiques et de carence, le rythme terrifiant d'extinction des populations, parfois en l'espace de quelques années, les modifications irréversi-

---

1. R. M. Berndt et C.H. Berndt, Social Anthropological Survey of the Warbuton, Blackstone and Rawlinson Ranges. *The University of Western Australia* (mimeogr.), March 1959. Au recensement de 1961, 80 526 personnes se reconnaissaient qui un, qui deux parents aborigènes. Le chiffre a doublé depuis.

bles de la structure démographique et les conséquences qu'elles entraînent sur le plan sociologique et psychologique[1]. On commence à faire des constatations du même ordre en Nouvelle-Guinée.

L'étude de la législation protectrice des populations dites « primitives » dans différents pays reflète une difficulté croissante à les définir par des caractères distinctifs. Ni la langue, ni la culture, ni la conscience de groupe ne peuvent plus être utilisées. Comme le soulignent les enquêtes du Bureau international du Travail, la notion d'*indigène* s'estompe, et fait place à celle d'*indigent*[2].

Pourtant, dans d'autres régions du monde comme l'Amérique centrale et l'Amérique andine, l'Asie du sud-est et surtout l'Afrique, les populations se chiffrent par dizaines ou centaines de millions et elles continuent de s'accroître. Le péril qui guette les études ethnologiques dans ces pays n'est pas d'ordre quantitatif. Du point de vue qualitatif, il reste, cependant, aussi grave, et cela pour plusieurs raisons. Objectivement, ces populations se transforment, et leurs civilisations se rapprochent de celle de l'Occident, que l'ethnologie a longtemps considérée comme étrangère à sa compétence. Et surtout, d'un point de vue subjectif, ces populations manifestent une intolérance croissante vis-à-vis de l'enquête ethnographique. Tout se passe donc comme si l'ethnologie était sur le point de succomber à une conjuration, nouée par des peuples dont certains se refusent à elle physiquement, en disparaissant de la surface de la terre, tandis que d'autres, bien vivants et en plein essor démographique, lui opposent un refus d'ordre moral.

Tout le monde est d'accord sur la manière dont il convient de parer au premier danger : il faut hâter les recherches, profiter des dernières années qui restent pour recueillir des informations ; compenser l'amenuisement des groupes et l'oblitération des coutumes en créant des méthodes d'observation de plus en plus

---

1. D. Ribeiro, « Convivio e Contaminação », *Sociologia*, XVIII, 1, São Paulo, 1956.
2. Bureau international du Travail, *Les Populations aborigènes*, Genève, 1953.

fines ; enfin, garder confiance dans l'avenir de l'ethnologie traditionnelle qui, même après la disparition de la dernière tribu « primitive » (moins prochaine, d'ailleurs, qu'on ne croit), devra poursuivre, pendant des siècles sans doute, l'exploitation de la masse énorme des matériaux accumulés.

C'est plutôt sur le second point qu'on voit apparaître les divergences. Certains ethnologues pensent, surtout aux États-Unis, que les préventions nourries contre l'ethnologie par les anciennes sociétés indigènes se dissiperont si nous les aidons à former leurs propres ethnologues, et si nous nous offrons à ceux-ci comme objet d'étude.

Mais, outre que cette « ethnologie généralisée » exposerait chaque culture à perdre ce qui lui reste d'originalité, puisque, très vite, chacune ne consisterait plus qu'en une multiplicité d'images déformées de toutes les autres, une telle conception ne tient aucun compte du conflit que dissimule le refus opposé à l'ethnologie par les anciens peuples colonisés. Ceux-ci craignent que, sous le couvert d'une vision ethnographique des faits humains, nous n'essayions de faire passer pour une *diversité* souhaitable ce qui leur apparaît comme une insupportable *inégalité*. Avec la meilleure des bonnes volontés, nous ne réussirons jamais à nous faire admettre comme leurs « sauvages ». Car, du temps que nous leur faisions jouer ce rôle, ils n'existaient pas pour nous ; tandis que, responsables à leurs yeux de leur sort, nous existons pour eux.

Cette façon de poser le problème entraîne deux conséquences. Si l'ethnologie doit survivre à la crise, elle n'y parviendra pas en se généralisant tout en conservant sa formule traditionnelle : elle devra plutôt se chercher un fondement absolu. Ce qui se traduira, sans doute, par une inversion des positions occupées respectivement jusqu'à ce jour par l'histoire et la philologie d'une part, et par l'ethnologie de l'autre. Dans les anciennes sociétés indigènes, l'ethnologie tendra à disparaître en se confondant avec l'histoire et la philologie de chaque groupe, à l'élaboration desquelles participeront de façon croissante des savants du cru. Quant à l'ethnologie proprement dite, c'est au-delà et en deçà de ses positions traditionnelles qu'on la verra survivre.

Au-delà dans un sens d'abord géographique, puisqu'il nous faut aller de plus en plus loin pour atteindre les dernières populations dites primitives, et qu'il en existe *de moins en moins* ; mais aussi dans un sens logique, puisque nous sommes poussés vers l'essentiel dans la mesure où, riches déjà d'un acquis considérable, nous en savons *de plus en plus*.

Enfin, en deçà, et également dans un double sens : l'effondrement de la base matérielle des dernières civilisations primitives fait de l'*expérience intime* un de nos seuls moyens d'investigation à défaut des objets disparus ; tandis que la civilisation de type occidental, devenant chaque jour plus complexe et s'étendant à l'ensemble de la terre habitée, manifeste peut-être déjà, *dans son sein*, ces écarts différentiels que l'ethnologie a pour fonction propre d'étudier, mais qu'elle ne pouvait naguère atteindre qu'en comparant entre elles des civilisations distinctes et éloignées.

2° *Pluralisme et évolution*. — L'opposition de la diversité et de l'inégalité a fourni, dans le passé, un thème de réflexion théorique. On vient de voir qu'il ne s'agit plus aujourd'hui d'un débat intérieur, car il inspire la rébellion de ceux qui furent d'abord pour nous un objet d'étude. En s'affirmant comme sujets, ils accusent l'ensemble des ethnologues d'une mystification solidaire, puisque, quelle qu'ait été la position des uns et des autres dans le débat, tous étaient au moins d'accord pour admettre sa nature idéologique, alors que les anciens peuples colonisés y voient, non un problème intérieur à la philosophie occidentale, mais l'expression objective d'un rapport de forces entre notre société et les leurs. Par un curieux paradoxe, c'est, sans doute, par égard pour eux que beaucoup d'ethnologues avaient adopté la thèse de la diversité, qui semblait exclure l'hypothèse de sociétés inférieures. Or, ces mêmes ethnologues sont maintenant accusés d'avoir nié cette infériorité dans le seul but de la dissimuler et de la mieux maintenir.

Un problème classique se trouve ainsi posé dans de nouveaux termes. Jusqu'à présent, les théoriciens ont réagi à cette situation de manière très confuse. En France, un philosophe comme Mme Simone de Beauvoir semble éprouver quelque gêne à décider si c'est par le pluralisme, ou par « l'illusion d'universalité », qu'il convient de définir « la pensée de droite »[1]. Aux États-Unis, M. Leslie White préconise un retour de la théorie ethnologique à une conception universaliste, sous forme d'un évolutionnisme très traditionnel[2].

Nous nous sommes demandé s'il n'était pas possible de surmonter une opposition dont les termes semblent également plausibles, et qui tient peut-être au fait que les sciences humaines — qui furent les premières à formuler des hypothèses évolutionnistes — ont conservé de l'évolution une vue simpliste et primitive, très éloignée de celle des sciences naturelles qui, pourtant, sont seules à s'être livrées depuis un siècle à une étude approfondie de ces problèmes.

L'analyse et la discussion de travaux biologiques récents, notamment ceux de G.G. Simpson[3], apprennent aux ethnologues qu'on reconnaît aujourd'hui, non pas une forme d'évolution, mais plusieurs; et que celle à laquelle certains d'entre eux étaient restés obstinément attachés, très proche de l'évolution « phylétique » de Simpson, se montre difficilement vérifiable dans les sociétés humaines, dont l'évolution semble relever de deux autres formes : l'évolution « quantique », quand on considère de grandes durées, et la « diversification », si l'on s'en tient à des observations fines, portant sur des « dèmes » plutôt que sur des espèces ou des ordres, ce qui est le cas des observations ethnographiques. D'une façon générale, on a constaté que les biologistes se montrent de plus en plus réservés à l'égard des hypothèses unilinéaires, et qu'ils tendent à penser, en termes d'histoire, des transformations jadis conçues comme les étapes nécessaires d'une évolution orientée.

Les ethnologues doivent comprendre que, depuis Lamarck et Darwin, la théorie de l'évolution a évolué, et que, sous ses formes modernes, ce qui leur apparaît encore comme une antinomie

1. S. de Beauvoir, « La pensée de droite aujourd'hui », *Les Temps modernes*, CXII-CXIII et CXIV-CXV, 1955.
2. L.A. White, « The Concept of Evolution in Cultural Anthropology », in *Evolution and Anthropology : A Centennial Appraisal*, Washington, 1959.
3. G.G. Simpson, *The Major Features of Evolution*, 2ᵉ éd., New York, 1955.

cesse de l'être. Sinon, l'ethnologie courrait le risque de rester plus naturaliste que les sciences naturelles elles-mêmes.

La linguistique indique la marche à suivre, car c'est dans la mesure où il renonçait à une conception globale et massive de l'évolution linguistique pour interpréter les écarts différentiels entre les langues slaves, que Troubetzkoy se mettait en position de découvrir des évolutions locales et modales, seules susceptibles d'une étude véritablement scientifique ; mais à la condition de placer les faits d'évolution dans l'histoire conçue comme une réalité statistique — moyenne tendancielle d'évolutions particulières — et non les faits d'histoire dans une évolution vouée à rester aussi idéologique qu'hypothétique[1].

On a montré comment ces réflexions, philosophiques en apparence, pouvaient renouveler certaines questions ethnologiques, notamment en ce qui concerne l'étude de la culture matérielle et les rapports entre ethnologie et science économique.

De vieux dossiers qu'on aurait pu croire définitivement classés, comme celui du tour de potier, doivent être rouverts. Les solutions classiques de Laufer et de Fréchet sont, en effet, l'une purement historique, l'autre purement évolutionniste. En utilisant les recherches récentes de Foster[2], on s'est convaincu de l'invraisemblance de l'hypothèse de Laufer, qui dérive le tour de la roue de char, comme du caractère factice de la séquence postulée par Fréchet : du plateau fixe au plateau tournant, puis à la tournette, au tour simple, au tour à volant. Aucun de ces caractères n'offre de valeur signifiante, celle-ci étant seulement fournie par la vitesse de rotation, qui comporte un seuil quantifiable par référence auquel on distingue la poterie faite au tour et la poterie modelée. Or, même des instruments très primitifs, comme le plateau tournant, dépassent ce seuil dans des conditions données ; dès lors, plusieurs lignes d'évolution sont possibles. La notion d'écart différentiel se substitue à celle d'évolution progressive, et, dans l'ordre de l'évolution, la considération du mécanisme se

---

1. N.S. Troubetzkoy, *Principes de Phonologie*, Paris, 1949, p. XXI-XXIX.
2. G.M. Foster, The Copotepec *Molde* and Some Associated Problems of the Potter's Wheel, *Southwestern Journal of Anthropology*, 15, 1, 1959.

révèle, comme en biologie, plus fondamentale que celle des caractères apparents.

Des discussions récentes, en ethnologie économique, illustrent également le caractère factice de l'opposition entre pluralisme et évolution. L'évolutionnisme ethnologique a toujours affirmé, comme une de ses propositions les mieux établies, que la division du travail et la hiérarchie sociale avaient, pour condition nécessaire et suffisante, la production d'un excédent alimentaire dans les sociétés où elles se manifestaient. Cette conception a été battue en brèche par des auteurs qui affirment (reprenant involontairement un argument de Marx contre Lassalle) le caractère culturel, et non biologique, de la notion d'excédent[1]. Mais, contrairement à Marx, ils concluent à l'absence de corrélation entre structure sociale et régime économique. N'est-ce pas qu'ici encore, on définit de façon unilatérale des phénomènes qui s'inscrivent sur plusieurs axes, dont l'analyse est loin d'être achevée ?

Si l'on s'en tenait aux descriptions ethnologiques classiques, on admettrait volontiers que c'est en vertu d'un choix arbitraire que certaines sociétés mélanésiennes et micronésiennes détruisent d'énormes quantités d'ignames dans des fêtes de prestige, plutôt que de les utiliser à des fins économiques. Mais les ethnologues n'ont pas tenu compte des caractères particuliers de la culture de l'igname, tels qu'un géographe comme M. Gourou les a dégagés : rapport de poids anormalement élevé entre tubercules de semence et quantité récoltée, faible rendement en valeur alimentaire, considérable quantité de travail exigée, conservation difficile, en un mot, élasticité réduite[2]. Il faut donc chercher à produire toujours trop, dans l'espoir d'avoir parfois assez ; d'où le risque d'excédents impossibles à résorber par consommation, donc disponibles à d'autres fins. Avant de spéculer sur les relations entre régime économique et structure sociale, l'ethnologie doit

---

1. Cf. K. Polanyi, C. Arensberg, and H. Pearson, eds., *Trade and Market in the Early Empires*, Glencoe Ill., 1957.
2. P. Gourou, Les plantes alimentaires américaines en Afrique tropicale, remarques géographiques, *III Coloquio Internacional de Estudos Luso-Brasileiros 1957*, Lisboa 1959.

entreprendre des recherches, qui n'ont pratiquement jamais été faites, sur le rapport de la main-d'œuvre à la population totale, le nombre d'heures de travail, la productivité, la nature du sol, les types de culture et les façons agricoles, les techniques, le climat... Il n'est pas exclu qu'apparaissent alors des corrélations significatives et des écarts différentiels qui peuvent se répéter dans différentes sociétés ou à différents moments de l'histoire. Une leçon a été consacrée à une tentative de ce genre, au moyen d'une comparaison entre deux sociétés où la culture de l'igname occupe une place inégale, tandis que leur structure socio-économique offre des analogies remarquables : d'une part Ponapé, dans l'archipel des Carolines, de l'autre les Tiv du Nigeria. On a pu, au moins, formuler l'hypothèse que des différences significatives dans la structure du système d'échange n'étaient pas sans rapport avec les traits sociaux et économiques propres à chaque groupe. Comme l'a suggéré M. Gilles Granger, dont les conceptions ont été discutées, c'est à l'aide d'une typologie concrète qu'on peut espérer surmonter l'opposition apparente entre les notions de *structure* et d'*événement*[1].

3° *Culture et société*. — Le problème ethnologique de l'inégalité et de la diversité suppose déjà une distinction entre l'ordre de la culture et l'ordre de la société, car ce sont surtout des faits de société qu'invoquent les pluralistes, tandis que les évolutionnistes fixent davantage leur attention sur les phénomènes culturels. Mais l'opposition entre culture et société est loin d'être claire pour la pensée ethnologique contemporaine. Ainsi que le remarquait récemment A.L. Kroeber, le sociologue conçoit la culture comme postérieure et intérieure à la société, ce qui n'empêche pas l'ethnologue, avec un égal succès, de traiter les phénomènes sociaux en appartenance, ou en mode, de la culture. Comment comprendre ce «tour de prestidigitation verbale» qui met tantôt la société dans la culture, tantôt la culture dans la société[2] ?

---

1. G. Granger, Événement et structure dans les sciences de l'homme, *Recherches et Dialogues philosophiques et économiques*, 6, 1959.
2. A.L. Kroeber, «The History of the Personality of Anthropology», *American Anthropologist*, 61, 3, 1959.

Durkheim s'était déjà posé la question dans les *Règles*, où la culture est définie comme un ensemble de « manières d'être », qui se ramènent à une sorte de solidification de ces « manières de faire », en quoi consiste la société. D'où ce curieux paradoxe de la pensée durkheimienne que les faits sociaux doivent être traités comme des choses, sauf dans le cas où ils en sont effectivement. Parce que la notion de culture n'est pas, chez lui, définie de façon indépendante, Durkheim ne peut surmonter l'opposition de l'individuel et du collectif, ni celle entre un point de vue historique et un point de vue fonctionnel. Radcliffe-Brown a mieux compris que la notion de culture était indispensable à l'ethnologie pour lui éviter de couper les ponts avec la psychologie et avec l'histoire ; mais il ne concède encore à la culture qu'une valeur d'abstraction.

Dans la pensée ethnologique contemporaine, M. Leslie White est le plus éloquent défenseur du primat de la culture sur la société, et on ne peut que l'approuver quand il définit la culture comme l'ensemble des relations qu'entretiennent entre eux les phénomènes symboliques[1]. Pourtant, le symbolisme ne tient pas, dans les faits de société, une place comparable à celle qu'il a dans les faits de culture, car si tout, dans la culture, relève de la fonction symbolique, il n'en est pas de même pour la société, comme le montre l'exemple des sociétés animales. La culture, qui touche de plus près que la société à la matière, est cependant plus complètement symbolique que la société ; et celle-ci qui, chez l'homme, intéresse, semble-t-il, davantage que la culture, l'existence individuelle et la vie psychique, apparaît historiquement antérieure à la culture, puisqu'il peut y avoir des sociétés sans culture mais non des cultures sans société. En dépit des discussions sur le primat de l'une ou de l'autre, il faut bien admettre que la distinction entre les deux est réelle.

Tout se passe, en vérité, comme si culture et société surgissaient chez les êtres vivants comme deux réponses complémentaires au problème de la mort : la société, pour empêcher l'animal

---

1. L. A. White, « The Concept of Culture », *American Anthropologist*, 61, 2, 1959.

de savoir qu'il est mortel, la culture comme une réaction de l'homme à la conscience qu'il l'est. Ces formules ne sont pas des métaphores, puisque de nombreux faits empruntés à l'éthologie animale montrent que l'insecte isolé ne survit pas à la rupture des liens sociaux et que, chez certains insectes et oiseaux, la perpétuation de l'espèce est psychologiquement conditionnée par la présence d'autrui. Pourtant, cette vie sociale réduite à elle-même ne préforme pas celle qui, chez l'homme, est dialectiquement articulée avec la culture ; elle en est plutôt le contre-pied. Que le prétendu « langage » des abeilles doive être interprété de cette façon résulte bien de l'impossibilité où elles se trouvent de transposer un déplacement vertical, de l'ordre du signifiant à celui du signifié[1]. Chez l'insecte, on dirait volontiers que la nature fait de l'organique au moyen du social, tandis que chez l'homme, elle fait du social au moyen de l'organique, c'est-à-dire au prix de transformations fondamentales de structure et de fonctionnement du système nerveux central.

4° *Sociétés humaines et sociétés animales.* — En dépit de cette discontinuité qu'il convenait de rappeler pour éviter toute équivoque, l'ethnologie moderne ne peut plus se contenter de séparer radicalement l'ordre de la nature et l'ordre de la culture. Aux frontières de la zoologie et de l'anthropologie, une frange obscure se dessine, et l'on commence à comprendre qu'elle recouvre des phénomènes également importants pour l'une et pour l'autre. Leur approfondissement est certainement une des tâches majeures de l'ethnologie d'aujourd'hui.

La question, longtemps débattue, de savoir si la vie sociale chez les mammifères supérieurs doit être rattachée plutôt au dimorphisme sexuel, générateur d'opposition, ou à une ambisexualité qui fonde, au contraire, l'identification, semble devoir progresser grâce à l'observation des singes en liberté. Il est frappant que chez les hurleurs et les macaques *rhesus*, qui ne se déplacent pas par brachiation, et sont donc plus exposés aux attaques des fauves, les mâles célibataires forment des bandes pour

---

1. M. Lindauer, « L'intercompréhension par les danses dans la colonie d'abeilles », *Journal de Psychologie normale et pathologique*, 53, 1956.

assurer leur protection, tandis que les gibbons et les atèles s'en dispensent. Les recherches conduites au Japon depuis quelques années par le Centre pour l'étude des singes *(Macaca fuscata)* démontrent que les conduites apprises et transmises peuvent avoir, dans la vie animale, une place beaucoup plus grande qu'on ne l'avait soupçonné ; de même en ce qui concerne les différences coutumières entre plusieurs groupes sociaux. D'ores et déjà, les observations recueillies permettent d'écrire une « histoire » de certains groupes, et la question d'un substrat proto-culturel, commun à l'homme et à l'animal, se trouve, pour la première fois, sérieusement posée[1].

Ces recherches en rencontrent d'autres, sur l'apprentissage du chant des oiseaux et sur le caractère local de certains « dialectes » ; sur le rôle de l'éducation dans la transmission de conduites tenues naguère pour instinctives ; sur le caractère proto-culturel de certaines innovations ou conduites fixes ; enfin, sur les formes élémentaires du symbolisme, observées chez les rongeurs et chez les primates.

Prenant l'homme pour point de départ, les travaux soviétiques de Markosyan, Elkin, Volkova suggèrent, par le transfert de réflexes conditionnés d'un stimulus physique ou chimique à une fonction sémantique, que le problème du passage de la nature à la culture pourrait être abordé par des méthodes expérimentales[2].

Entre les deux ordres, la continuité serait ainsi rétablie, au moins sur un certain plan. Car le langage, au lieu d'apparaître comme une perfection, pourrait alors être conçu comme un équivalent « distendu » des relais organiques qui assurent la cohésion sociale chez les insectes. Réduite, dans ce cas, à une circulation de nourriture et de substances chimiques, cette cohésion reposerait chez les oiseaux sur une saturation auditive de l'espace, sur une saturation olfactive de ce même espace chez certains mammifères ; en devenant symbolique chez l'homme, la saturation perdrait son

---

1. Bibliographie complète dans : J.E. Frisch, « Research on Primate Behavior in Japan », *American Anthropologist*, 61, 4, 1959.
2. G. Razran, « Soviet Psychology and Psychophysiology », *Behavioral Science*, 4, 1, 1959.

caractère physique, en même temps qu'elle permettrait de rétablir, sur un nouveau plan, une cohésion sociale que, sous une forme opposée parce que purement organique, les insectes seuls avaient pleinement obtenue.

5° *Le collectif et l'individuel*. — L'articulation de la nature et de la culture peut donc être étudiée du dehors ; elle doit l'être aussi du dedans. Plusieurs auteurs ont pensé qu'une ethnologie du rêve en offrirait le moyen, puisque le rêve semble intégrer des pulsions et des émotions d'origine individuelle et même organique, et des formes d'expression dont la nature est sociale. Pourtant, il est clair que les 600 rêves, recensés jusqu'à ce jour, de l'Indien Hopi Don Talayesva[1] sont moins révélateurs de particularités individuelles que d'une désintégration de la société du sujet, qui ressemble beaucoup à la désintégration d'autres sociétés. D'autres tentatives ont porté sur la récurrence des rêves typiques dans des sociétés différentes. Leurs conclusions semblent très décevantes. En vérité, c'est moins entre les rêves eux-mêmes que les différences sont significatives selon la société considérée, qu'entre les théories du rêve en vigueur dans chaque société, telles que les enquêtes ethnologiques permettent de les formuler.

Nous nous sommes attaché à examiner les manières diverses dont plusieurs sociétés indigènes conçoivent les rêves : Indiens des Plaines des États-Unis, Iroquois, Saora de l'État d'Orissa dans l'Inde, Murngin de la Terre d'Arnhem en Australie. Les Iroquois ont particulièrement retenu l'attention, car leur théorie du rêve présente des analogies remarquables avec les thèses de la psychanalyse. Dans les deux cas, l'interprétation du rêve implique, sous des formes parfois différentes, la participation obligatoire d'autrui.

On s'est donc demandé si la théorie psychanalytique du rêve ne nous renseigne pas, moins sur la nature objective du rêve considéré comme phénomène général, que sur sa fonction particulière, dans des sociétés dont le problème essentiel est celui de la relation

---

1. Cf. Don Talayesva, *Soleil Hopi*, Paris, 1959 ; D. Eggan, « The Personal Use of Myth in Dreams », in *Myth : A Symposium*, Bibliographical and Special Serie of the American Folklore Society, vol. 5, 1955.

au groupe et non de la relation au monde. Mais le cas des Indiens des Plaines montre que la relation au monde peut n'être elle-même qu'une relation au groupe, transfigurée. Il s'agirait bien, toujours, d'une relation au groupe, que celle-ci soit immédiate ou médiatisée par une image du monde, et il serait vain d'espérer transcender par le rêve l'ordre de la société. Roheim lui-même a dû reconnaître qu'en dépit des théories indigènes, les mythes australiens ne ressemblaient pas aux rêves, et que ceux-ci ne pouvaient servir directement à les expliquer[1].

En termes de théorie de la communication, le rêve apparaît en effet comme un message, mais qui, à l'inverse du discours, se transmet du récepteur à l'émetteur (d'où l'inévitable participation d'autrui), tandis que le mythe consiste en un message toujours reçu sans être jamais émis (d'où l'origine surnaturelle qui lui est attribuée) : chaque mythe renvoie à des mythes antérieurs. Derrière le problème des rapports entre rêve et mythe, on perçoit celui des rapports entre le mythe et ses variantes, qui peuvent être individuelles ou collectives, comme on l'a montré dans le cas des Hopi. On se trouve donc amené à examiner de plus près le rapport entre structure et événement.

6° *Structure et événement.* — Quand ils ont entrepris l'étude systématique des anciennes possessions japonaises de la Micronésie, les anthropologues américains ont constaté, non sans surprise, que les notions traditionnellement utilisées pour l'étude de la structure sociale étaient inopérantes. Ces structures ne pouvaient, en effet, être décrites d'un point de vue purement synchronique. Comme chez les Nakanai de la Nouvelle-Bretagne, des structures différentes correspondent à diverses périodes de la vie individuelle, et une coupe dans le temps ne donne jamais qu'une distribution statistique[2]. Les anthropologues anglais faisaient, à la même époque, des découvertes semblables dans les sociétés africaines, notamment chez les Ashanti où, selon le village, le statut, l'état civil et l'âge des chefs de famille, la résidence

1. G. Roheim, *The Eternal Ones of the Dream*, New York, 1945.
2. W.H. Goodenough, « Residence Rules », *Southwestern Journal of Anthropology*, 12, 1, 1956.

peut être patrilocale, matrilocale, avunculo-locale, ou conforme à divers dosages de ces formules[1].

Faut-il conclure qu'il existe une opposition entre l'ordre de la structure et celui de l'événement ? Plutôt, semble-t-il, que, dans de nombreux cas, la notion de structure est bi-dimensionnelle : elle fait intervenir à la fois la synchronie et la diachronie. Or, ce qui apparaît vrai dans le cadre de la vie individuelle ne l'est pas moins quand on lui substitue celui des générations. Les Indiens Navajo du Nouveau-Mexique pratiquent des mariages qu'on a longtemps tenus pour arbitraires, tant les observations se contredisaient les unes les autres. En reprenant le problème dans une perspective statistique, un modèle a pu être dégagé, de forme «sérielle», et suivant lequel une famille tend d'abord à disperser ses alliances entre un nombre de groupes aussi élevé que possible et, après avoir parcouru tout le cycle, à répéter la même opération. Dans un cycle de mariages, par conséquent, le premier seul offre un caractère contingent, les autres lui sont structuralement liés[2].

Le problème des valeurs est à l'ordre du jour de la réflexion ethnologique et il fournit un autre moyen de saisir l'articulation du collectif et de l'individuel, de la permanence et du changement. Si, pour Durkheim, la notion de valeur recouvrait une véritable antinomie que, seul, l'appel à une conscience collective à la fois transcendante et immanente lui donnait l'illusion de résoudre, Saussure a, le premier, démystifié le problème en montrant que la force contraignante des valeurs, si mystérieuse pour Durkheim, tenait à leur caractère de système, et qu'elle était donc du même type que celle qu'exerce toute grammaire. Mais ce caractère de système, postulé par Saussure, demande encore à être vérifié puisque l'observation suggérerait plutôt que, pour chaque homme, l'ensemble des valeurs auxquelles il est passionnément attaché présente un caractère souvent incohérent et contradictoire.

1. M. Fortes, ed. *Social Structure*, Oxford, 1949.
2. M. Zelditch, Jr., «Statistical Preferences of the Ramah Navaho», *American Anthropologist*, 61, 3, 1959.

Plusieurs études récentes ont été analysées, notamment celles de Brandt, de Ladd, de F. et C. Kluckhohn[1]. Après avoir posé un système d'axiomes (les problèmes qui se posent à l'humanité comme telle sont en nombre limité ; les réponses qui leur sont données forment un choix entre des possibles ; toutes les variantes de toutes les réponses possibles sont présentes dans chaque société), les deux derniers auteurs inventorient les problèmes considérés par eux comme universels, et réduisent les valeurs à une série de choix binaires. Ils espèrent pouvoir ainsi définir le système prévalent dans chaque société, au moyen d'une formule regroupant ses choix caractéristiques.

Si brillante que soit cette tentative, qui s'inspire ouvertement de la linguistique structurale, il n'a pas paru possible de s'en contenter. L'inventaire des problèmes dits universels souffre d'apriorisme, les oppositions sont définies à un niveau sémantique qui ne correspond pas à celui du phonème sur le plan linguistique, enfin le chiffre de quinze oppositions significatives, qui a été provisoirement retenu, n'est absolument pas de l'ordre de grandeur requis. Plus généralement, il semble que les tentatives américaines manquent le but. Elles visent, si l'on peut dire, trop bas (au niveau individuel, comme font Brandt et Ladd, bien que dans des directions différentes) ou trop haut (au niveau des catégories universelles, comme se le proposent F. et C. Kluckhohn). Nos propres recherches dans ce domaine nous ont appris qu'il fallait viser d'abord au cœur de chaque culture, et, pour chaque culture, chercher à atteindre ce qui lui appartient en propre : mythes, rites, langage, c'est-à-dire ces domaines où les oppositions sont à la fois isolables et inconscientes.

On s'aperçoit alors que, contrairement à ce que croyait Durkheim, les valeurs ne sont pas par elles-mêmes des faits sociaux, mais qu'elles traduisent le retentissement, sur la conscience individuelle, de contraintes intellectuelles résultant du système des

1. R. Brandt, *Hopi Ethics*, Chicago, 1954 ; J. Ladd, *The Structure of a Moral Code*, Cambridge, 1957 ; F. Kluckhohn and F. Strodbeck, *Variations in Value Orientations*, Evanston, Ill., 1959 ; C. Kluckhohn, « The Scientific Study of Values », *University of Toronto Installation Lectures*, 1958.

catégories collectives, et la manière dont celle-ci y réagit effectivement. Les valeurs ne se réduisent donc pas à ce que les hommes croient et disent ; elles tiennent aux contraintes inhérentes aux instruments dont ils se servent pour penser. Le problème est alors de définir et d'inventorier ces enceintes mentales, en procédant séparément pour chaque société. Si l'ethnologie peut, en effet, se définir comme une recherche de l'invariance, elle doit aussi se convaincre que celle-ci n'est jamais perceptible « à fleur de peau ».

7° *Originalité de l'ethnologie*. — En examinant une par une des oppositions où la pensée ethnologique contemporaine voit parfois — à tort, croyons-nous — de véritables antinomies, nous avons été conduit à évoquer une série de problèmes touchant aux rapports de l'ethnologie avec des sciences voisines : biologie, démographie, science économique, sociologie, psychologie, philosophie ; et qui relèvent de l'étude de la culture matérielle, de la vie économique, de l'organisation sociale, de la mythologie et du rituel, enfin de la vie psychologique et morale.

Cette démarche sinueuse offre, au moins, l'avantage de mettre en valeur l'originalité de la recherche ethnologique. On a beaucoup discuté ces temps derniers, surtout en Angleterre, pour savoir si l'anthropologie (c'est-à-dire l'ethnologie définie au sens large) relève des sciences humaines ou des sciences naturelles. Les noms de A.R. Radcliffe-Brown et de E.E. Evans-Pritchard resteront associés à ce débat[1].

L'anthropologie nous semble, au contraire, avoir pour caractère distinctif de ne jamais se laisser réduire à l'une ou à l'autre dimension. Il est clair que l'histoire d'une part, les sciences naturelles de l'autre, appréhendent la même réalité bien qu'elles la saisissent à des niveaux différents. Qu'elle le veuille ou non, l'anthropologie ne réussit jamais à se situer exclusivement à l'un de ces niveaux, ou à un niveau intermédiaire : elle pratique une coupe perpendiculaire qui, à défaut d'une perspective profonde qui lui manque, l'oblige à considérer simultanément tous les niveaux.

1. R. Firth, *Social Anthropology as Science and as Art*, University of Otago, Dunedin, 1958.

L'exemple de l'anthropologie physique est très significatif à cet égard, car, aussi éloignés que ses problèmes puissent paraître de ceux que se pose l'anthropologie sociale, ces deux branches d'une même science ont, au cours des dernières années, évolué de façon convergente. En anthropologie physique, la recherche de l'invariant se manifestait surtout comme un effort pour isoler des facteurs dépourvus de valeur adaptative et qui attestent donc, dans le présent, certains caractères différentiels permettant de définir les races humaines.

Or, comme en anthropologie sociale, il est apparu qu'on se satisfaisait à trop bon compte. Bien que la question de la drépanocytose ou sicklémie soit encore très débattue (en raison de la grande rareté des mutations spontanées qui lui donnent naissance), ce caractère ne semble plus pouvoir être retenu sans réserve pour nous renseigner sur la structure raciale de l'humanité, et cela en raison de l'immunité relative qu'il confère à certaines formes de malaria. Mais — et c'est le point essentiel — dans la mesure même où il cesserait de nous informer sur une histoire à très long terme, sa valeur explicative s'accroîtrait dans les limites d'une histoire plus restreinte, mais qui serait aussi une histoire véritable : celle du peuplement de l'Afrique au cours des deux ou trois derniers millénaires. Ici aussi, par conséquent, les propriétés constantes ne disparaissent au niveau des caractères apparents que pour se reformer sur celui du mécanisme, avec le même résultat pratique qui est de dissiper la fausse opposition entre histoire et évolution. On a fait les mêmes constatations au sujet des groupes sanguins et des hémoglobines rares, dont la valeur adaptative semble prouvée dans plusieurs cas.

Ces exemples s'ajoutent à tous ceux qui ont été donnés au cours de l'année pour montrer que si les problèmes traditionnels de l'ethnologie se transforment, aucun n'est véritablement épuisé. L'originalité de l'ethnologie a toujours été d'étudier l'homme en se plaçant aux frontières que chaque époque assignait à l'humanité. Quand elle s'intéresse aujourd'hui à la logique des calculatrices électroniques, l'ethnologie ne s'écarte donc pas, autant qu'on pourrait le supposer, de la ligne qu'elle suivait il y a un ou deux siècles quand elle croyait que l'étude de certaines coutumes bizarres et exotiques la menait aux limites extrêmes de la connaissance de l'homme. Comme science « intersticielle » vouée à l'exploration de cette frange mouvante qui sépare le possible de l'impossible, l'ethnologie durera autant que l'humanité, et elle est, en ce sens, éternelle. L'intérêt persistant qu'elle porte aux sociétés différentes (et que, pendant longtemps sans doute, elle pourra leur conserver) n'est, somme toute, qu'une forme de l'intérêt que lui inspire toute société qui a pu ou qui pourrait être. La diversité réelle des sociétés humaines a fourni à la réflexion ethnologique une sorte de marchepied. Il dépend d'elle de fixer le but d'un regard assez ferme pour ne pas arrêter son élan si ce support vient un jour à lui manquer.

II

LE TOTÉMISME AUJOURD'HUI ET LA PENSÉE SAUVAGE
(année 1960-1961)

Le cours du *mardi* était intitulé *le Totémisme aujourd'hui*. On s'est proposé d'étudier la façon dont la pensée ethnologique a évolué, à l'occasion d'un grand problème classique, sans vouloir pour autant vérifier si des connaissances nouvelles ont modifié la manière de le poser et de le résoudre. C'est le problème lui-même qui a été mis en cause, car il est impossible, à l'heure actuelle, de considérer comme acquise l'existence du totémisme en tant qu'institution définie.

1° *Évolution du problème totémique*. — En 1920, Van Gennep publiait un livre : *L'État actuel du problème totémique*, qui marquait, croyait-il, une étape d'une discussion destinée à se poursuivre. Sur ce point pourtant, Van Gennep s'est trompé puisque son livre (qui demeure indispensable comme la dernière étude d'ensemble consacrée à ce problème) devait être le « chant du cygne » des spéculations sur le totémisme. L'illusion de Van Gennep est compréhensible, dix ans après la publication du monumental ouvrage de Frazer. Mais nous nous rendons mieux compte, aujourd'hui, qu'au moment où les discussions sur le totémisme battaient leur plein, des symptômes de désintégration se manifestaient déjà. C'est la même année où paraissait l'ouvrage de Frazer que Goldenweiser contestait la réalité du totémisme ; en fait, l'ethnologie américaine n'a cessé de mener contre cette notion une offensive dont on a récapitulé les principaux épisodes, tels qu'ils ressortent des ouvrages de Lowie, Kroeber et Boas. Mais cette réserve, vis-à-vis d'une question qui a, pendant un temps, été au centre de l'anthropologie sociale et religieuse, est également attestée en Angleterre, puisque, depuis la tentative de Rivers pour définir le totémisme comme formé de trois éléments (social, psychologique et rituel), les traités anglais récents adoptent une définition non seulement prudente et nuancée, mais qui, surtout, prête moins attention au contenu de l'institution qu'à sa forme.

Le passage du point de vue du contenu à celui de la forme remonte à Boas, qui a introduit cette opposition dans un célèbre article de 1916. Boas y montrait que les discussions relatives au totémisme recouvrent deux problèmes distincts : d'une part, celui de la manière dont les hommes se représentent leurs rapports avec la nature, et qui ne relève pas du totémisme proprement dit ; d'autre part, le problème de la dénomination des groupes sociaux. Que ces groupes se dénomment à l'aide de termes animaux ou végétaux concerne exclusivement le premier problème. Reste la question essentielle, qui est de savoir quand et dans quelles conditions il est structuralement indispensable aux groupes sociaux de se dénommer. Boas affirme que cette nécessité réside dans l'exogamie, qui apparaît ainsi comme une condition préalable du totémisme. Or, l'exogamie peut revêtir deux formes, dont l'une est incompatible avec un système de dénominations : ainsi, lorsque les groupes sociaux se délimitent en fonction de généalogies réelles, comme cela se produit chez les Eskimo. En revanche, partout où les groupes sociaux reposent sur la filiation unilinéaire et sur un principe généalogique vague ou fictif, le seul moyen, pour assurer leur identité et leur pérennité, est de recourir à des termes différentiels transmis héréditairement, et qui sont souvent empruntés aux règnes animal et végétal. Si importante que soit la démarche de Boas, elle laisse subsister deux problèmes : pourquoi les plantes et les animaux offrent-ils une nomenclature particulièrement favorable à la dénotation des groupes sociaux ? Quel rapport y a-t-il entre le système dénommé et le système de dénomination ?

2° *Les illusions totémiques.* — Après avoir sommairement retracé l'évolution des idées, on a montré, à l'aide de quelques exemples, que les phénomènes eux-mêmes sont beaucoup plus complexes qu'une systématisation hâtive ne pourrait le faire croire.

Les Ojibwa du nord-est américain ont fourni les premières observations sur la base desquelles ont été édifiées les diverses théories du totémisme. Or, toutes les recherches portant sur ces populations suggèrent qu'en ce qui les concerne, le prétendu totémisme repose sur une confusion entre deux systèmes indépendants : d'une part, un système d'appellations claniques, auquel n'est lié aucun interdit et fort peu de rituel ; d'autre part, un système d'esprits gardiens individuels, mais qui n'a presque pas d'effet sur le plan sociologique.

Les insulaires de Tikopia, dans l'océan Pacifique, ont été souvent invoqués comme fournissant la preuve de l'existence du totémisme en Polynésie. Mais les travaux de Firth établissent que la situation est loin d'être simple : si on veut la formuler en termes classiques, il faut admettre qu'il existe à Tikopia non pas un, mais deux totémismes, qui, comme chez les Ojibwa, constituent des systèmes distincts et opposés.

3° *Le nominalisme australien*. — On connaît le rôle des faits australiens dans les spéculations sur le totémisme, depuis le dernier quart du XIXe siècle. Il était donc intéressant de rechercher comment les spécialistes contemporains de l'Australie ont réagi à la critique américaine. En raffinant sur l'observation et sur l'analyse, Elkin subdivise le totémisme, envisageant successivement la forme, la signification, la fonction. D'autre part, et à la suite de Radcliffe-Brown, il définit plusieurs types irréductibles : totémismes individuel, sexuel, conceptionnel et local, et divers totémismes de groupes sociaux (moitiés, sections, sous-sections). Enfin, le totémisme clanique doit être distingué en deux espèces, selon que la filiation est matrilinéaire ou patrilinéaire. Une catégorie nouvelle comprend le totémisme « de rêve ».

Tout en rendant hommage à l'auteur de ces distinctions qui reposent sur une information plus riche que celle de ses devanciers, on s'est demandé si Elkin n'était pas victime d'une illusion : celle qui consiste à croire qu'à la condition de faire éclater, si l'on peut dire, le totémisme en un grand nombre de modalités, on parviendra à lui restituer une réalité qui se dérobe quand on se place à un niveau général. La tentative est d'autant plus dangereuse qu'elle interdit d'élaborer une systématique des sociétés australiennes, et qu'elle prive du moyen de définir des rapports intelligibles entre les différentes formes de l'organisation sociale et celles de la vie religieuse.

4° *Les totémismes fonctionnalistes.* — En fait, la tentative d'Elkin s'inspire des orientations divergentes que lui ont léguées ses maîtres Malinowski et Radcliffe-Brown.

L'interprétation de Malinowski est naturaliste, utilitaire et affective. Elle prétend fournir une réponse à trois questions : pourquoi le totémisme met-il en œuvre des noms d'animaux et de plantes ? Pourquoi s'accompagne-t-il de croyances et de pratiques rituelles ? Pourquoi un aspect sociologique existe-t-il, à côté de l'aspect religieux ? C'est, dit Malinowski, que le premier souci de l'homme est celui de la nourriture, qui suscite des émotions intenses et variées. Cet intérêt « naturel » porté au règne animal est encore renforcé du fait que l'homme vérifie empiriquement que l'animal lui ressemble ; d'où sa croyance qu'il peut contrôler la croissance et la multiplication des espèces animales. Quant à l'aspect sociologique, il résulte de ce que tout rituel donne naissance à des pratiques magiques, et de ce que la magie se spécialise en suivant les lignes de clivage de la société. L'effort de Malinowski consiste ainsi moins à résoudre le problème qu'à démontrer qu'il n'existe pas, ou, tout au moins, que la solution va de soi. Mais pour y parvenir, il soustrait le totémisme à l'ethnologie, et le transfère à la biologie et à la psychologie, se mettant ainsi hors d'état de rendre compte de la diversité réelle des pratiques et des coutumes.

La première théorie de totémisme, avancée par Radcliffe-Brown en 1929, ressemble beaucoup à celle de Malinowski. Tout en se ralliant aux critiques de l'école américaine, Radcliffe-Brown tente de se rapprocher de la formule durkheimienne. Il inverse toutefois celle-ci, puisque Durkheim voyait dans le totémisme une conséquence particulière de la tendance des groupes sociaux à se choisir un emblème. L'emblème en tant que tel est sacré, et ce caractère s'étend aux espèces animales et végétales, dans la mesure où des emblèmes non figurés sont ultérieurement reconnus comme des représentations d'êtres vivants. Au contraire, Radcliffe-Brown soutient que l'apparition de conduites rituelles envers les animaux et les plantes est un phénomène plus général que le totémisme, et antérieur à lui. Le totémisme proviendrait donc d'attitudes rituelles envers les animaux, qu'on retrouve dans toutes les sociétés de chasseurs. Une telle attitude religieuse, d'abord diffuse, se différencierait progressivement, si l'on admet la loi générale selon laquelle la segmentation rituelle et religieuse suit nécessairement la segmentation sociale. Cette loi permettrait d'interpréter les phénomènes hétérogènes groupés sous le nom de totémisme, et qui, tous, sont des modalités particulières de la « ritualisation » des intérêts naturels.

Cette conception utilitariste se heurte aux mêmes difficultés que celle de Malinowski : il est difficile, sinon impossible, de déterminer le rôle économique, ou simplement pratique, des animaux et des plantes que les différentes sociétés choisissent pour totems. L'exemple de Tikopia, déjà discuté, montre qu'il n'y a pas coïncidence entre l'ordre de préséance des clans (et de leurs totems respectifs) d'une part, et l'ordre d'importance des espèces végétales impliquées, tant en ce qui concerne leur valeur alimentaire, le travail nécessaire à leur production, et même la complexité des rites associés à leur plantation et à leur récolte. De plus, on relève en Australie un nombre considérable de totems dont la valeur économique est nulle, quand ils n'appartiennent pas à des domaines aussi éloignés de l'activité économique que certains états psychiques ou pathologiques. D'autres totems ont une valeur franchement négative. Si l'on tient absolument à les définir d'un point de vue utilitaire, ce ne peut être qu'en vidant de tout contenu la notion d'intérêt économique ou pratique. Les interprétations anciennes de Spencer et Gillen étaient bien préférables, car elles revenaient à faire de ces totems hétéroclites non des stimulants, mais des signes. On se trouve ainsi engagé dans la recherche de la valeur intellectuelle des représentations totémiques.

5° *Vers l'intellect.* — Pour comprendre le totémisme, Malinowski et Radcliffe-Brown se plaçaient surtout au point de vue de l'utilité subjective. Un progrès considérable a été accompli par des auteurs anglais, tels Firth et Fortes, quand ils ont montré les difficultés des interprétations utilitaires. Les raisons du choix de certaines espèces animales ou végétales tiennent à une analogie objective, intellectuellement perçue.

Ainsi, la prédilection pour certaines espèces animales, qu'on observe en Polynésie et dans certaines régions de l'Afrique, s'expliquerait par l'analogie que l'esprit indigène relève entre ces espèces, d'une part, et d'autre part les dieux (comme c'est le cas en Polynésie), ou les ancêtres (en Afrique). Les Tallensi conçoivent la relation entre les vivants et les morts un peu comme celle entre les humains et des animaux groupés sous le nom de « porteurs de crocs ». Ancêtres et bêtes féroces sont des êtres agressifs et instables qui menacent la sécurité des hommes, et que ceux-ci cherchent à contraindre par des rites appropriés.

Evans-Pritchard va plus loin encore, en remarquant que les Nuer conçoivent le monde animal sur le modèle du monde social. Selon leur genre, les animaux forment des communautés subdivisées en lignées et en sous-lignées. On se trouve donc d'emblée sur le terrain de la métaphore, et c'est comme relations métaphoriques qu'on doit interpréter les analogies relevées entre certaines espèces animales ou végétales et les humains. Quand les Nuer affirment que les jumeaux sont des oiseaux, ils ne croient pas en leur participation à une prétendue nature « avienne ». Pour des raisons propres à la théorie indigène et qu'il faut élucider d'abord, les jumeaux s'opposent aux humains ordinaires comme des « personnes d'en haut » à des « personnes d'en bas », bien que, dans la catégorie d'en haut, les jumeaux se trouvent placés relativement bas, et qu'ils portent ainsi des noms inspirés des espèces d'oiseaux les plus terrestres, pintade et francolin. Il ne s'agit donc plus, comme chez Firth et Fortes, d'une analogie globale, mais de rapports logiques, auxquels la diversité des espèces animales sert de support.

L'origine de cette interprétation intellectualiste a été trouvée dans ce qu'on a proposé d'appeler la seconde théorie de Radcliffe-Brown, présentée par lui en 1951 et, semble-t-il, sans une conscience très nette de sa différence par rapport à la première théorie, déjà discutée. Pourtant, dans cette seconde théorie, Radcliffe-Brown renonce aux interprétations utilitaires. Comparant certaines structures sociales et certains mythes d'Australie et d'Amérique, il montre que les analogies qu'ils présentent ne peuvent s'expliquer que par une manière identique de poser des problèmes abstraits. Si l'aigle et le corbeau sont associés et opposés dans le nord-ouest américain comme le sont l'épervier et la corneille dans certaines régions de l'Australie, n'est-ce pas que l'esprit indigène a besoin, pour penser des formes similaires de différenciation sociale, d'utiliser des paires qui soient à la fois en corrélation et en opposition, ainsi que peuvent l'être deux oiseaux carnivores, mais dont l'un est prédateur et l'autre charognard, ou bien encore deux oiseaux arboricoles, l'un diurne, l'autre nocturne, ou deux oiseaux de la même espèce, mais différents par la couleur, enfin, deux marsupiaux dont l'un est terricole, tandis que l'autre vit à découvert ? Tous ces animaux n'interviennent pas parce que comestibles ou propres à satisfaire d'autres besoins économiques ou techniques, mais parce qu'ils offrent un moyen sensible d'exprimer des rapports entre des concepts.

On s'est interrogé sur l'origine de ce changement dans la pensée de Radcliffe-Brown, et il a paru vraisemblable de l'expliquer comme une conséquence indirecte du rapprochement qui s'est produit, entre la linguistique structurale et l'anthropologie, dans les dix années qui ont précédé l'exposé de cette seconde théorie[1].

6° *Le totémisme du dedans.* — Il est curieux que cette interprétation formaliste et logique ait été d'abord avancée par des philosophes. Les quelques pages que Bergson a consacrées au totémisme, dans *Les deux sources de la morale et de la religion*, sont révélatrices à cet égard. Pour Bergson, le totémisme ne consiste pas dans l'affirmation d'une affinité entre tel groupe social et telle espèce biologique, mais dans l'opposition des groupes sociaux entre eux par le moyen d'un contraste générique, immédiatement perçu sur le plan de la vie animale et végétale. Cette clairvoyance d'un philosophe, ignorant l'ethnologie, pose un pro-

---

1. Evans-Pritchard m'a par la suite affirmé que ce que j'appelle ici les deux théories de Radcliffe-Brown étaient, en fait, mêlées dans sa pensée et dans son enseignement. Il apparaît cependant que ses publications, mises en ordre chronologique, font une place croissante à la seconde.

blème, qu'on a essayé de résoudre en rapprochant certains textes de Bergson de fragments philosophiques indigènes provenant surtout des Sioux. Comme ces Indiens d'Amérique du Nord (qui ont connu et pratiqué le totémisme), Bergson voit dans la discontinuité une face négative de la continuité du vivant. Un prédécesseur de Radcliffe-Brown, à peine moins inattendu, a paru être Jean-Jacques Rousseau. Quarante ans avant que le marchand et interprète anglais Long ait « découvert » le totémisme, Rousseau avait suggéré que les premières classifications logiques, dont l'apparition marque le passage de l'état de nature à l'état de culture, furent inspirées à l'homme par des oppositions, intuitivement perçues au sein des règnes animal et végétal. Cette vue audacieuse n'est pas accidentelle chez Rousseau, car on a pu montrer en comparant le *Discours sur l'origine de l'inégalité* et l'*Essai sur l'origine des langues* qu'elle se fonde sur une théorie du langage, et partant, de la pensée.

De ces considérations philosophiques et rétrospectives, on a tiré une leçon : le totémisme ou prétendu tel correspond moins à une institution exotique, observable du dehors, et dont la réalité objective n'est pas établie, qu'à des modes de pensée universellement donnés que des philosophes peuvent être mieux placés que des ethnologues pour saisir, non pas du dehors, mais du dedans.

7° *Science et logique du concret.* — Les problèmes complexes, indistinctement rangés sous l'étiquette du totémisme, renvoient donc à l'étude de modes d'observation et de connaissance dont il faut bien reconnaître le rôle essentiel dans toutes les formes de civilisation où les rapports immédiats avec la nature tiennent la première place. A l'inverse de ce qu'on a souvent supposé, il existe, dans la plupart des sociétés dites primitives, un ensemble extraordinairement développé de connaissances zoologiques et botaniques, qui offrent souvent les caractères d'une systématique comparable à celle des modernes. Toute enquête sur l'organisation sociale, la vie religieuse, l'activité rituelle, et la pensée mythique, exige une grande familiarité avec ces ethno-minéralogie, ethno-zoologie, ethno-botanique, dont il n'est pas sûr qu'elles nous resteront longtemps accessibles. Les problèmes posés par le totémisme résultent surtout des incertitudes où nous sommes, sur les espèces botaniques et zoologiques évoquées dans le discours indigène et dont la détermination doit être faite avec une extrême précision. D'autre part, nous sommes fréquemment dans le doute, sinon sur l'existence des classifications indigènes, au moins sur les principes qui les guident et que seule l'expérience peut permettre de découvrir. Enfin, dans le cas du totémisme, une difficulté supplémentaire se présente, du fait qu'une classification systématique a pour support une société concrète dont l'évolution démographique offre des caractères imprévisibles. Un ordre ancien peut s'en trouver irrémédiablement obscurci, ou bien se transformer en un nouvel ordre doté de caractères originaux qui ne permettent pas de remonter jusqu'à celui dont il provient.

8° *La méthode des variantes.* — A défaut d'une évolution historique qui nous échappe presque toujours, le caractère systématique des structures peut résulter de la comparaison de formes contemporaines et géographiquement voisines, dont on vérifie qu'elles sont parfois entre elles dans un rapport de transformation. Deux exemples ont été analysés.

D'abord, celui de Mota, dans les îles Banks, en Mélanésie, où Frazer avait cru reconnaître une forme élémentaire de totémisme, peut-être à l'origine de l'institution. Mais si l'on compare la situation de Mota avec celle de Lifu dans les îles Loyauté, ou de Ulawa dans les Salomon, on s'aperçoit que tout changement sur un plan s'accompagne de changements corrélatifs sur les autres plans. A Mota, la relation avec l'animal s'établit avant la naissance, à Lifu, après la mort. Cette opposition s'accompagne d'autres oppositions, le diagnostic étant collectif dans un cas, individuel dans l'autre, tandis que, pour la prohibition alimentaire correspondante, c'est l'inverse. Les systèmes sont en corrélation et opposition.

De même, la distribution des institutions totémiques en Australie offre un tableau remarquablement organisé, et dont l'aspect systématique avait déjà frappé Spencer et Gillen. C'est ainsi que les structures qui sont opérantes, dans une société donnée, chez les vivants et sur le plan de l'organisation sociale, se retrouvent identiques dans une société voisine, où elles fonctionnent cependant entre les morts et dans le monde surnaturel. Il ne s'agit donc pas de deux « messages », mais d'un seul, exprimable au moyen de codes inversés. Cette analyse a été développée, et appliquée à diverses sociétés australiennes géographiquement rapprochées. Dans aucun de ces cas, on ne peut rattacher le totémisme à un ordre privilégié de phénomènes, que ce soient les besoins naturels à la façon de Malinowski, ou les exigences sociales comme le voulait Durkheim. Il s'agit plutôt d'un code dont le rôle n'est pas d'exprimer exclusivement certains types de faits, mais d'assurer, au moyen d'un outil conceptuel, la traduction de n'importe quel ordre de phénomènes dans les termes d'un ordre différent. L'objet des représentations totémiques serait ainsi de garantir la convertibilité de tous les aspects de la réalité sociale les uns dans les autres, à la façon d'un langage, et de permettre d'exprimer avec les mêmes « mots » aussi bien les aspects significatifs de l'ordre naturel que ceux de l'ordre social, et de passer continuellement des uns aux autres. Par des exemples empruntés à l'Australie et à l'Amérique, on a illustré ce point de vue en montrant que certains aspects, en apparence arbitraires, des croyances dites totémiques répondaient à des caractéristiques du milieu.

9° *Prohibitions alimentaires et exogamie.* — Si le totémisme se présente d'abord comme un système conceptuel, le problème se pose de savoir pourquoi il ne se réduit pas à des représentations. Or, le totémisme n'est pas seulement « pensé », il est « agi ». Il s'accompagne de prescriptions et de prohibitions, surtout les tabous alimentaires et les règles d'exogamie. A cet égard, on a d'abord remarqué que la connexion entre le totémisme et les prohibitions alimentaires est loin d'être aussi générale qu'on l'a souvent affirmé. Les Bushmen d'Afrique du Sud ont des prohibitions alimentaires très raffinées, mais elles respectent un autre découpage que celui d'un système totémique, qui leur manque. En revanche, les Fang du Gabon, divisés en groupes totémiques, possèdent divers systèmes de prohibitions alimentaires qui débordent de tous côtés les cadres de leurs institutions totémiques. Par ailleurs, les prohibitions totémiques sont loin d'être exclusivement alimentaires. C'est ainsi qu'en Amérique et dans l'Inde, elles relèvent des ordres les plus hétéroclites.

D'autre part, quand on considère attentivement une aire culturelle limitée, on constate entre populations voisines une extrême diversité. Les quelque dix tribus qui occupent la péninsule du cap York, en Australie septentrionale, se distinguent par plusieurs formes de totémisme qui ne s'accompagnent pas nécessairement de prohibitions alimentaires. On constate seulement que celles-ci sont liées aux institutions matrilinéaires et que, dans les sociétés de type patrilinéaire, les prohibitions se situent au niveau de structures sociales plus inclusives que ce n'est le cas pour l'autre type.

En ce qui concerne la relation entre prohibitions alimentaires et exogamie, on a montré que la liaison fréquente des deux types de règles tient surtout à des raisons sémantiques. Dans un nombre considérable de langues, les termes « manger » et « copuler » sont identiques. Cette équivalence explique que, selon les sociétés, les deux règles peuvent soit se renforcer l'une l'autre, soit, au contraire, recevoir des applications inverses, puisqu'il suffit que l'une d'entre elles soit observée pour garantir l'existence d'une complémentarité.

10° *Groupe totémique et caste fonctionnelle.* — Cette complémentarité entre l'ordre de l'homogène et celui de l'hétérogène permet de poser, sous un angle nouveau, le problème du rapport entre les groupes totémiques et les castes. Les groupes totémiques sont homogènes quant à leur fonction (puisque celle-ci est illusoire), ils doivent donc être hétérogènes quant à leur structure. Ils diffèrent ainsi des castes, qui sont hétérogènes quant à leur fonction, et peuvent donc être homogènes (c'est-à-dire endogamiques) quant à leur structure.

Cette symétrie explique qu'entre les systèmes totémiques et les castes existent un grand nombre de formes intermédiaires. Dans plusieurs régions de l'Amérique, les groupes totémiques offrent l'ébauche d'une spécialisation qui préfigure une organisation en castes. Ainsi, chez les Chippewa, les clans se différencient par des caractères ou des aptitudes qui évoquent ceux ou celles des animaux éponymes. Mais c'est surtout dans les anciennes civilisations du sud-est des États-Unis qu'on voit le passage se faire entre l'exogamie et l'endogamie, accompagné d'une transformation similaire des groupes totémiques en groupes à spécialisation fonctionnelle. De ce point de vue, il est apparu plein d'intérêt que l'Inde, terre classique des castes, présente des formes de totémisme où les objets manufacturés tendent à remplacer les espèces animales ou végétales. A la limite, il serait possible de définir les groupements exogames comme des castes : en admettant que chaque groupe exogamique est spécialisé dans la production d'une espèce particulière de femmes, réservées à l'usage d'autres groupes. Il s'agirait donc d'une spécialisation limitée à un « produit naturel ». Le même raisonnement peut être étendu aux cérémonies de multiplication d'espèces animales ou végétales, destinées à la consommation générale. Inversement, les castes seraient spécialisées, mais sous l'angle des activités culturelles. L'opposition apparente entre endogamie et exogamie recouvrirait ainsi une analogie plus profonde entre deux types de spécialisation, l'une fondée par référence à la nature, l'autre par référence à la culture. En dernière analyse, la différence entre groupes totémiques et castes fonctionnelles tiendrait à ce que, dans un cas, la société s'inspire d'un modèle naturel ou prétendu tel, tandis que dans l'autre cas, elle adopterait un modèle culturel.

11° *Catégories, éléments, espèces, noms.* — Cette possibilité d'établir un rapport de transformation entre des formes sociales, jusqu'ici considérées comme incompatibles, renforce le caractère de modèle conceptuel que nous avons reconnu aux représentations totémiques. Ce modèle revient, dans les cadres fondamentaux d'un système classificatoire universel, à choisir la notion d'espèce comme opérateur logique privilégié. Mais il reste possible de choisir d'autres niveaux de classification, et il est également possible, pour une société déterminée, de passer d'un niveau à un autre. Les niveaux les plus abstraits, ceux qui correspondent à des catégories telles que le haut et le bas, le fort et le faible, le grand et le petit, etc., sont aussi ceux qui offrent la plus grande rigueur et la plus grande simplicité logiques. Mais les mêmes relations peuvent être codées différemment : ainsi les catégories du haut et du bas peuvent être traduites sous la forme d'une opposition entre éléments : ciel et terre. Et c'est toujours la même relation qui, dans un « langage totémique », prendra la forme d'une opposition entre un animal céleste, par exemple l'aigle, et un animal terrestre, ainsi l'ours.

A un niveau encore plus particulier, ce ne seraient plus les groupes, mais les individus, qui se verraient assigner des positions au sein du système, comme cela se produit dans presque toutes les sociétés de type totémique où chaque clan détient une liste de noms formés par référence à telle partie du corps, ou telle habitude, de l'animal éponyme, et qui permet de situer les individus dans l'espèce, comme l'espèce elle-même est située par rapport aux éléments, et les éléments par rapport aux catégories. Au fur et à mesure qu'on descend les degrés de cette hiérarchie, la structuration devient moins nette, mais la situation qui résulte n'est pas sans rapport avec celle que Saussure a décrite, en montrant que les langues du monde peuvent s'ordonner suivant la place qu'elles font à la motivation et à l'arbitraire : langues grammaticales d'une part, langues lexicologiques d'autre part, mais entre lesquelles s'insèrent toutes sortes de formes intermédiaires. La préférence pour une structuration au niveau de l'espèce, et au moyen de notions spécifiques (à quoi, en fin de compte, se réduit le totémisme), s'explique d'abord par la position intermédiaire de la notion d'espèce, dans une gamme qui va des catégories les plus générales (réductibles, à la limite, à une opposition binaire), jusqu'à la diversité théoriquement inépuisable des noms propres. Mais surtout, la notion d'espèce, considérée logiquement, offre des propriétés remarquables, puisque les deux aspects de l'extension et de la compréhension s'équilibrent à son niveau : l'espèce est une collection d'individus semblables entre eux sous certains rapports, et chaque individu est lui-même un organisme dont toutes les parties diffèrent. Il est donc possible, grâce à la notion d'espèce, de passer d'un type d'unité au type d'unité complémentaire et opposé : soit l'unité d'une multiplicité, soit la diversité d'une unité.

Cette puissance de l'opérateur « spécifique » avait été soulignée par Comte, dans la 52e leçon du *Cours de philosophie positive*, où il l'invoquait à propos du passage du « fétichisme » au « polythéisme » (au sein duquel il aurait, s'il l'avait connu, classé le totémisme). Le fondateur de l'anthropologie moderne, Tylor, n'a pas manqué de relever cette observation de Comte, dont il retrouve, d'ailleurs, la première indication sous la plume d'un précurseur des études ethnologiques, le président de Brosses. Enfin, la convertibilité des catégories en éléments, des éléments en espèces, des espèces en noms propres, et inversement, aide à comprendre comment il se fait que les principes de la taxinomie moderne ressemblent curieusement à ceux qu'appliquent certaines populations australiennes ou américaines, pour confectionner des noms propres. N'est-ce pas parce que les noms propres sont, en réalité, des termes spécifiques, dénotant des classes occupées en théorie seulement par un individu unique, tandis que, de façon symétrique et inverse, la « personnalité », qui distingue les individus les uns des autres, représenterait, même chez nous, l'équivalent d'un groupe totémique, mais réservé à un tenant privilégié ?

DEUXIÈME PARTIE

MYTHOLOGIQUES

I

LE CRU ET LE CUIT
(année 1961-1962)

Le cours du *mardi* était intitulé : *Représentations mythiques du passage de la nature à la culture*. Il n'est guère facile d'en offrir un compte rendu cohérent, et cela pour deux raisons : en premier lieu, ce cours marque le début d'un effort de longue haleine, qui se poursuivra l'année prochaine. Dans cette première partie, on s'est borné à mettre en place des termes, des notions, des règles d'interprétation, dont le sens et la portée ne se dégageront que progressivement. En second lieu et surtout, on a fait appel à un nombre considérable de mythes qu'il est impossible d'évoquer sans les raconter ; or, cela demanderait pour chacun d'eux des développements disproportionnés. On se contentera donc de donner quelques brèves indications.

Les matériaux mis en œuvre provenaient en majorité des populations indigènes du Brésil central et méridional, ainsi que des régions voisines : Chaco au sud-ouest, bassin amazonien au nord. Soit trois groupes principaux : tribus du Chaco et adjacentes (Chiriguano, Toba, Matako, Caduveo, etc.) ; tribus du Brésil central et oriental (groupes Gé et apparentés, soit : Bororo, Karaja, Cayapo, Timbira, Apinayé, Sherenté) ; enfin, Tupi de la côte et diverses tribus tupi ou « tupinisées » du bassin amazonien (Tupinamba, Mundurucu, Tenetehara, Tukuna).

Les mythes retenus concernent directement ou indirectement l'invention du feu, et donc de la cuisine, comme symbolisant, dans la pensée indigène, le passage de la nature à la culture. On est parti d'un groupe de mythes bororo, recueillis et publiés par Albisetti et Colbacchini, dont on a montré qu'ils représentent autant de variations sur un même thème. Ces variations ont été classées et réparties sur plusieurs axes, et on a recherché leur équivalent, d'une part dans la pensée mythique des Gé, d'autre part dans celle des Tupi.

Il est apparu que tous ces mythes relèvent d'un même code, formé de termes qui, pour être qualitatifs et très proches de l'expérience concrète, n'en constituent pas moins des outils conceptuels, permettant d'associer ou de dissocier des propriétés significatives à la fois en fonction de règles logiques de compatibilité et d'incompatibilité, et par rapport à des différences culturelles que l'ethnographie relève entre les diverses populations.

En effet, tous les mythes examinés se rapportent à l'origine de la cuisson des aliments ; et ils ont aussi en commun d'opposer cette façon de se nourrir à d'autres : celle des animaux carnivores, consommateurs de viande crue, et celle des animaux charognards, consommateurs de viande pourrie. Certains mythes évoquent même, directement ou indirectement, un quatrième régime alimentaire : le cannibalisme, tantôt conçu comme terrestre (celui des ogres), tantôt comme aquatique (celui des poissons *piranhas*).

Dans tous les cas, par conséquent, on vérifie l'existence d'une double opposition, d'une part entre cru et cuit, d'autre part entre frais et corrompu. L'axe qui relie le cru et le cuit est caractéristique du passage à la culture ; celui qui relie le cru et le pourri, du retour à la nature, puisque la cuisson accomplit la transformation culturelle du cru comme la putréfaction en achève la transformation naturelle.

On a montré que dans le groupe ainsi formé, les mythes tupi illustrent la transformation la plus complète : l'opposition pertinente est mise entre la cuisson (jadis secret des oiseaux charognards), et la pourriture qu'ils sont aujourd'hui réduits à consommer ; alors que les Gé déplacent l'opposition entre la cuisson des aliments et leur consommation à l'état cru, qui est désormais le lot du premier maître du feu : le jaguar. Dans ce système, les mythes bororo semblent marquer une hésitation entre les deux formules extrêmes. De plus, ils se placent dans la perspective de l'homme conquérant, c'est-à-dire de la culture, tandis que les mythes gé et tupi — apparentés sous ce rapport — se placent dans celle des animaux dépouillés du feu, autrement dit de la nature.

II

DU MIEL AUX CENDRES
(année 1962-1963)

Sous le titre : *Représentations mythiques du passage de la nature à la culture*, nous avions abordé l'an dernier un ensemble de problèmes qui se sont révélés si complexes qu'il a fallu, dès la seconde année, leur consacrer les deux cours du *lundi* et du *mardi*. Encore n'est-on pas parvenu à les épuiser, de sorte que l'enseignement de cette année a prolongé celui de l'année précédente, et devra se poursuivre en 1963-1964.

On avait montré l'an dernier que, dans les mythes du Brésil central, le problème du passage de la nature à la culture était le plus souvent illustré par l'histoire de l'invention, de la découverte ou de l'obtention du feu de cuisine. Ce thème mythique, particulièrement bien illustré chez les Gé centraux et orientaux, a pu être repéré en direction du sud-ouest jusque chez les Bororo, par le moyen d'une double transformation d'inspiration à la fois sociologique et technologique. En effet, les mythes gé d'origine du feu se transforment, chez les Bororo, en mythes d'origine de l'eau. Simultanément, une configuration sociologique, qui se trouve au premier plan des mythes gé sous la forme d'un conflit entre deux beaux-frères, se maintient, dans le mythe bororo correspondant, sous celle d'un conflit entre père et fils. On a commencé, cette année, par reconnaître les fondements de cette seconde transformation, qui résultent du caractère hautement systématisé des institutions matrilinéaires et matrilocales dans la société bororo. En effet, si des beaux-frères respectivement mari de sœur et frère de femme sont toujours des alliés, quel que soit le mode de la filiation, c'est seulement dans une société où les institutions de droit maternel apparaissent au tout premier plan que la même relation peut être dite prévaloir entre un père et son fils.

Cela posé, on a introduit un second groupe de mythes, bien représentés en Amérique tropicale, qui concernent l'origine du gibier et plus particulièrement des cochons sauvages. Ces animaux, que la pensée indigène range dans le gibier de catégorie supérieure, fournissent sous forme de viande la matière première de la cuisine. Les mythes qui se rapportent à leur apparition peuvent donc être traités, d'un point de vue logique, comme des fonctions des mythes d'origine du foyer domestique, ceux-ci évoquant le moyen, ceux-là la matière de l'activité culinaire. Comme on a établi que tous ces mythes d'origine de la viande traitent également du problème des relations entre alliés, il était intéressant de rechercher si, au prix d'une transformation similaire à celle déjà signalée, il serait possible de retrouver cette mythologie chez les Bororo, mais cachée sous un déguisement qui trompait d'abord sur sa nature véritable. Ces mythes existent en effet, mais de même que, pour l'origine de la cuisine, le même mythe subsistait sous réserve d'une transformation du feu en eau, chez les Bororo le mythe d'origine de la viande devient un mythe d'origine des biens culturels. Soit, dans un cas, une matière brute et naturelle qui se situe *en deçà* de la cuisine ; et dans l'autre cas, une activité technique et d'ordre culturel qui se situe *au-delà*.

Dans les mythes gé d'origine de la viande, on a décelé l'intervention, sous des formes diverses, du tabac et de la fumée de tabac qui jouent un rôle d'opérateurs dans la transformation des hommes en animaux sauvages. Le rôle fondamental de ce détail en apparence secondaire a pu être démontré grâce au célèbre mythe des Indiens Cariri, jadis voisins orientaux des Gé, recueilli à la fin du XVIIe siècle et publié par Martin de Nantes. Or, dans le mythe symétrique des Bororo, relatif à l'origine des biens culturels, le même rôle — mais cette fois exprimé d'une manière négative — se trouve dévolu au miel. On est donc en présence d'un système global dont les mythes d'origine du feu de cuisine (parfois inversés en mythes d'origine de l'eau) forment le pivot. De part et d'autre de cet axe se situent deux groupes de mythes, également en relations de symétrie inversée, et qui ont trait, les uns à l'origine de la viande, les autres à l'origine des parures et des ornements. Dans chacun de ces deux groupes, interviennent — à titre de moyen positif ou négatif — soit le tabac, soit le miel. S'il s'agit là d'une structure systématique et objective, on devrait pouvoir, par transformation des mythes d'origine de la viande, retrouver les mythes d'origine du miel, et par transformation des mythes d'origine des biens culturels, retrouver les mythes d'origine du tabac. A cette condition, et à cette condition seulement, l'ensemble des mythes sur lesquels a porté notre investigation pourrait constituer un système clos. C'est donc essentiellement sur les mythologies parallèles du miel et du tabac que nous avons centré notre recherche au cours de la présente année. Nous y étions d'autant plus poussé qu'une rapide enquête sur la place du miel et du tabac dans la vie économique, sociale et religieuse des Indiens de l'Amérique tropicale, nous fournissait une hypothèse directrice rendant parfaitement compte de la solidarité entre les mythes qui se rapportent à ces deux substances, et les mythes d'origine de la cuisine qui nous avaient servi de point de départ. En effet, de même que nous avions déjà vérifié que l'apparition respective, des deux « côtés » des mythes d'origine du feu de cuisine, de mythes relatifs d'une part à l'origine de la viande, d'autre part à celle des biens culturels, s'expliquait en considérant que la viande est une condition, les parures une conséquence de l'exercice de la culture, de même on constatait maintenant que le tabac et le miel entretiennent avec la cuisine des relations du même type. Le miel est en deçà de la cuisine, puisque c'est un produit naturel consommé frais ou après fermentation spontanée ; corrélativement, le tabac est au-delà, puisqu'il faut, non seulement l'exposer au soleil afin qu'il sèche, mais même le brûler pour pouvoir le consommer. Il est sans doute vrai qu'aux deux modes de consommation du miel déjà signalés correspondent, en Amérique du Sud, divers modes de consommation du tabac tantôt fumé, tantôt bu en décoction. D'où la nouvelle hypothèse qu'on trouvera aux deux extrémités du système des mythes d'origine du miel et du tabac ; et que ces mythes seront eux-mêmes analysables en deux groupes, selon qu'ils correspondent à l'un ou l'autre mode de consommation, les relations qui les unissent prenant alors la forme d'un chiasme.

Parmi les mythes d'origine du miel, ceux qui concernent plus particulièrement la fête du miel (et qu'on rencontre surtout dans le Brésil septentrional) ont permis d'établir que, conformément à l'hypothèse, des mythes d'origine du miel reconstituaient l'armature des mythes d'origine de la cuisine au prix d'un certain nombre d'inversions. En ce qui concerne le miel fermenté, c'est-à-dire servant à la préparation de l'hydromel dont l'usage est si répandu dans le Brésil méridional et le nord de l'Argentine, un problème plus délicat se posait du fait que ces mythes n'avaient pas été jusqu'à présent isolés. En utilisant surtout un matériel documentaire provenant du Chaco, on a constitué un groupe de mythes caractérisés par le rôle démesuré qu'y joue une héroïne avide de miel. Ce groupe a pu être progressivement élargi pour y introduire certains éléments des mythes gé, et on l'a finalement retrouvé jusqu'en Guyane.

Le système mythologique du miel ainsi obtenu, on a examiné les mythes du tabac qui, conformément à l'hypothèse, se répartissent également en deux groupes. Les mythes d'origine du tabac fumé, dont la distribution est surtout méridionale puisqu'elle va des Bororo du Brésil central jusqu'au Chaco, restituent l'armature des mythes d'origine du feu de cuisine telle qu'on avait pu la saisir chez les Gé à l'état le plus simple. Il y est, en effet, pareillement question d'un dénicheur d'oiseaux et d'un jaguar ; mais, tandis que, dans le premier cas, le héros humain obtenait du jaguar le moyen de la cuisine sous forme du foyer domestique, ici c'est le jaguar lui-même qui doit être soumis comme matière à l'action du feu destructeur (inverse du feu de cuisine) pour que, de ses cendres, naisse le tabac.

Toute autre est la situation en Guyane, où les mythes d'origine du tabac évoquent principalement son usage à titre de stupéfiant et d'émétique dans les rites d'initiation chamanistique, et où ces mythes sont indirectement affectés par l'absence de l'hydromel en position symétrique de boisson fermentée. Comme on l'avait postulé au départ, il y a donc bien deux types de mythes d'origine du miel, et deux types de mythes d'origine du tabac.

Dans une dernière partie, on s'est efforcé de rechercher quels sont les traits invariants de l'ensemble restitué. Ces traits ont été repérés à trois niveaux. D'abord, et comme pour la cuisine, il s'agit toujours du passage de la nature à la culture. Mais le sens de la relation s'inverse selon qu'on considère le miel ou le tabac. Le miel, et les manières dont on le recherche et le consomme, constituent une sorte d'émergence de la nature dans la culture. Inversement le tabac, qui est le moyen de communication avec le monde surnaturel et qu'on utilise pour appeler les esprits, correspond à une manifestation de la culture au sein même de la nature. Cette opposition existe aussi sur le plan culinaire puisque, au moins en Amérique du Sud où les miels de mélipones sont trop forts et parfois toxiques, il faut les *mouiller* d'eau pour pouvoir les consommer, tandis que, pour être consommé, le tabac doit être *incinéré*. En second lieu, on a noté que tous les mythes étaient particulièrement attentifs au rythme saisonnier, et que certaines des différences entre (par exemple) les mythes du Chaco et ceux de la Guyane pouvaient être surmontées, à condition de tenir compte des différences climatiques et de celles qui s'établissent corrélativement dans les activités économiques. Mais les analogies les plus frappantes s'établissent indiscutablement en fonction d'un système de références acoustiques.

On rejoignait ainsi un problème déjà posé l'an dernier, quand on avait montré que les mythes d'origine de la cuisine font une grande place à ce qu'on avait alors appelé des « conduites de mutisme » ou des « conduites de surdité ». Comme médiatisation des rapports entre le ciel et la terre, la nature et la culture, la vie et la mort, la cuisine exige le silence. Et une comparaison avec les rites bruyants qui accompagnent les éclipses et — dans le domaine plus restreint des traditions populaires européennes — les unions répréhensibles sanctionnées par le charivari, avait suggéré qu'il s'agissait là de situations que la pensée mythique ramène à un même type.

En élargissant l'enquête, on a intégré à ce schème dualiste des oppositions plus complexes entre diverses modalités de bruit. C'est ainsi qu'un lien a pu être établi, d'une part entre le miel, les arbres creux où les abeilles font leur ruche, l'auge servant à la préparation de l'hydromel et le tambour ; d'autre part, entre le tabac et les hochets en calebasse qui lui sont associés dans les mythes, parce que ce sont là des moyens inséparables pour évoquer les esprits. Or, pour autant que tous les mythes d'origine du miel évoquent les périodes de disette et celles où l'alimentation dépend essentiellement de la quête des produits sauvages — autrement dit, la saison sèche — il a paru remarquable que ces mythes mettent au premier plan des instruments tels que claquoirs, bruiteurs, crécelles, etc., qui n'ont pourtant pas de place dans l'organologie sud-américaine ou qui n'existent qu'à l'état sporadique et sont, de ce fait, restés généralement inaperçus. Ces instruments sont pourtant bien connus de la tradition européenne qui les associe, sans doute depuis une époque antérieure au christianisme (puisqu'ils existent aussi en Chine), à une période critique où les foyers sont éteints et où l'alimentation subit des restrictions très sévères (« instruments des ténèbres »). Les représentations symboliques du passage de la nature à la culture, ou de la régression temporaire qu'imposent parfois les rites de la seconde vers la première, se trouvent ainsi bénéficier, dans des mythologies très éloignées dans le temps et dans l'espace, d'une sorte de « codage acoustique » constituant pour toutes un dénominateur commun.

III

L'ORIGINE DES MANIÈRES DE TABLE, 1
(année 1963-1964)

Poursuivant l'enquête inaugurée il y a deux ans, on s'est proposé, dans les cours du *lundi* et du *mardi*, d'effectuer un passage qui se situe sur trois plans.

D'un point de vue strictement géographique, il s'agissait de suivre certains schèmes mythiques, précédemment illustrés par des exemples sud-américains, jusqu'en Amérique du Nord où ils réapparaissent sous des formes transfigurées, et de commencer à rendre compte de cette transfiguration.

Mais, en même temps qu'on changeait d'hémisphère, d'autres différences se manifestaient, d'autant plus significatives que l'armature même des mythes demeurait inchangée. Alors que les mythes déjà étudiés mettaient en jeu des oppositions spatiales : haut et bas, ciel et terre, soleil et humanité, les exemples sud-américains les plus favorables à une comparaison entre les deux hémisphères font surtout appel à des oppositions temporelles : lent et rapide, durées égales et durées inégales, jour et nuit, etc.

En troisième lieu, les mythes examinés cette année différaient des autres d'un point de vue qu'on pourrait appeler littéraire : par le style et la construction du récit. Au lieu que celui-ci soit fermement structuré, il prend la forme d'un récit «à tiroirs» ou à épisodes, qui semblent calqués les uns sur les autres et dont on ne voit pas, de prime abord, pourquoi ils ne seraient pas plus ou moins nombreux.

Pourtant, en analysant minutieusement un mythe de ce type emprunté aux Indiens Tukuna qui vivent le long du rio Solimões, c'est-à-dire sur le cours moyen de l'Amazone, on allait s'apercevoir qu'une série d'épisodes n'était pas aussi uniforme qu'on pouvait croire. La série recouvre un système dont les propriétés dépassent le plan formel où l'on s'était cantonné. En effet, le récit sériel apparaît comme une valeur limite que peuvent prendre des transformations engendrées par d'autres mythes, mais dont, au fur et à mesure qu'elles se succèdent, les caractères structuraux s'amortissent progressivement en s'écartant de leurs références ethnographiques premières ; à la fin, seule subsiste une forme affaissée dont tout le pouvoir est de se reproduire elle-même un certain nombre de fois, et non pas indéfiniment.

Forme d'une forme, la répétition apparaît ainsi comme le dernier murmure de la structure expirante. Abandonnant pour un moment le domaine américain et réfléchissant sur des phénomènes comparables empruntés à notre civilisation, particulièrement sur le « roman-feuilleton » et les histoires à épisodes (ainsi, les romans policiers ayant le même héros, les mêmes protagonistes et la même construction dramatique), qui semblent être chez nous des genres littéraires restés très proches de la mythologie, on s'est demandé si l'on ne pourrait saisir dans ce passage une articulation essentielle du genre mythique et du genre romanesque, et l'exemple d'une transition de l'un à l'autre.

Revenant aux mythes, on a montré que celui des Indiens Tukuna qui avait été pris en exemple contient un épisode où une épouse humaine, coupée en morceaux, survit partiellement en se cramponnant au dos de son mari. Cet épisode, impossible à interpréter d'après la chaîne syntagmatique et que l'ensemble de la mythologie sud-américaine n'éclaire pas, ne peut être élucidé qu'en le rapportant à un système paradigmatique tiré des mythes de l'Amérique du Nord. Le transfert géographique était donc pratiquement imposé. Restait à le justifier sous l'angle théorique.

Or, du seul fait que les mythes des Plaines septentrionales posent une équivalence entre la « femme-crampon » et une grenouille, toutes nos considérations de l'an dernier, relatives aux mythes de l'Amérique tropicale dont l'héroïne est une grenouille, s'enrichissaient d'une dimension supplémentaire. Dans ce nouveau contexte, les analyses pouvaient être reprises et développées avec un rendement accru qui apportait déjà une garantie que l'interprétation généralisée constituait une entreprise légitime. Car il devenait clair que tous les mythes de ce groupe étaient assimilables à autant de variantes réciproques, nonobstant l'éloignement géographique et quelle que fût leur origine, sud- ou nord-américaine, à la seule condition de respecter les règles d'une transformation de nature, pourrait-on dire, rhétorique : la « femme-crampon » n'étant rien d'autre, dans son expression littérale, qu'un personnage féminin que, chez nous aussi, la langue familière qualifie métaphoriquement de « collante ». Cette validation à distance, par des mythes provenant de populations très différentes et éloignées, de tournures imagées de notre propre langue populaire (mais que n'importe quelle langue illustrerait à sa façon), nous apparaît comme un mode de preuve ethnographique analogue à celui que la philosophie demande à d'autres formes de réduction.

En même temps se précisaient la fonction logique et la position sémantique d'une autre figure mythologique, symétrique de la précédente et qui l'accompagne souvent : homme, et non plus femme ; éloigné au lieu d'être rapproché, mais dont l'assiduité n'est pas moins réelle et pas moins insidieuse, puisque ce personnage est doté d'un pénis d'une longueur démesurée, qui lui permet de remédier aux inconvénients résultant de son éloignement.

Après avoir ainsi résolu le problème posé par l'épisode terminal du mythe tukuna, on s'est penché sur un autre épisode non moins obscur du même mythe : il s'agit d'un voyage en pirogue dont des mythes guyanais permettent pourtant de dévoiler la signification, en précisant que les passagers sont en réalité le soleil et la lune dans les rôles respectifs de barreur et de rameur, qui leur imposent tout à la fois de se sentir rapprochés (dans le même bateau) et éloignés (l'un à l'arrière, l'autre à l'avant) : *à bonne distance*, donc, comme doivent l'être les deux corps célestes pour que soit garantie l'alternance régulière du jour et de la nuit ; et comme doivent l'être le jour et la nuit eux-mêmes en période d'équinoxe.

Cette démonstration coïncidait avec la première publication, dans une revue américaine, d'une trouvaille provenant de Tikal (Guatemala) : gravures sur os où nous reconnaissions, figuré par un artiste maya, un motif mythologique dont nous étions précisément en train de dégager le rôle fondamental. Nous pouvions ainsi avancer une première interprétation de ces pièces archéologiques, dont la présence dans la tombe d'un grand prêtre confirmait l'importance, en même temps que l'extension géographique du thème mythique sur lequel nous appelions l'attention.

Nous pouvions ainsi franchir un nouveau pas. En effet, nous avions successivement établi qu'un mythe amazonien se rapportait d'une part à une épouse-grenouille, d'autre part à deux protagonistes masculins personnifiant des corps célestes ; enfin, que le motif de la femme-crampon pouvait et devait s'interpréter par référence à une grenouille, grâce à la consolidation en un seul groupe de mythes provenant les uns d'Amérique du Sud, les autres d'Amérique du Nord.

Or, il se trouve que, dans les régions mêmes de l'Amérique du Nord que nous avions été amené à évoquer — plaines septentrionales et bassin du haut Missouri — certains mythes relevant du célèbre cycle dit « Star-husband » juxtaposent explicitement tous ces motifs dans l'épisode où les deux frères Soleil et Lune, à la recherche d'épouses idéales, se querellent sur les vertus respectives des humaines et des grenouilles.

Après avoir résumé et discuté l'interprétation de cet épisode par l'éminent mythographe américain qu'est M. Stith Thompson, nous avons donné nos raisons d'y voir non une variante locale et tardive, mais une transformation intégrale d'autres affabulations connues de ce mythe, dont la diffusion est énorme puisqu'elle va du Canada oriental à l'Alaska, et des régions au sud de la baie d'Hudson jusqu'au pourtour du golfe de Mexico.

En analysant toutes les variantes de la querelle du Soleil et de la Lune, au nombre d'une dizaine, nous avons pu mettre en évidence une axiomatique de type « équinoxial » sur laquelle reposent parfois explicitement les mythes, et rejoindre ainsi des hypothèses que justifiait au début l'examen des seuls mythes sud-américains, relativement au passage d'un axe spatial à un axe temporel. Mais nous découvrions aussi que ce passage était plus complexe que ne l'eût exigé un simple changement d'axe. Car les pôles de l'axe temporel ne se présentent pas sous forme de *termes* :

ils consistent en types d'*intervalles* opposables selon leur durée — respectivement grands et petits — de sorte qu'ils constituent déjà des systèmes de rapports entre des termes plus ou moins rapprochés. Comparés à ceux étudiés les années précédentes, ces nouveaux mythes témoignent donc d'une plus grande complexité. Ils mettent en jeu des rapports entre des rapports, et non plus seulement des rapports entre des termes.

Pour développer l'analyse structurale de la pensée mythique, nous comprenions alors qu'il était indispensable de recourir à des modèles de plusieurs types entre lesquels un passage demeure toutefois possible, et dont les différences (qui se manifestent de l'un à l'autre) restent interprétables en fonction de contenus mythiques particuliers. De ce point de vue, le passage décisif semble se produire au niveau du code astronomique où les constellations — caractérisées par une périodicité lente (puisque saisonnière), et fortement structurée grâce au contraste entre les genres de vie et les activités techno-économiques — vont faire place, dans les mythes nouvellement introduits, à des corps célestes singuliers comme le soleil et la lune, dont l'alternance diurne et nocturne définit une périodicité d'un autre type : à la fois plus courte et constante malgré les changements saisonniers. Cette périodicité au sein d'une périodicité contraste, par son allure sérielle, avec l'autre périodicité qui l'englobe, tout en étant exempte de la même monotonie.

En même temps, donc, que nous nous préparions à élargir notre champ d'enquête et que nous prenions déjà pied dans la mythologie de l'Amérique du Nord, dès cette année nous parvenions à un résultat positif, avec, pour tout un groupe de mythes, la consolidation du fond et de la forme, et la démonstration des voies par lesquelles émerge un style romanesque au sein de la mythologie même. Malgré son caractère formel, ce nouveau style est lié à des transformations mythiques affectant le contenu.

IV
L'HOMME NU, 1
(année 1965-1966)

Les leçons du *lundi* et du *mardi* ont permis d'entamer la dernière étape d'une enquête qui se poursuit depuis plusieurs années. Après avoir dégagé un certain nombre de structures mythiques communes à l'ensemble des peuples de l'Amérique du Sud, nous avons entrepris de les retrouver en Amérique du Nord, non pas, certes, sous une forme rigoureusement identique, mais modifiées par l'histoire et le milieu de chaque tribu. Des sondages préliminaires, pratiqués surtout en 1963-1964, avaient fourni l'assurance que la tentative ne serait pas vaine. Mais il restait à aborder la tâche de front.

Le problème se complique du fait que nous devions transporter l'enquête dans une région que rien, à première vue, n'incitait à rapprocher de l'Amérique tropicale. Ce sont les tribus des familles linguistiques salish et sahaptin dont les mythes offrent les ressemblances les plus frappantes avec ceux de l'Amérique du Sud auxquels nous avions reconnu une valeur topique. Or, les Salish et les Sahaptin habitent à l'ouest des Rocheuses une zone qui se situe entre le 40e et le 55e degré latitude Nord. Ce sont des chasseurs, des pêcheurs et des ramasseurs qui, par l'absence d'agriculture, diffèrent aussi des peuples tropicaux. Il convenait donc de réfléchir d'abord sur leur position géographique et historique. La région qui comprend le plateau du fleuve Columbia et le grand Bassin doit-elle être considérée comme une impasse ou comme un refuge ?

Depuis l'emploi du carbone 14 en archéologie, les dates admises pour le début du peuplement de l'Amérique ont considérablement reculé. On s'accorde à reconnaître qu'il remonte au moins au dixième millénaire. Des dates beaucoup plus anciennes, d'abord accueillies avec empressement, sont aujourd'hui controuvées[1]. Du nord au sud de la région qui nous intéresse, on possède plusieurs indices d'une occupation continue de certains sites depuis le huitième millénaire. Reste à expliquer la présence, ici et là, de gros outils taillés par percussion. Leur aspect évoque le paléolithique, mais on ne les trouve qu'en surface, ce qui interdit les estimations.

Pour le moment, on se borne donc à reconnaître la présence ancienne de trois traditions qui se sont développées côte à côte dans l'ouest américain, et semble-t-il progressivement : une culture fluviale sur le Plateau, celle dite « du Désert » dans le grand Bassin et qui, dans le sud-ouest, aurait pris une tournure agricole aux environs du troisième millénaire avant notre ère. La découverte d'une « ancienne culture de la Cordillère » dans les Rocheuses septentrionales suggère aussi un peuplement archaïque. Rien n'exclut donc que les Salish, dont on fait actuellement une famille isolée, et les Sahaptin qui appartiennent au grand groupe penutian distribué le long de la côte du Pacifique, aient occupé leurs territoires actuels depuis plusieurs millénaires. Les études glottochronologiques, qu'il faut utiliser avec prudence, suggèrent la même conclusion. On serait alors tenté de voir dans les Salish et les Penutian les témoins nord-américains de vagues de migration anciennes dont une partie serait restée prisonnière entre les montagnes et l'océan, tandis que le reste, passant à l'est des Rocheuses, aurait déferlé jusqu'en Amérique du Sud, bien avant l'arrivée des Athapaskan, des Siouan et des Algonkin. Dans cette hypothèse, l'étroite parenté qu'on observe entre les mythes d'une région septentrionale de l'Amérique du Nord et ceux de l'Amérique tropicale apparaîtrait moins étrange.

Abordant alors les mythes, nous avons convenu de nous limiter cette année à ceux des Sahaptin et plus particulièrement des Klamath du sud de l'Oregon et des Modoc du nord de la Califor-

---

1. Depuis que ces lignes furent écrites, les datations anciennes, de l'ordre de plusieurs dizaines de millénaires, ne cessent de gagner du crédit.

nie, soit deux tribus voisines et parentes par la langue qu'on a d'ailleurs tendance à séparer maintenant du sahaptin proprement dit. Les travaux de Gatschet et de Spier sur les Klamath, ceux de Ray sur les Modoc, ceux enfin de Murdock sur les Tenino, ont aidé à brosser les grands traits de la vie économique et de l'organisation sociale. Ils ont en même temps fourni les matériaux de l'enquête mythologique, concurremment avec les recueils de Curtin et de Boas et ceux, plus récents, de Jacobs et de Barker. Plusieurs versions du mythe sud-américain du « dénicheur d'oiseaux » ont été repérées et discutées. On s'est surtout attaché à déceler les transformations que subit le code astronomique commun à tous ces mythes quand on passe de l'hémisphère sud à l'hémisphère nord, et on a pu montrer que leur régularité atteste qu'en dépit de différences prévisibles — et surtout, peut-être, à cause d'elles — c'est bien du même mythe qu'il s'agit.

V

L'ORIGINE DES MANIÈRES DE TABLE, 2
(année 1966-1967)

Les conférences du *lundi* et du *mardi* ont pris cette année un tour que nous n'avions pas prévu quand nous comptions, comme l'indiquait l'affiche, les consacrer aux *représentations et croyances sur l'origine de la culture dans le nord-ouest de l'Amérique du Nord*. En effet, les recherches dont nous allions exposer les résultats nous ont confronté à un problème que nous ne pouvions ignorer, et qu'il fallait tenter de résoudre avant de poursuivre la tâche entreprise depuis plusieurs années.
En vérité, la difficulté n'était pas complètement inattendue. Nous l'avions déjà rencontrée sur notre route il y a deux ans, et nous avions pris le parti de l'éluder. Mais elle s'est de nouveau dressée devant nous dans les mêmes termes, à propos de mythes provenant d'autres régions de l'Amérique du Nord. A cause même de cette récurrence, il devenait apparent qu'elle n'offrait pas un caractère contingent, mais reflétait certaines propriétés obscures, bien qu'essentielles, de l'univers mythique dont nous cherchions à connaître la nature et la signification. Par conséquent, sa solution correcte prenait une valeur méthodologique : une fois de plus, il fallait savoir si les mythes contiennent ou non des détails gratuits. Dans la négative, l'épreuve à laquelle nous allions les soumettre tirerait une portée d'autant plus grande du fait que nous avions vainement tenté de recourir à l'hypothèse opposée.
Quel est donc le problème ? Des mythes qui relèvent incontestablement d'un même groupe quand on les envisage sous l'angle systématique, mais qui proviennent de trois régions dis-

tinctes de l'Amérique du Nord : côte ouest, région des Grands Lacs et Plaines centrales, font une grande place à des équipes homogènes de personnages humains ou surnaturels, toujours au nombre de 10 ou 12, chiffres plus élevés que ceux dont les peuples sans écriture se contentent habituellement dans leurs récits. De plus, ces chiffres résultent souvent de la multiplication par 2 d'une base 5 ou 6. Enfin, le procédé multiplicatif tend à se répéter dans le cours du même mythe : soit par application réitérée du même multiplicateur au produit de l'opération précédente, soit par élévation de la décade à la deuxième puissance, soit encore par la substitution au premier produit de sa somme arithmétique, pour effectuer à partir de là d'autres opérations.

Ainsi formulé, le problème ne pouvait être simplement abordé en se plaçant au niveau des mythes. Il fallait d'abord considérer les systèmes numériques en usage dans les tribus nord-américaines, chercher leur base logique et empirique, étudier leurs modalités d'utilisation. Mais alors, on se heurte à une double difficulté, l'une pratique, l'autre théorique. En premier lieu, ces systèmes sont complexes et curieusement distribués : presque toujours décimaux à l'est des Rocheuses tandis que, sur l'autre versant, foisonnent des formules très diverses : quinaire, quinaire-décimale, décimale-vigésimale, vigésimale, quaternaire, etc. Bien que les mythes en question proviennent tous de populations à système décimal caractérisé, ils manquent chez beaucoup d'autres qui, à cet égard, ne se distinguent pas des premières. Mais peut-on avoir des certitudes à ce sujet ? Nos catégories et nos classifications s'appliquent aussi mal aux systèmes numériques qu'aux langues dont ceux-ci constituent une partie ou un aspect. Et dès qu'on approfondit l'analyse, on constate que deux systèmes, que nous n'hésiterions pas à appeler décimaux, procèdent de principes internes d'organisation qui diffèrent, et parfois même s'opposent entre eux.

Sans faire plus qu'esquisser les lignes générales d'une recherche que les ethnologues ont trop souvent négligée quand ils étudiaient des cultures de bas niveau technique ou censées telles, nous avons fixé l'attention sur des calendriers à 10 mois répartis en deux séries de 5 correspondant à l'hiver et à l'été. Parfois nommés d'après les doigts de la main, ces mois portent ailleurs des numéros d'ordre. Par conséquent les appellations spécifiques manquent, ou bien elles n'existent que pour une série, l'autre consistant alors en mois chiffrés ou bien désignés par référence à un système cérémoniel, ou même, comme disent les Zuni, « non nommés ». Il nous est apparu qu'une connexion existait entre ce type de calendrier et certaines spéculations indigènes sur le caractère maléfique de la multiplication par 2. Car, s'il fallait, pour obtenir l'année, multiplier par 2 une base 5 correspondant au nombre de mois inclus dans chaque saison, la même opération réitérée engendrerait un hiver de 10 mois, rendu si cruel par sa longueur que les hommes ne survivraient pas. On retrouve le même raisonnement appliqué aux doigts de la main qui, au nombre de 10, feraient un organe trop compliqué, et inutilisable de ce fait.

Cette valeur négative de la décade persiste dans les mythes. Sans doute posent-ils au départ des équipes de 10 (parfois portées à 12 en vertu de mécanismes que nous avons décrits et interprétés), mais ils s'emploient aussitôt à les réduire. Or, la composition de ces équipes offre toujours un caractère cosmologique ou politique : elles illustrent des situations où tantôt le nombre des mois de l'année, tantôt celui des ennemis du groupe tribal serait deux fois (c'est-à-dire beaucoup, en raison du caractère itératif de l'opération) trop nombreux. Les mythes n'évoquent ces éventualités catastrophiques que pour les écarter grâce à l'institution de la périodicité saisonnière ou des rites guerriers, et plus particulièrement de la conquête des scalps. Ainsi s'éclaire la fonction médiatrice que l'Amérique du Nord prête à ces trophées, et qui intrigue depuis longtemps les spécialistes à cause de son triple champ d'application aux relations internationales, à la vie de famille et au contrôle des saisons.

Nous résolvons du même coup la difficulté qui nous avait momentanément arrêté, et qui tenait au fait que les mêmes mythes des Plaines, selon qu'ils font intervenir ou non des décades militaires, se réfèrent à l'introduction de la périodicité saisonnière et des rythmes biologiques, ou bien à l'institution des rites guerriers.

Au moment où paraissait l'ouvrage magistral de M. Georges Dumézil[1], il était tentant de conclure sur une brève comparaison des croyances nord-américaines avec celles de la Rome archaïque, car plusieurs témoignages y font état d'un calendrier primitif qui semble du même type que ceux évoqués au début de notre discussion. Comme les Indiens d'Amérique, les anciens Romains ont joué de la multiplication par 2. Leur calendrier de deux fois cinq mois l'atteste, et il offre cet autre trait commun avec l'Amérique que seuls les premiers mois portaient un nom ; on désignait les suivants par un numéro d'ordre. La multiplication par 2 figure aussi au premier plan des croyances relatives à la fondation de Rome. Enfin, les Romains concevaient volontiers des familles d'ensembles de même puissance, mais inégalement compliqués. Cependant, des philosophies arithmétiques qui se ressemblent ici et là servaient à justifier des conclusions opposées. Les Indiens redoutaient la puissance funeste de la multiplication, et si leurs mythes l'évoquent, c'est pour conjurer ses effets. Au contraire, les Romains cherchaient par des procédés analogues à allonger leurs perspectives d'avenir : si Remus avait aperçu 6 vautours et Romulus 12, on pouvait augurer d'un message si solennel que la durée de la ville excéderait 12 jours, 12 mois, 12 années, et dès lors que Rome avait passé le cap de 12 décennies, la durée promise par le présage ne pouvait être inférieure à 12 décades de décennies, c'est-à-dire 12 siècles... En ce sens, la connotation positive ou négative que les sociétés assignent aux grands nombres paraît liée à l'attitude plus ou moins ouverte dont elles témoignent envers leur propre devenir. Pour chacune d'elles, la mythologie des grands nombres fournirait une sorte d'indice servant à évaluer ce qu'on pourrait appeler leur coefficient d'historicité.

---

1. *La Religion romaine archaïque*, Paris, Payot, 1966.

VI

L'HOMME NU, 2
(année 1967-1968)

Les leçons du *lundi* et du *mardi* ont porté sur la manière dont évoluent et se modifient des représentations mythiques communes à des populations très diverses en fonction des genres de vie, des occupations techniques et des institutions sociales propres à chacune.

Au cours des années précédentes, on avait pu repérer et isoler des schèmes mythiques récurrents dans des régions pourtant éloignées des deux Amériques. Sans doute l'ancienne mythographie n'était-elle pas restée aveugle à des ressemblances de ce genre : on sait depuis longtemps qu'il existe des mythes dont la diffusion est pan-américaine, d'autres qui surgissent mystérieusement sous des formes presque identiques aux quatre coins du Nouveau Monde. Mais, en général, on se borne à constater ces ressemblances et, pour en rendre compte, on invoque des phénomènes de diffusion et des emprunts dont la réalité est incontestable dans son principe, sans que l'ignorance où nous sommes des mouvements de population qui ont pu se produire à l'époque précolombienne leur donne une valeur autre que conjecturale.

Renonçant à chercher un *pourquoi* qui nous échappe et peut-être échappera toujours, nous nous sommes attaché à comprendre le *comment* de ces récurrences. Or, elles ne se manifestent pas entre des mythes indépendants de tous ceux que possède un groupe de populations déterminé, et que, pour les besoins de la cause, on pourrait traiter comme des entités séparées. Au sein d'un groupe de populations, tous les mythes sont solidaires en ce sens qu'ils se transforment les uns les autres moyennant des changements qui affectent tantôt le code, tantôt le lexique et tantôt le message, ou plusieurs de ces plans simultanément. Ainsi, les mythes d'une population ou d'un groupe de populations rapprochées par la géographie et l'histoire ne se présentent jamais à l'état d'objets isolés. Le seul objet concret qui s'offre à l'investigateur revêt l'aspect d'un *champ mythique* dont il faut d'abord déterminer l'étendue, les limites et la structure interne ; puis, voir comment ce champ se démultiplie à la façon d'images d'une même scène réfléchie dans des miroirs parallèles, avec cette différence qu'ici, chaque miroir possède des propriétés spécifiques telles que, pour chaque image, une nouvelle loi de symétrie se fait jour.

Le point important pour nous n'était pas d'établir qu'un mythe d'abord analysé d'après ses formes sud-américaines, provenant toutes du Brésil central, existe aussi dans l'extrême ouest de l'Amérique du Nord depuis le bassin du fleuve Fraser jusqu'à celui du fleuve Klamath, et qu'en dehors de cette aire où sa diffusion est continue, il réapparaît çà et là à l'état isolé. En fait, il s'agissait de tout autre chose, et la démonstration que nous avons essayé de faire comprenait deux aspects : d'abord, montrer que les règles de transformation qui nous avaient permis de réduire les mythes sud-américains à des expressions diversifiées d'un même système étaient transposables à l'Amérique du Nord où la méthode mise au point pour le Brésil central conduisait aussi à ce résultat, de sorte que les deux champs mythiques, en dépit de l'éloignement géographique, devenaient intégralement superposables ; ensuite et surtout, rechercher de quelle façon cette identité fondamentale se trouvait masquée, dans le contenu des mythes, par des altérations et des déplacements interprétables en fonction des genres de vie et des institutions sociales, extrêmement différents dans les deux cas.

En effet, les sociétés indigènes du Brésil central d'où nous étions parti pour notre enquête se caractérisent par un niveau techno-économique assez rudimentaire : certaines ignorent même la poterie, mais toutes pratiquent l'agriculture sur brûlis où quelques groupes sont passés maîtres. Sous le même rapport, les tribus nord-américaines installées entre les fleuves Klamath et Fraser, à l'ouest des Rocheuses, offrent un tableau difficilement comparable. La pêche et la chasse tenaient une place inégale selon les groupes, mais tous s'adonnaient de manière intensive à la collecte et au ramassage des produits sauvages. La poterie était absente, le tissage et le tressage très développés, et l'agriculture manquait. Si l'on voulait absolument situer les deux groupes dans une série évolutive, ceux d'Amérique du Nord recevraient sans doute un rang inférieur. Et il en serait de même si l'on considérait le degré de complexité interne atteint ici et là par chaque société.

Pourtant, cette conclusion se heurterait à des convictions intuitives. Aussi bien en Amérique du Nord qu'en Amérique du Sud, les cultures concernées offrent des caractères hybrides, et leur pseudo-archaïsme, d'ailleurs dosé différemment ici et là, contraste avec un raffinement extrême dans certains domaines. Dans les actuels États d'Oregon et de Washington, plusieurs tribus possédaient une structure sociale hiérarchisée en fonction du rang et de la fortune. Car ces pêcheurs et collecteurs de racines et autres produits sauvages thésaurisaient des monnaies de coquillage, qui servaient à toutes sortes de spéculations d'ordre commercial ou matrimonial : au point que l'interdiction des unions rapprochées trouvait son fondement dans l'assimilation, par la pensée indigène, des alliances matrimoniales aux échanges commerciaux entre les tribus.

Le cours inférieur du fleuve Columbia n'était pas seulement célèbre pour ses sites de pêche que fréquentaient les tribus les plus diverses au moment de la remontée des saumons. Les tribus chinook établies sur les deux rives organisaient des foires et marchés dont le plus important se tenait dans la région des Dalles, là où le fleuve commence la traversée de la chaîne montagneuse des Cascades : lieu de rencontre commode pour les peuples de la côte et de l'intérieur.

Là s'échangeaient des peaux, des fourrures, de l'huile et de la farine de poisson, de la viande séchée, des vanneries, des vêtements, des coquillages, des esclaves et des chevaux. Tous ces produits, apportés de distances parfois considérables, changeaient de mains pour repartir dans de nouvelles directions, et souvent vers des marchés secondaires où s'opéraient d'autres transactions.

Comment une organisation aussi complexe, où les exigences du commerce international imposaient des relations pacifiques entre les groupes (sauf ceux, plus éloignés, où des expéditions guerrières allaient capturer les esclaves que les conquérants eux-mêmes, ou des peuples jouant le rôle d'intermédiaires, venaient mettre sur le marché), n'aurait-elle pas profondément retenti sur les représentations mythiques ? En analysant par le menu des mythes entièrement comparables à ceux que nous avions relevés dans le Brésil central, nous avons pu dégager un changement complet de problématique. Sans doute, ici et là, il s'agit toujours de rendre compte du passage de l'état de nature à l'état de société, au terme d'une série catastrophique de conjonctions et de disjonctions pareillement excessives et qu'un acte de médiation permet enfin de surmonter. Mais alors que, en Amérique du Sud, la conquête du feu de cuisine résout définitivement le conflit entre le haut et le bas, le ciel et la terre, le soleil (ou la pluie) et l'humanité, dans les régions considérées de l'Amérique du Nord, ce feu dont les mythes expliquent aussi l'origine se situe parmi une série de biens définis en fonction d'un seul critère : quels sont ceux qui s'échangent, qu'on partage, ou qu'on garde pour soi ? De récits qui semblent d'abord burlesques et arbitraires se dégage, quand on les soumet à une analyse scrupuleuse, tout une philosophie économique où les rapports entre espèces animales hétérogènes, ou, au contraire, voisines au sein d'une famille ou d'un genre, mais opposées par le mode de vie — ainsi, chez les félins, le puma prédateur et le lynx volontiers charognard — servent à illustrer toutes les attitudes possibles vis-à-vis des biens et des personnes, depuis le « quant à soi » jusqu'au « chacun pour tous » en passant par le « donnant, donnant » et la « part à deux ». A une extrémité de la gamme, le feu de cuisine et l'eau potable se rangent dans la catégorie des choses qu'on partage entre voisins ; à l'autre extrémité, les femmes dans celle des biens qu'on échange entre étrangers.

Mais il y a plus : car selon que les populations considérées vivent plus ou moins loin des lieux où se déroulent les transactions commerciales et selon qu'elles participent à celles-ci davantage par le négoce ou par les activités guerrières fournissant les esclaves au marché, les mythes s'infléchissent dans des directions différentes. Leur fonction étiologique concerne alors moins la pêche, réduite à une place subordonnée, que la chasse qui offre dans le registre de la production alimentaire un caractère plus combatif et aventureux ; et moins l'institution des foires et des marchés que celle des jeux de compétition. En effet, ceux-ci se déroulaient aussi entre étrangers et permettaient de remédier à la guerre, non point que, comme l'échange, ils la transforment en son contraire, mais plutôt à la façon d'un substitut. En conclusion, on espère avoir montré que le discours mythique peut évoluer selon les lois qui lui sont propres tout en s'ajustant, grâce à des mécanismes logiques dont on a illustré la complexité par un exemple, à l'infrastructure techno-économique de chaque société.

VII

INTERLUDE : LE BROUILLARD ET LE VENT
(année 1968-1969)

Les cours du *lundi* et du *mardi* ont été entièrement consacrés à l'étude des rapports entre le milieu, le genre de vie et les institutions sociales des peuples de langue salish d'une part, et leur mythologie d'autre part.

Cette étude soulève des difficultés, car l'histoire et l'ethnographie des Salish, qui occupaient entre les montagnes Rocheuses et l'océan Pacifique une aire pratiquement continue incluant les bassins des fleuves Columbia et Fraser, conspirent pour compliquer la tâche de l'analyste. Christianisés depuis la première moitié du XIXᵉ siècle, parfois de leur propre initiative, les Salish du Plateau durent à leur tempérament pacifique et à leurs dispositions amicales envers les Blancs de vivre dans une tranquillité relative jusqu'aux environs de 1870, hors les ravages causés par les épidémies. Quand, à cette époque, ils furent progressivement confinés dans des réserves, leur culture traditionnelle se trouvait d'autant plus altérée que des influences venues des Plaines avaient devancé d'au moins un siècle celle des aventuriers, des colons et des missionnaires.

On s'accorde cependant pour reconnaître qu'en dépit de la diversité des langues au sein d'une même famille, et de celle des coutumes, genres de vie et institutions entre les Salish dits « de la côte » et ceux de l'intérieur, de nombreux traits attestent l'originalité d'une culture où les différenciations internes ne se sont établies que progressivement au voisinage des tribus des Plaines d'une part, de celles de la côte nord-ouest du Pacifique d'autre part. Les recherches archéologiques confirment que cette région de l'Amérique fut l'une des plus anciennement occupées par l'homme, depuis les environs du dixième millénaire au moins. On connaît sur le bas Fraser des séquences d'occupation continue s'étendant sur douze mille ans. Dans l'État de Washington, l'homme dit de Marmes remonterait à plus de onze mille ans. Aussi vieux pourrait être, dans le même État, l'outillage en opale et calcédoine de Lind Coulée.

Sans doute les Salish n'habitèrent à l'origine qu'une partie de leur aire actuelle de diffusion qui, semble-t-il, se fit vers l'est et le sud. Mais cette aire apparaît meublée et encadrée sur son pourtour par des sites d'une grande antiquité et où, pendant ces longues périodes, la présence humaine ne cessa jamais. Aussi prudent qu'on doive se montrer vis-à-vis des reconstructions de l'école glottochronologique, il semble significatif qu'elle conclue à des laps de six ou sept mille ans pour la différenciation interne des langues de la famille salish : les tribus actuelles auraient donc pu élargir leur territoire, elles n'en resteraient pas moins approximativement en place, comme les héritières des premiers occupants de la région.

A l'époque historique, cependant, les genres de vie, les techniques, les institutions sociales et les croyances religieuses différaient considérablement entre l'île Vancouver et la côte, entre la côte septentrionale et celles de Puget Sound, entre le rivage maritime, le golfe de Georgie et l'intérieur, entre les vallées fluviales et le Plateau. Les populations de l'ouest possédaient une organisation sociale strictement hiérarchisée où la naissance, la primogéniture et la richesse créaient des distinctions entre les aristocrates, les gens du commun et les esclaves ; tandis que celles de l'intérieur étaient amorphes sous tous ces rapports, et que plusieurs d'entre elles n'auraient même pas pu concevoir des notions telles que celles d'hérédité et de rang ; ou bien, comme les peuples à l'est et au sud, fondaient leur hiérarchie sociale, à l'exemple des tribus adjacentes des Plaines, sur le mérite civique ou guerrier.

Sur le plan de la culture matérielle, les gens de l'île Vancouver, et à moindre degré de la côte, construisaient des maisons, les plus vastes, sans doute, jamais observées chez des peuples dits primitifs : hangars irréguliers, aux murs et à la toiture en planches, pouvant atteindre plusieurs centaines de mètres de long. Bien différentes étaient les habitations dans l'intérieur : en été, abris rudimentaires recouverts de nattes ou d'écorce ; en hiver, cabanes pyramidales à demi enterrées dont on recouvrait de terre la charpente et qu'on démontait chaque printemps. Selon que les populations vivaient ou non au voisinage de la mer libre, des détroits, des fleuves ou des lacs, la pêche et la chasse (sinon la collecte des racines, bulbes, fruits et baies sauvages, partout pratiquée avec zèle) tenaient des places inégales dans l'économie.

Malgré ces différences considérables, un caractère commun se dégage, qui imprime sa marque sur toute la mythologie de la région. Si l'on excepte les groupes orientaux — Indiens des lacs, Cœur d'Alêne, Flathead — chez qui on pouvait observer, à des degrés divers, quelque chose qui ressemblait à une organisation tribale manifestement empruntée aux Plaines, les Salish ne reconnaissaient ni tribu ni État. Ils ressentaient sans doute une vague solidarité avec les gens parlant la même langue ou le même dialecte. A part cela, la famille étendue chez les peuples de l'ouest, la bande semi-nomade ou le village semi-permanent chez ceux du nord ou du centre, le groupe local au sud, donnaient sa seule base à l'ordre social. Héréditaire ou élective, la chefferie conférait rarement une autorité réelle. Même des sociétés aristocratiques de l'île Vancouver (où l'ordre de préséance et le prestige familial devaient être constamment réaffirmés à grand renfort de fêtes somptuaires et de distributions de richesses), on a pu dire qu'en l'absence de pouvoirs publics et d'État, on ne s'y gouvernait que par des règles inculquées dès l'enfance et strictement observées.

Qu'il s'agisse de lignées, de familles, de bandes ou de villages, on avait donc partout affaire à de petites unités sociales autonomes. Ce particularisme ne pouvait manquer de retentir sur les mythes dont, pour chaque groupe dialectal (et malgré les lacunes énormes de nos documents), on possède de multiples versions qui diffèrent les unes des autres plus profondément et d'autre manière que ce n'est en général le cas. Tout se passe comme si la matière première des mythes, fragmentée en menus morceaux, se recomposait à la façon de mosaïques capricieuses où les mêmes éléments peuvent figurer dans diverses combinaisons. Il en résulte que la frontière entre les types de mythes devient difficile sinon impossible à tracer. On hésite constamment pour décider si l'on a passé d'une variante à l'autre du même mythe, ou d'un type de mythe à un autre qu'on avait d'abord cru distinct.

Cette instabilité de la matière mythique s'explique aussi par d'autres facteurs. Tant sur la côte que dans l'intérieur, les Salish pratiquaient volontiers le mariage avec des groupes voisins ou éloignés soit pour étendre le réseau des alliances politiques, soit que la *pax selica* qui régnait dans l'intérieur rendît ce genre de mariage autant sinon plus facile que d'autres, à cause d'un système de parenté fondé sur la filiation bilinéaire entraînant la prohibition du mariage entre cousins rapprochés. Comme les transactions commerciales étaient aussi actives que les transactions matrimoniales et que, dans l'un ou l'autre but, on se rendait fréquemment visite, il n'est pas déraisonnable de penser que, dans toute l'étendue de l'aire occupée par les Salish, chaque mythe, où qu'il ait pris naissance, devenait vite la chose de tous. Mais chacune des innombrables petites unités sociales devait l'accommoder à sa façon. Aussi, l'étude de la mythologie salish offre-t-elle un intérêt méthodologique. Est-il ou non possible de dégager des règles de transformations et une structure, d'un ensemble qu'on peut identifier et reconnaître mais qui, ici, semble être décomposé et recomposé sans trêve, par des sociétés minuscules dont le caractère politiquement amorphe et la perméabilité réciproque pourraient faire supposer qu'à leur image, les grands thèmes mythiques qu'elles possèdent en commun avec les cultures sud-américaines n'existent plus, chez elles, qu'à l'état morcelé ?

On a pu cependant mettre à jour, chez les Salish, une mythologie parente de celles observées dans d'autres groupes au cours des précédentes années, mais fondée sur un couple original de termes en rapports de corrélation et d'opposition : le brouillard et le vent. Des traces de l'existence de ce couple persistent d'ailleurs en Amérique du Sud, dans la cosmologie guarani.

Or, le couple formé par le brouillard et le vent offre une homologie certaine avec celui que d'autres populations américaines (et les Salish eux-mêmes, dans une série de mythes parallèles qu'on étudiera l'an prochain) constituent au moyen du feu et de l'eau. Comme le feu de cuisine, le brouillard s'interpose entre le ciel et la terre, le soleil et l'humanité ; tantôt il les sépare, tantôt il assure la communication entre eux. De son côté, le vent dissipe le brouillard, comme la pluie noie les foyers et éteint le feu.

L'armature est donc la même ici et là, et on a pu interpréter des anomalies apparentes de la mythologie des Salish et des Sahaptin, comparée à celle d'autres groupes, en reformulant la première d'une façon qui la ramène à une image négative d'un modèle positif plus répandu.

Cette transformation s'explique en partie seulement par le besoin qu'ont éprouvé des peuples de la côte, ou par l'occasion qu'ils ont saisie, de faire une place dans leurs mythes à des conditions d'existence objectives, inhérentes au milieu géographique : dans cette région maritime, affouillée par des golfes, des détroits et des fjords, dotée d'un climat doux et de pluies abondantes, le brouillard s'impose comme une donnée d'expérience. Mais l'interprétation par le milieu géographique s'arrêterait à la surface des choses. Le point le plus important, qu'on s'est efforcé de mettre en évidence, tient au fait que la série mythique « positive » et la série « négative » se développent côte à côte, liées respectivement à deux personnifications animales dont, sur d'autres bases, on peut établir que, depuis les Athapaskan au nord jusqu'aux Pueblo orientaux au sud, elles forment aussi un couple de termes en corrélation et opposition. Dans une série, le décepteur Coyote et son fils, préposé au rôle de médiateur, président au feu et à l'eau. Dans l'autre série, le héros culturel Lynx et son fils président au brouillard et au vent.

De cette double série émergent constamment des images et des symboles évocateurs de la gémellité que les mythes connotent au moyen de plantes — rameaux de conifères, *Peucedanum*, *Balsamorhizza*, etc. — qui forment un véritable système, tout en leur assignant une fonction rituelle pour la cuisson au four de terre ou la présentation d'animaux que, selon les régions, les Salish et leurs voisins du nord associent aux jumeaux : ours, loups, saumons.

Ces considérations ont permis d'éclairer d'un jour nouveau la place et le rôle des jumeaux dans les représentations mythiques des deux Amériques. Loin que la gémellité, comme on l'a souvent cru, s'y manifeste en tant que telle, sa fonction pertinente résulte plutôt du fait que les jumeaux divins n'ont qu'incomplètement cette nature, car ils furent conçus de pères différents. De l'écart infranchissable persistant entre eux découle une série de conséquences qui, sur le plan cosmologique, attestent l'impossibilité de concilier des extrêmes — le près et le loin, l'eau et le feu, le haut et le bas, le ciel et la terre, le soleil et l'humanité, en dépit d'un rêve nostalgique, ne peuvent jamais être jumeaux — ; et qui, sur les plans sociologique et économique, déterminent l'émergence de couples antinomiques : Indiens et non-Indiens, concitoyens et ennemis, abondance et disette, etc.

En présence des ces antinomies, chaque jumeau réagit de façon différente. L'un cherche à les résoudre par sa médiation, l'autre les institue ou les perpétue par son zèle séparateur. A tous les étages du réel, ce dernier porte donc la responsabilité particulière d'entretenir un dualisme qui, non moins que la médiation, est un aspect constitutif de l'ordre universel.

On a pu comprendre par ce biais que la mythologie salish se soit montrée si accueillante envers certains thèmes folkloriques européens, plus particulièrement français, répandus dès le XVIIIe siècle par les « coureurs des bois » canadiens. Dans ce folklore, en effet, la fonction du héros séparateur l'emporte toujours sur celle du médiateur. Et l'engendrement des antinomies par les mythes indigènes ayant réservé, si l'on peut dire, « en creux » une place aux non-Indiens avant même de les connaître, les contes que ceux-ci firent aux Indiens trouvèrent, par leur nature et par leur origine, un point d'insertion dans un système qui tenait déjà compte, à titre de présupposé métaphysique, de l'existence, pourtant inconciliable avec la sienne, d'autrui.

VIII

L'HOMME NU, 3
(année 1969-1970)

Prélude à ceux de cette année, les cours de l'an dernier eurent deux objets principaux : mettre en place l'ethnographie des peuples de langue salish d'une part, d'autre part résoudre certains problèmes préliminaires qui semblaient faire à leur mythologie un sort particulier parmi les systèmes mythiques de l'Amérique du Nord. Ces difficultés une fois résolues, on a pu, cette année, consacrer les cours du *lundi* et du *mardi* à un ensemble complexe de mythes connus par des variantes très nombreuses, et dont l'intérêt exceptionnel pour nous tient à ce qu'en dépit de l'éloignement géographique et des différences de langue, de culture et de milieu, ils reproduisent de façon presque littérale les mythes sud-américains par l'étude desquels l'enquête, que nous entendons terminer l'année prochaine, avait commencé il y a huit ans.

D'une querelle familiale fournissant le thème d'un mythe bororo du Brésil central, nous avions dégagé progressivement les implications cosmologiques. Or, les Salish ont pleinement conscience de ces implications car ils ne se contentent pas d'isoler, et de faire souffrir en haut d'un arbre ou d'une paroi rocheuse, un héros dont un père jaloux souhaite la perte : ils expédient le héros jusqu'au ciel où il erre et rencontre des aventures compliquées que les leçons de cette année se sont attachées à interpréter. De plus, ces aventures célestes se doublent d'autres, sur terre, que subissent d'abord le héros puis son père. Enfin, des mythes intermédiaires permettent de donner au motif de la visite au ciel une valeur encore plus forte, car ils introduisent à d'autres récits, consacrés à une guerre primordiale livrée par les terriens contre les célestes pour la conquête du feu. D'un mythe sur la perte temporaire du feu de cuisine dans un village à la suite d'une pluie diluvienne qui noie les foyers domestiques, on passe donc à un mythe d'origine de la culture, peut-être même au mythe d'origine par excellence de toute vie civilisée.

Entre les Sahaptin dont on s'était occupé dans la même perspective il y a deux ans et les Salish, les Nez-Percé font charnière en raison de leur appartenance à la famille linguistique protosahaptin et de leur situation géographique au contact des Salish du Plateau. Déjà, chez eux, on voit les mythes de référence s'infléchir ; et on a pu mettre ces différences en corrélation avec celles des genres de vie : pêcheurs et chasseurs comme leurs voisins Salish, les Nez-Percé étaient les derniers tenants vers l'est des arts textiles qui, de l'autre côté des Rocheuses, disparaissent presque complètement dans les Plaines. On conçoit donc que pour eux plus que pour d'autres, la pratique de ces arts puisse apparaître comme la pierre de touche servant à distinguer la civilisation de la barbarie. D'où la conversion, dans des mythes par ailleurs identiques à ceux des Salish, d'un code inspiré par la chasse en un code fondé sur divers aspects de la vannerie et du tressage.

Abordant alors les mythes salish par ceux des populations proches des Nez-Percé, il a fallu montrer de quelle façon une séquence initiale, qu'on ne rencontre pas ailleurs, s'intègre dans un groupe de transformations dont on avait déjà observé des états chez les Klamath-Modoc d'une part, les Sahaptin et les Salish de la côte d'autre part. Cette séquence, au cours de laquelle le dieu décepteur tente diverses expériences pour se fabriquer un fils artificiel, rejoint celles précédemment examinées où un personnage mâle du même type s'incorpore un enfant qu'il a recueilli, ou devient réellement enceint. Il fallait également connecter cette séquence avec les mythes de la côte qui lui donnent des expressions contraires : fabrication de deux filles artificielles au lieu d'un fils, et qui s'éloignent volontairement de leur père au lieu que celui-ci, toujours à l'occasion d'un inceste projeté, éloigne de lui son fils.

Ce fils parvient au ciel où il rend successivement visite à des personnages variés et mystérieux, les uns hostiles, les autres secourables grâce auxquels il peut redescendre sur terre où l'attendent des comparses non moins étranges. Il est impossible d'entrer ici dans le détail, d'autant que celui-ci varie considérablement selon les versions. Mais on a pu reconstruire à partir de toutes ces données un schème cohérent, d'où ressort la place fondamentale faite par la pensée indigène à la notion de contiguïté. Qu'il s'agisse du haut ou du bas, du près ou du loin, de la terre ou de l'océan, la problématique des mythes cherche toujours à résoudre le même problème résultant de l'antinomie entre une contiguïté excessive, génératrice de confusion et de désordre, et un éloignement aussi excessif d'où résulte l'impossibilité de toute médiation. On a analysé de près, dans cet esprit, un célèbre motif mythologique qui joue un grand rôle chez les Salish et auquel les mythographes ont donné le nom, emprunté aux fables de l'Ancien Monde, des symplégades ; on espère l'avoir interprété de façon satisfaisante sous le double aspect de la périodicité spatiale et de la périodicité temporelle.

Suivant toujours le fil du récit mythique, on a ensuite examiné les aventures du père du héros, consécutives à la vengeance exercée sur lui par son fils. Ces aventures l'entraînent au pays des saumons, alors inconnus des humains. Il libère les poissons, les dirige dans les fleuves et les rivières ; et il règle leur répartition en fonction de l'accueil fait par des peuples étrangers ou par leurs filles à ses offres d'alliance matrimoniale, ou parfois à des propositions moins honnêtes. Mais il arrive aussi, dans des mythes relevant du même groupe, que le même personnage penche vers l'endogamie plutôt que l'exogamie, et conçoive une ruse pour épouser sa propre fille. Toutes ces éventualités ont été inventoriées, classées et ordonnées jusqu'à ce qu'un tableau d'ensemble s'en dégage : vaste système sociologique, économique et cosmologique où des correspondances multiples s'établissent entre la distribution des poissons dans le réseau hydrographique, les foires et les marchés où s'échangent les denrées, leur périodicité dans le temps et celle de la saison de pêche, enfin l'exogamie ; car les femmes s'échangent entre les groupes comme les nourritures, et les mythes font de la jouissance d'une alimentation abondante et variée une fonction, pourrait-on presque dire, de l'ouverture de chaque petite société vers le dehors selon qu'elles sont plus ou moins disposées à pratiquer les échanges matrimoniaux. Ainsi, la mythologie s'éclaire par les formes de l'existence pratique, et elle les éclaire en retour.

L'ordre géographique se confond dans les mythes avec le devenir historique : un même schème explique tout à la fois pourquoi certains peuples riverains pêchent beaucoup et facilement, en raison de la configuration des berges qu'ils hantent ou du lit des rivières près desquelles ils résident, tandis que des montagnards, tels ceux du bassin de la Similkameen en qui l'on est tenté de reconnaître, car ils parlent une langue différente, des intrus Athapaskan venus du nord et qu'on sait avoir habité la région, se nourrissent de mouflons ou de chèvres de montagne plutôt que de poisson.

Par-delà le fait empirique que des mythes d'Amérique du Nord et d'Amérique du Sud se ressemblent, on atteint donc les raisons profondes de cette similarité. Une même problématique les engendre, car les mythes sud-américains avaient indépendamment suscité de notre part et *mutatis mutandis*, le même type d'interprétation. Ce fut un résultat important des cours de cette année que d'établir la présence chez les Salish d'un grand motif mythologique sous forme parfaitement explicite : celui du voyage en pirogue de la lune et du soleil, que nous avions naguère restitué par voie hypothético-déductive à partir de mythes sud-américains où, pourtant, il n'apparaissait pas ouvertement. Or, les Salish l'expriment par des mythes et par des rites, tel, dans la région centrale de Puget Sound, celui du voyage en pirogue des chamans au pays des morts pour recouvrer les âmes perdues, ou, chez les Bella Coola de langue salish, isolés loin vers le nord du gros de leur famille linguistique, sous la forme du va-et-vient annuel de la pirogue mystique conduisant les saumons vers les fleuves et les rivières au printemps, et d'une autre pirogue amenant, quand part la première, les protagonistes masqués des grandes cérémonies qui occuperont tout l'hiver.

Pour terminer, on a décrit et analysé le code zoologique grâce auquel les mythes signifient des oppositions majeures, ainsi entre plusieurs formes de périodicité : astronomique, tellurique, météorologique et biologique, et selon qu'elles s'expriment sur un axe spatial ou un axe temporel. Des rongeurs comme le Castor, le Porc-Épic ou Urson, l'Aplodontie qui n'existe que dans ces régions ; ou des oiseaux comme le Pic, le Merle d'Amérique, le Junco, le Pinson chanteur, le Troglodyte et la Mésange, fonctionnent dans les mythes comme autant de « zoèmes » comparables aux phonèmes de la langue pour différencier des sens. Les valeurs sémantiques qu'ils connotent sont parfois si précises et nuancées qu'on a pu reconnaître et identifier par leurs fonctions différentielles des genres ou des espèces que la langue vernaculaire tend à confondre sous la même appellation.

IX

L'HOMME NU, 4
(année 1970-1971)

Les cours du *lundi* et du *mardi* ont conduit jusqu'à son terme une longue entreprise à laquelle, au total, neuf années furent consacrées. Encore ne soupçonnait-on pas en débutant quelle serait l'ampleur de la tâche, puisque l'on croyait pouvoir conclure le compte rendu d'enseignement pour 1962-1963 en reconnaissant qu'on n'était pas parvenu à épuiser des problèmes complexes et que l'enquête devrait se poursuivre l'année suivante... Mais même ce délai que nous nous accordions n'était pas à la mesure d'un vaste périple autour de la mythologie du Nouveau Monde qui, parti du Brésil central en 1961-1962, devait finalement aboutir au point d'involution des thèmes majeurs de la mythologie américaine situé sur la côte de l'océan Pacifique entre 40 et 50 degrés de latitude nord ; en apparence, donc, fort éloigné du port d'embarquement au point de vue géographique, mais en fait — puisque les mêmes mythes par où avait commencé l'analyse s'y répètent, et que leur signification profonde s'éclaire seulement en cet endroit — lieu idéologique donnant son plein sens à la notion de retour.

Dans le cours de cette année, il convient cependant de distinguer trois phases ou trois étapes. Une première série de leçons furent consacrées à lancer des prospections rapides dans plusieurs parties du continent nord-américain, depuis les territoires à l'est des Rocheuses comprenant les bassins des fleuves Columbia et Fraser où avaient mené les recherches des deux dernières années. Dans cette région occupée par des populations de la famille linguistique salish, on avait vu peu à peu se reconstituer un système mythologique complexe, identique à celui dégagé en Amérique du Sud équatoriale et tropicale. Avant de pousser l'analyse de ce système jusqu'à son terme, il convenait donc de vérifier s'il avait bien son centre de gravité là où on avait cru le repérer, ou s'il ne s'étendait pas aussi à l'est et au sud.

Dans ces deux directions, le système ne disparaît pas, mais il s'affaiblit ou s'altère. Procédant par étapes, on a établi la continuité du système depuis les Salish jusqu'aux Algonkin occidentaux et méridionaux, tels les Cree, les Blackfoot et les Arapaho ; puis des Salish jusqu'aux Algonkin centraux, ainsi les Ojibwa, et jusqu'aux Dakota et Omaha qui sont membres de la famille linguistique siouan ; enfin, jusqu'aux Iroquois à l'est, les Ute et les Navajo au sud. Ces liaisons ne s'observent d'ailleurs pas dans un seul sens, car les mythes auxquels on aboutit éclairent en retour ceux qui avaient servi de point de départ ; on découvre aussi des liaisons transversales entre les principaux itinéraires qu'on s'était proposé de suivre sans espérer qu'ils se rejoignent.

Ainsi, des éléments manquants dans les mythes « d'entrée » peuvent être restitués grâce aux mythes « de sortie » qui les attestent sous forme différente. On constate alors que tous les mythes qui se présentaient, de prime abord, comme autant d'entités distinctes, s'inscrivent dans un champ sémantique qu'on peut imaginer fait de possibles préexistants, et au sein duquel tout se passe comme si chaque version choisissait certains thèmes parmi d'autres, à charge pour elle d'inventer le parcours le mieux propre à les articuler en récit.

Toutefois, cette interprétation ne serait guère plausible si la combinatoire mythique ne reposait sur des opérations très simples offrant un caractère fondamental, et récurrentes dans diverses régions du continent. La seconde partie du cours fut donc consacrée à montrer comment, d'un bout à l'autre du Nouveau Monde, des peuples menant des genres de vie, pratiquant des usages et des coutumes qui n'offrent rien de commun, ont tenacement cherché et ont réussi à repérer sous les climats les plus divers certaines formes de vie animale ou végétale, assimilant à tel ou tel d'entre eux le rôle d'algorithme au service de la pensée mythique pour effectuer les mêmes opérations.

On a conduit cette démonstration en examinant, dans les deux hémisphères, le rôle dévolu à plusieurs catégories d'animaux : oiseaux de l'ordre des Galliformes à la viande desquels la pensée indigène attribue le caractère, paradoxal à ses yeux, d'être dépourvue de graisse ; poissons plats et certains insectes, tels les papillons, qui sont très larges vus de face et très minces vus de profil ; d'autres insectes comme les fourmis, les mouches et les guêpes dont le corps semble divisé en deux moitiés qu'on destine à symboliser chacune l'un ou l'autre terme d'un couple d'oppositions ; enfin des quadrupèdes arboricoles qui accomplissent un demi-tour complet sur eux-mêmes selon qu'ils montent ou descendent le long des troncs ; tous animaux, par conséquent, que leur constitution anatomique ou leurs mœurs rendent particulièrement aptes à traduire sur le mode empirique des relations logiques de type binaire et qui servent effectivement à cet usage, dans cette algèbre rudimentaire sur laquelle, semble-t-il, repose toute mythologie.

Ayant illustré par des exemples les principes simples qui fondent les opérations mythiques, on pouvait revenir au tableau d'ensemble de la mythologie américaine que ces leçons proches de leur terme permettaient déjà de dégager. Ce tableau apparaissait cohérent, mais il posait des problèmes, ainsi ceux relatifs à son origine, à son histoire et à sa signification. Car il représente quelque chose, bien que des peintres innombrables, éloignés par des milliers de kilomètres, relevant de langues et de cultures différentes, n'en aient chacun exécuté qu'un infime morceau. Et cependant, tous ces morceaux s'ajustent, se complètent l'un l'autre ou s'équilibrent.

A ces questions, on pourrait donner un début de réponse si l'image synthétique élaborée, comme au laboratoire, à partir de mille ou mille cinq cents mythes reproduisait un objet existant quelque part à l'état naturel. Mais dans ce cas, on devrait envisager deux hypothèses : soit que cet objet réel se réduise à un schème inconscient, générateur ici et là des mêmes phénomènes, et dont l'existence serait alors invérifiable sinon par ses conséquences indirectes, ainsi la possibilité de rendre compte d'incohérences apparentes, de résoudre des contradictions, d'élucider des problèmes ethnographiques et de réaliser dans tous ces domaines une économie de solutions ; soit, au contraire, qu'au cœur du territoire relativement restreint où la marche de l'enquête conduisait, certains mythes bien localisés et attestés par des variantes confèrent une existence concrète à l'édifice idéologique que, pour interpréter et relier entre eux des centaines de mythes, il avait fallu patiemment agencer.

Or, cette dernière éventualité se vérifie intégralement dans un secteur de l'aire géographique où l'on s'était progressivement cantonné. Des petites populations côtières situées entre le 43e et le 50e degré environ synthétisent dans leurs mythes des motifs qui ailleurs, figurent dans des mythes entièrement distincts mais que, pour les comprendre, on avait été obligé de traiter comme autant d'états d'un même groupe de transformations. Ces peuples contigus, qui appartiennent le plus souvent à des familles linguistiques différentes : Coos, Siuslaw, Alsea, Tillamook, Quinault, Quileute, etc., opèrent donc l'union réelle de thèmes mythiques d'abord rencontrés par l'enquête en ordre dispersé. Et en même temps, ils élargissent, en lui donnant des proportions cosmiques, un conflit toujours reconnaissable mais que les mythes de l'Amérique tropicale réduisaient à une querelle des plus modestes se déroulant à l'échelle du village, sinon de la maisonnée. Parti d'une version d'où le motif semblait même complètement absent, nous avions cependant retrouvé derrière ce mythe le problème de l'origine du feu de cuisine, et donc du passage de la nature à la culture ; problème que ces populations côtières explicitent en le présentant sous la forme d'une guerre de la terre contre le ciel consécutive à un rapt de femmes et, précisément, avec la conquête du feu pour résultat. Leurs mythes fournissent une sorte de preuve expérimentale de propositions auxquelles on avait abouti par des voies hypothético-déductives : à savoir, que la relation sociologique entre preneurs et donneurs de femmes est conçue par la pensée indigène comme homologue à l'opposition du ciel et de la terre, du haut et du bas ; et qu'entre ces termes extrêmes, le feu dans l'ordre culturel, les femmes dans l'ordre social, jouent pareillement le rôle de terme médiateur.

Restait à comprendre pourquoi tous les fils conducteurs

d'entreprises multiples paraissent converger vers une région somme toute restreinte de l'Amérique du Nord à laquelle les ethnologues, au moins sous ce rapport, n'ont pas prêté une particulière attention. C'est là, pourtant, que se juxtaposent les formes les plus faibles et les plus fortes des mythes dont la guerre des terriens contre les célestes constitue le thème.

Cet état de choses peut s'expliquer de deux façons. Soit que les peuples occupant l'aire géographique en cause aient maintenu par conservatisme les formes les plus riches et les plus vivantes d'un système mythologique qui, en se diffusant vers l'est et le sud, se seraient décomposées ; progressant à rebours depuis des régions très éloignées, l'analyse les aurait peu à peu reconstituées avant de redécouvrir le système intact dans un lieu favorable où il aurait survécu. Soit, au contraire, que des récits entièrement distincts à l'origine soient venus s'y fondre et s'y unir comme autant d'éléments d'un système possible qu'une fonction synthétique fit passer à l'acte. Du point de vue de l'analyse, les deux hypothèses s'équivalent car, partant de l'une ou de l'autre et moyennant une inversion générale de tous les signes, les opérations qu'elles impliquent se seraient déroulées de la même façon. Du fait que le système global qu'on s'est employé à restituer est clos, cela reviendrait donc au même de l'explorer du centre vers la périphérie ou de la surface vers l'intérieur : de toute façon, sa courbure intrinsèque garantit qu'il sera parcouru dans sa totalité.

Sans doute des analyses locales permettent-elles d'établir entre certaines transformations mythiques des rapports d'antériorité. Mais quand on s'élève à un niveau suffisamment général pour contempler le système du dehors et non plus du dedans, la pertinence des considérations historiques s'annule en même temps que s'abolissent les critères permettant de distinguer des états du système qu'on pourrait dire premiers ou derniers.

Cependant, même si l'on adopte ce point de vue radical, des ancrages historiques subsistent. En conclusion, on a pu mettre en évidence certains traits culturels communs aux principales populations — Gé en Amérique du Sud, Salish en Amérique du Nord — dont les mythes ont, en quelque sorte, formé l'épine dorsale du système étudié et discuté au cours de ces neuf années. Dans ces populations en effet, le four de terre joue un rôle capital dans les techniques culinaires, et il a donné naissance ici et là à des constructions idéologiques voisines. Par la complexité souvent très grande de sa fabrication, son caractère fréquent d'entreprise collective, le savoir et les soins qu'exige son bon fonctionnement, la lenteur du procès de cuisson qui s'étend parfois sur plusieurs jours, accompagné jusqu'au dernier moment d'une incertitude sur le résultat, rendue d'autant plus anxieuse que des quantités énormes de nourriture — représentant les provisions d'une ou plusieurs familles, seul espoir pour elles de subsister jusqu'à la fin de l'hiver — lui sont irrémédiablement livrées, le four de terre offre la contrepartie terrestre, sinon chthonienne, de l'ouverture céleste qu'évoquent les mythes des deux hémisphères, par laquelle des enfants, frustrés de nourriture, quittèrent leur famille, et dont les Pléiades marquent l'emplacement.

En analysant et discutant l'idéologie du four de terre dans des régions éloignées des deux Amériques avec les prohibitions et prescriptions qui s'y rattachent, on a ainsi souligné que l'analyse formelle des mythes, loin de tourner le dos à des considérations fondées sur l'infrastructure techno-économique des sociétés en cause, y ramène de façon obligée, de sorte que les études structurales éclairent les modalités de l'existence pratique, mais qu'il appartient à celles-ci de les éclairer en retour.

TROISIÈME PARTIE

RECHERCHES SUR LA MYTHOLOGIE ET LE RITUEL

I

TROIS DIEUX HOPI
(année 1959-1960)

Le cours du *mercredi* a porté sur certains aspects des rites et des représentations religieuses chez les Indiens Hopi d'Arizona. Il s'agissait surtout d'étudier les rapports entre trois divinités souvent associées dans les rites, et d'ailleurs tenues pour parentes ou alliées : Muyingwu, dieu de la germination, sa sœur Tuwapongtumsi, la «Dame-à-l'autel-de-sable» et l'époux de celle-ci, Masau'u, dieu de la brousse, du feu et de la mort. Ces relations familiales se vérifient surtout chez les Hopi de la troisième *mesa* ; elles peuvent être conçues différemment ailleurs, car, selon les traditions villageoises, le sexe de Muyingwu n'est pas constant.

Les trois divinités ont d'abord été étudiées telles qu'elles apparaissent dans le culte. Pour cela, il a fallu examiner dans son ensemble le calendrier cérémoniel des Hopi. Plusieurs fêtes, qui s'inscrivent à la suite les unes des autres, ont été réinterprétées sur la base d'échanges symboliques dont la clé a été trouvée dans un festival mineur, le Nevenwehe.

Celui-ci, qui se déroule au mois de mai, consiste en une promenade campagnarde des jeunes gens, au cours de laquelle les garçons récoltent des épinards sauvages (*Stanleya* sp.) qu'ils donnent aux filles contre les gâteaux de maïs préparés par celles-ci. Ces échanges, qui sont aussi l'occasion d'accordailles, ont lieu en présence du dieu Masau'u personnifié par un acteur masqué. Le Nevenwehe opère donc, par le moyen de l'échange, une triple médiation : entre mâle et femelle, entre plantes sauvages et plantes cultivées, et entre cru et cuit.

En appliquant cette formule aux autres cérémonies, on

espère avoir montré que celles-ci consistent en médiations du même type, entre des termes de plus en plus rapprochés à mesure qu'on avance dans le calendrier. Le Wuwutcim ou initiation tribale, qui ouvre l'année cérémonielle à la fin du mois de novembre, par ses rites redoutables de meurtre symbolique des novices suivi de renaissance, peut-être aussi — dans ses parties encore secrètes — d'exhumation de cadavres, semble consister en un double échange : de mort naturelle contre vie sociale, et aussi de mort sociale contre vie naturelle. S'il en était ainsi, la cérémonie suivante du Soyal, qui a lieu en décembre, ne devrait pas se limiter à un rite solaire lié au solstice d'hiver, comme on le croit généralement, mais fonder elle aussi un échange, entre termes moins éloignés.

Or, quand on examine de près le déroulement complexe du Soyal, on constate que ses divers aspects, énumérés dans l'ordre chronologique, ont successivement trait au solstice d'hiver, à la guerre, à la fécondité humaine et animale, à la germination (attestée par la présentation d'un écran de cuir peint, figurant le dieu Muyingwu), enfin à une chasse suivie de distribution de lapins. D'autre part, le rite le plus important du Soyal consiste en une série de danses où se font face un personnage masculin « Dieu-Épervier » et une « Vierge-du-Soyal ».

Par tous ces aspects, il est apparu que la chasse au lapin, ainsi que les rites et les représentations religieuses qui s'y rapportent, jouent, dans le Soyal, un rôle plus important qu'on ne l'a soupçonné jusqu'à présent. La chasse au lapin est prohibée pendant le mois du solstice d'hiver dit aussi « la lune dangereuse », d'une part pour permettre aux lapins de se multiplier, d'autre part en raison de la « minceur » de la terre pendant cette période. La chasse qui clôt le Soyal correspond donc à la levée de l'interdit. Par la suite, les chasses au lapin associeront garçons et filles non mariés, et chacune se clôt par un échange, comme dans le Nevenwehe, mais cette fois de lapins contre gâteaux de maïs. Par ailleurs, le lapin est un gibier chthonien puisqu'il vit dans des terriers, et il est associé par la pensée indigène aux règles féminines, alors que l'épervier, tenu pour le principal ennemi des lapins, est lui-même associé au soleil. Enfin, le bâton recourbé, qui servait jadis à assommer les lapins, a été, disent les mythes, copié sur l'aile du dieu épervier.

On voit ainsi apparaître un arbitrage entre haut et bas, ciel et terre, mâle et femelle, et surtout entre chasse et agriculture, si l'on prend garde au caractère hybride et équivoque du lapin dans la pensée indigène : jadis principale source de nourriture animale, et en même temps principale menace pour la nourriture végétale, en raison des déprédations que les lapins commettent dans les jardins. Dans la symbolique hopi, le lapin joue donc le rôle de point d'articulation entre la guerre (dont procède la chasse) et l'abondance, c'est-à-dire la vie. Il est à la fois nourriture et parasite de la nourriture : en ce sens, et comme les règles féminines, souillure inévitable qui s'attache à la fécondité. On comprend qu'il puisse jouer un rôle transitionnel entre le Soyal et le Powamu, qui est aussi la première cérémonie de caractère purement agricole.

Le Powamu ou « mise en ordre » offre deux aspects principaux. C'est une fête de germination puisque les hommes entreprennent, dans leurs temples souterrains et surchauffés pour la circonstance, la culture forcée du maïs et des haricots ; et c'est aussi un rite d'initiation des garçons et des filles dans la confrérie des Katcina — danseurs masqués personnifiant des divinités. Or, le « règlement de compte », auquel fait allusion le nom même de Powamu, semble se dérouler simultanément sur deux plans : d'une part, entre cultivateurs et parasites des récoltes, de l'autre entre hommes et dieux, qui procèdent à un échange de haricots contre maïs.

Les données rassemblées par les agronomes et les botanistes sur l'agriculture indigène dans le sud-ouest des États-Unis suggèrent que, sur le plan des récoltes, l'opposition entre maïs et haricots est du même type que celle entre récoltes et parasites. Une culture jouit d'une bonne protection naturelle contre les parasites, l'autre est particulièrement exposée à leurs attaques ; l'une est ancienne, l'autre récente ; le maïs est lié aux arts de la civilisation, alors que les haricots semblent, d'après certains indices, remplacer rituellement un légume sauvage et d'emploi archaïque dans l'alimentation.

On s'est alors demandé si l'opposition entre vie et mort, qui paraît sous sa forme la plus forte dans le Wuwutcim, puis déjà affaiblie dans le Soyal, comme opposition entre la guerre et la fertilité (et médiatisée par la chasse au lapin), ne fournirait pas aussi le schème du Powamu, bien que sous une forme encore plus restreinte : celle d'un arbitrage entre l'agriculture et les forces naturelles — tempêtes et parasites — qui représentent la mort sur le plan de la vie agricole.

Il faudrait pour cela que les rites d'initiation, qui constituent le second aspect du Powamu, puissent être ramenés à une livraison symbolique de la jeunesse — moisson humaine — à des divinités qui personnifieraient elles-mêmes les parasites agricoles. Sans prétendre résoudre ce problème difficile, on s'est contenté d'indiquer dans quelle direction la solution devrait être cherchée. La flagellation des novices, qui a lieu au Powamu, peut-elle être considérée comme une forme faible des initiations par décharnement symbolique à l'aide d'insectes venimeux, comme on en connaît ailleurs en Amérique ? D'autre part, les divinités masquées qui, dans le Powamu, fouettent les novices, pourraient-elles représenter des parasites agricoles ? L'hypothèse est séduisante, puisque le masque cornu des deux Hu', préposés à la flagellation, ressemble aux figurations dites d'insectes dans les anciens pétroglyphes du Sud-Ouest, et que la divinité qui dirige ces bourreaux porte le nom d'Angwusnasomtaqa, c'est-à-dire la dame aux ailes de corbeau (qu'elle porte, en effet, fixées à son masque), le corbeau étant considéré comme un pilleur de jardins.

Après le Niman qui clôt à la mi-juillet la saison des Katcina, on a plus rapidement examiné les cérémonies alternées des Flûtes d'une part, des Serpents et des Antilopes de l'autre, et cela pour deux raisons. En premier lieu, ces cérémonies posent des problèmes particulièrement complexes, dont l'étude exigerait qu'on ait recours à la comparaison, non seulement avec les autres tribus Pueblo, mais même avec des populations américaines très éloignées. En second lieu, l'ensemble Flûtes et Serpents-Antilopes, qui témoigne d'une grande homogénéité interne, semble structuralement différent du cycle Wuwutcim-Soyal-Powamu-Nevenwehe-Niman. On s'est donc contenté de noter, aussi bien dans ce groupe que dans celui des cérémonies féminines de septembre-octobre : Marau, Lakon, Ooqol, les circonstances et les modalités de l'intervention des trois divinités objets de l'enquête, pour éclairer certains points obscurs du portrait qu'en tracent les mythes, auxquels ont été consacrées les dernières leçons d'après les recueils de Cushing, Stephen, Voth, Wallis et quelques autres.

Au physique, Muyingwu apparaît comme un dieu lent, atteint d'obésité périodique (quand son corps se gonfle de graines), et gêné dans sa démarche par des pieds mous. Au moral, c'est un dieu timide et susceptible, facilement vexé par les brimades et sensible à l'influence des sorciers.

Plus généralement, Muyingwu et Masau'u s'opposent par des caractères antithétiques. L'un se déplace sur un axe vertical (monde souterrain-surface de la terre), l'autre, sur un axe horizontal (brousse-plantations-village) ; l'un est petit, l'autre est un géant ; l'un est androgyne, ou privé de caractères sexuels bien marqués, l'autre est un mâle très actif, un séducteur ; l'un est privé de masque, l'autre en possède plusieurs. Pour obtenir la nourriture, il faut ménager Muyingwu, mais attaquer Masau'u ou du moins lui faire face. Muyingwu est le maître de la nourriture instantanée, Masau'u celui de la nourriture continue ; Muyingwu aurait voulu retenir les hommes dans les entrailles de la terre d'accord avec le Conseil des Dieux, Masau'u cherche, contre les dieux, à attirer les hommes à la surface.

Les relations de Muyingwu avec sa sœur Tuwapongtumsi sont d'un tout autre type. On a constaté que ni l'un ni l'autre de ces dieux ne pouvait être défini par rapport à certaines positions dans un champ sémantique. Ce champ est, en effet, le même pour tous les deux, mais ils le parcourent dans des directions inverses. Ils se définissent, par conséquent, non comme des *états*, mais comme des *procès*.

Ce champ sémantique peut être décrit au moyen du système d'équivalences suivant :

$$(\text{brousse} : \left\{ \begin{array}{l} \text{jachère}) \\ \text{terrains} \\ \text{de chasse} \end{array} \right\} :: \left(\begin{array}{l} \text{(jachère} \\ \text{animaux} \\ \text{vivants} \end{array} \right) : \begin{array}{l} \text{plantation)} \\ \text{dépouilles} \\ \text{animales} \end{array} \right) :: \left(\begin{array}{l} \text{(plantation} \\ \text{dépouilles} \\ \text{animales} \end{array} \right) : \begin{array}{l} \text{maison)} \\ \text{vêtements} \end{array} \right) :: (\text{nature : culture})$$

double cycle que Muyingwu a pour fonction de parcourir dans le sens de la lecture (c'est-à-dire de gauche à droite) tandis que Tuwapongtumsi agit toujours dans la direction inverse (c'est-à-dire en lisant de droite à gauche). Le premier a, par conséquent, du point de vue du passage de la nature à la culture, une fonction *progressive* qu'il remplit avec *mauvaise grâce*, tandis que Tuwapongtumsi remplit une fonction *régressive*, mais avec *empressement*.

On constate alors que l'ensemble des fonctions (apparemment contradictoires) dévolues à Masau'u comme dieu du feu domestique, maître de l'agriculture, dieu de la chasse, de la mort, des voyageurs et des terres déshabitées, correspond au regroupement, sous sa juridiction, de tous les premiers termes de chaque relation. Par rapport à Muyingwu et Tuwapongtumsi, il représente donc l'élément stable et invariant.

En revanche, si, du point de vue de la fonction, Muyingwu et Tuwapongtumsi sont des divinités « processuelles » et Masau'u une divinité statique, du point de vue de la condition, c'est l'inverse : Muyingwu et Tuwapongtumsi, sont, par vocation, des dieux sédentaires, Masau'u est un dieu errant. Cette trinité américaine offre donc tous les caractères d'un système, dont les propriétés ont été analysées, d'une part en fonction de la richesse des aspects du temps dans la langue hopi, de l'autre par rapport à la structure sociale (matrilinéaire et matrilocale) de ces Indiens, dans la mesure où les liens de famille entre les trois dieux correspondent à ce que nous avons appelé l'atome de parenté.

II

UN MYTHE IROQUOIS
(année 1960-1961)

Le cours du *mercredi*, consacré à des *Recherches de mythologie américaine*, a porté sur un mythe des Indiens Iroquois, dont l'analyse avait été esquissée l'an dernier au cours de notre leçon inaugurale. C'est le mythe n° 129, dans le recueil de J. M. B. Hewitt, *Seneca Fiction, Legends and Myths*, Part 1, 32nd Annual Report, Bureau of American Ethnology (1910-1911), Washington, 1918.

Deux enfants, respectivement frère et sœur, vivaient seuls dans la forêt. Quand la jeune fille atteignit l'âge de la puberté, elle reçut la visite d'un prétendant inconnu qu'elle crut être son frère. Elle le repoussa donc, et reprocha à son frère ses projets incestueux. Celui-ci lui révèle alors qu'il a un double, non seulement semblable à lui par l'apparence physique et les vêtements, mais aussi par une communauté de destin : tout ce qui arrive à l'un arrive inévitablement à l'autre. Pour vaincre l'incrédulité de sa sœur, le jeune homme surprend son double et le tue. Ne sera-t-il pas voué au même sort ? Il rusera cependant, et feindra, aux yeux de la mère de son adversaire (puissante sorcière, maîtresse des hiboux) d'être le fils de celle-ci, et le mari de sa propre sœur. Trahis par les flammes du foyer et par les hiboux qui révèlent la supercherie à la sorcière, le frère et la sœur, incestueusement unis, fuiront avec l'aide d'un chien magique. Après diverses péripéties, dont la dernière consiste en un combat du frère contre un adversaire inconnu, ils parviendront à rejoindre leur mère qui demeure dans une grotte, en direction de l'est. Un double du frère, distinct du premier, réussira finalement à épouser l'héroïne.

On a d'abord recherché si ce mythe pouvait être une variante du conte des deux frères (type 303 de la classification Aarne-Thompson), qui a fait l'objet d'une monographie de Kurt Ranke, *Die zwei Brüder*, Helsinki, 1934. En effet, on connaît des versions nord-américaines de ce conte. Cependant, elles sont incontestablement d'origine européenne. D'autre part, il est clair que le mythe iroquois évoque une situation doublement inverse, puisqu'il s'agit, dans un cas, de deux frères et d'une belle-sœur, dans l'autre cas, d'un frère et d'une sœur, et d'un beau-frère. En second lieu, le conte des deux frères a pour ressort dramatique la chasteté ostensible d'un des hommes vis-à-vis de sa belle-sœur, tandis que le mythe américain tourne autour d'un inceste dissimulé entre frère et sœur.

Il est beaucoup plus tentant de considérer le mythe iroquois comme une forme américaine originale d'un thème œdipien, et dont l'intérêt particulier est de provenir d'une des sociétés les plus franchement matrilinéaires que connaisse l'ethnologie.

1° *Analyse du mythe*. — La situation initiale présente une opposition entre frère et sœur, c'est-à-dire entre mâle et femelle, principes qui, chez les Iroquois, sont respectivement associés à la terre et au ciel. L'homme correspond également à la chasse et à la nourriture crue, la femme à l'agriculture et à la cuisine, c'est-à-dire à la nourriture cuite. En ce sens, on peut dire que l'opposition : mâle-femelle, est aussi une opposition entre nature et culture[1]. Très tôt dans le récit apparaît cependant une structure ternaire, dont on a montré qu'elle représente dans le mythe un élément invariant : le meurtre du double et l'inceste sont dénoncés, d'une part, par le feu de cuisine, de l'autre par deux hiboux. Chaque espion remplit une fonction qui lui est propre, puisque le feu dénonce plus particulièrement le « fratricide », et les hiboux

---

1. A l'attention de ceux — et de celles — qui m'accusent de poser dogmatiquement une équivalence entre homme et culture d'une part, femme et nature d'autre part ; comme si je n'avais pas toujours soutenu que pas plus que les phonèmes de la langue, les mythèmes n'ont de signification propre, mais seulement de position, et comme si je n'avais pas montré dans *l'Homme nu* (p. 248-249) que même au sein d'une culture particulière, les rapports entre : homme, femme, et : nature, culture sont commutables.

l'inceste. En outre, un des hiboux s'attache plus particulièrement à la fausse identité assumée par le héros, l'autre hibou à l'union avec la sœur. Soit un double aspect de la relation incestueuse : disjonctive puisqu'elle repose sur un changement d'identité, et conjonctive comme mariage dans un degré rapproché. Le problème se posait donc de découvrir le rapport entre la dualité initiale et la série de triades qui occupent le mythe. Mais c'est qu'un des termes de l'opposition binaire, à savoir le pôle féminin, est immédiatement donné sous un double aspect : d'une part adolescente parvenue à la puberté et prête à perdre son rôle de sœur ; d'autre part épouse destinée à un « non-frère », dans une société où le mariage est obligatoirement exogame. Le drame est déclenché par l'hésitation fatale de la jeune fille entre ces deux rôles, qu'elle sait mal distinguer et entre lesquels elle ne réussit pas à choisir.

Les épisodes subséquents du mythe reproduisent la triade, tantôt droite, tantôt inversée, mais en lui intégrant chaque fois des termes intermédiaires. Si la première triade est construite au moyen d'une opposition entre un terme masculin, monovalent, et un terme féminin, ambivalent, une seconde triade apparaît avec la fuite des deux héros, mettant en œuvre une opposition est-ouest, c'est-à-dire aussi vie et mort, et substituant à l'ambivalence du terme féminin une nouvelle ambivalence qui ressort du double rôle du chien : animal domestique, qui participe donc simultanément de la nature et de la culture.

La lutte du héros avec un ennemi inconnu soulève des difficultés particulières, car elle semble au premier abord si complètement étrangère au récit que Hewitt n'hésite pas à y voir une interpolation. On a démontré qu'il existe une continuité sémantique et structurale entre cette dernière partie et celles qui l'ont précédée. En effet, il s'agit toujours d'une disjonction difficile ou impossible, puisque le héros est paralysé par un adversaire mystérieux dont il éprouve le plus grand mal à se libérer. D'autre part, les méthodes mêmes de sa libération, dans le détail desquelles il est impossible d'entrer ici, permettent de reconstituer une triade analogue aux précédentes bien que d'une complexité plus grande, dont les termes sont respectivement la terre, l'eau et le feu, et qui est, à nouveau, construite par référence à une opposition binaire : nature-culture, où l'on retrouve celle même qui était apparue au début du mythe.

2° *Étude comparative*. — Après avoir examiné les variantes (peu nombreuses et qui portent surtout sur des détails) offertes par la mythologie iroquois, on a élargi l'enquête aux populations voisines, c'est-à-dire aux Ojibwa, aux Blackfoot, aux Menomini, et aux Sioux septentrionaux, surtout les Assiniboin. Le mythe iroquois s'y retrouve, mais plus ou moins lié à un autre thème, non immédiatement apparent chez les Iroquois (parce que déplacé aux mythes cosmogoniques), celui du « mari-excrément ». Il est significatif que ce « mari-excrément » soit le châtiment réservé, chez les Menomini et les Assiniboin, aux filles rebelles au mariage, c'est-à-dire, comme l'héroïne iroquois, qui ne savent pas choisir entre leur condition présente de sœur ou de fille, et leur avenir d'épouse. D'autre part, ces variantes mettent en évidence, plus clairement encore que ne le faisait le mythe iroquois, le lien entre les récits relatifs aux filles farouches ou indécises, et les cérémonies qui célèbrent la puberté féminine. Cela est vrai surtout chez les Sioux septentrionaux, qui traitent ces récits comme les mythes fondateurs des rites de puberté. On a donc été amené à étudier les idées que les sociétés en question se font de la puberté, et on a mis en corrélation les variations décelables dans ce domaine et celles qui se vérifient dans le texte même des mythes. Un tableau général a pu être dressé, dans lequel chaque mythe examiné trouve sa place par rapport à deux axes de coordonnées : l'un correspondant au passage du mythe au rituel, l'autre au passage de la notion d'incrément à celle d'excrément dont on a vérifié qu'elles jouent un rôle essentiel dans le symbolisme mythique. On a ainsi obtenu une sorte de « spectre » mythologique, dont on a scruté les aspects. En effet, les trois grands groupes de populations dont les mythes étaient examinés, occupent, dans ce spectre, des positions caractéristiques. Les Iroquois ont une place restreinte et précise, tandis que la bande réservée aux populations de langue algonquine est très floue. Enfin, les mythes des Sioux septentrionaux se trouvent comme diffractés en plusieurs endroits du spectre.

3° *Interprétation*. — Il n'a pas paru possible de rendre compte de ces particularités sur le plan de l'analyse formelle. En fait, les populations en cause vivent toutes dans une région de l'Amérique du Nord dont l'importance est considérable du point de vue économique, puisqu'elle est traversée par la limite septentrionale de la culture du maïs. Les trois groupes de populations se distinguent nettement par le genre de vie : les Iroquois sont des agriculteurs, les Menomini sont des collecteurs de graines sauvages, les Sioux septentrionaux vivent principalement de la chasse au bison. A ces rapports différents avec le milieu correspondent des métaphysiques qui se distinguent entre elles par la place qu'elles font à la terre, principe féminin. Les Menomini, assez proches voisins des Iroquois pour apprendre d'eux les techniques agricoles, se sont toujours refusés à cultiver le riz sauvage qui forme leur nourriture principale, pour la raison qu'ils ne pouvaient « blesser leur mère, la terre ». Dans ces conditions, on s'étonnera moins que les Iroquois, agriculteurs matrilinéaires, témoignent dans leur mythologie d'une certaine indulgence envers l'inceste, comme si la souillure résultant de la promiscuité (entre les sexes, et entre parents rapprochés) ressemblait plus ou moins à celle qu'entraîne la vie agricole, fondée sur une intimité agressive avec la terre féminine. Symétriquement, la réserve des Ojibwa vis-à-vis de l'agriculture (d'ailleurs, pratiquement interdite par les conditions naturelles qui règnent au nord des Grands Lacs) correspond, sur le plan de la vie sociale, à une conception particulièrement négativiste et puritaine des relations entre les sexes. Mais, chez les Sioux septentrionaux, qui sont presque exclusivement des chasseurs, l'équivalence : femme = terre se trouve en quelque sorte libérée, et l'antagonisme des sexes, au lieu de se jouer sur le plan philosophique entre des catégories et des principes, se déroule concrètement dans la société, et entre les vivants. On connaît, en effet, le caractère complexe des relations entre les sexes chez les Indiens des plaines : maladivement jaloux de leurs épouses mais séducteurs acharnés de celles des autres, et s'obligeant, par ferveur religieuse ou par morgue de guerriers, à faire violence à leurs sentiments.

En dernier lieu, on a mis en évidence certains aspects négligés des rites de puberté. Dans la pensée des Indiens de l'Amérique septentrionale et sans doute aussi ailleurs, l'équilibre familial est conçu comme toujours doublement menacé : soit par l'inceste qui est une conjonction abusive, soit par une exogamie lointaine qui représente une disjonction pleine de risques. Or, les liens familiaux et sociaux ne doivent être ni resserrés, ni distendus à l'excès. Deux dangers guettent l'ordre familial et social : celui de l'union haïssable avec le frère, et celui de l'union inévitable avec un « non-frère » qui peut être, de ce fait, un étranger ou même un ennemi. Dans cette perspective, il est possible de reconstituer le groupe formé, depuis l'Amérique jusqu'à l'Asie du Sud-Est, par les mythes du mariage entre un être humain et un animal. Tantôt l'animal est le chien, être « domestique » comme le frère, tantôt une bête féroce (généralement un ours), animal « cannibale » comme on l'affirme souvent des étrangers. Or, l'apparition des premières règles met la jeune fille dans une situation où ces deux périls se trouvent, en quelque sorte, conjugués et sous une forme superlative : comme dans l'inceste, elle risque de souiller ses proches, et, par sa condition physiologique, elle est ouverte aux influences maléfiques du dehors. L'extrême importance attachée par de nombreuses populations indigènes, et singulièrement par les peuples de langue algonquine, aux rites de puberté, s'explique ainsi par le caractère symbolique qu'on leur prête, et que les cérémonies, qui se déroulent à cette occasion chez les Sioux septentrionaux illustrent, d'ailleurs, de façon presque littérale.

III

ESQUISSES POUR UN BESTIAIRE AMÉRICAIN
(année 1964-1965)

Allégé par autorisation ministérielle, le cours de cette année s'est assigné un objectif qui pouvait à première vue paraître modeste. Sous le titre d'*Esquisses pour un bestiaire américain*, il s'agissait, dans les leçons du *lundi* et du *mardi*, de définir la place faite par les mythes sud-américains à un animal des régions tropicales du Nouveau Monde : le paresseux.

Cet édenté, représenté par les genres *Choloepus* et *Bradypus*, dépend pour sa nourriture d'un petit nombre d'essences végétales. De plus, il est affligé d'une mauvaise régulation thermique qui restreint son habitat à des zones forestières où les écarts de température ne sont pas trop élevés : en gros, depuis la Bolivie orientale jusqu'à la Guyane en passant par le bassin amazonien. Il était donc intéressant de rechercher si les mythes de ces régions font une place aux Bradypoïdés.

Il est tout de suite apparu que cette place existait et qu'elle était marquée de plusieurs façons très différentes, mais qui se répètent aux deux extrémités de l'aire considérée. Aussi bien les Tacana de la Bolivie orientale que les Kalina de la Guyane hollandaise font du paresseux un symbole cosmologique, et ils expliquent curieusement ce rôle par certaines particularités des mœurs de cet animal en rapport avec les fonctions d'élimination.

La question se posait donc d'abord de savoir si ces particularités étaient imaginaires ou réelles. On n'aurait pu résoudre ce délicat problème sans l'aide de l'éminent mammalogiste qu'est M. François Bourlière, professeur à la Faculté de Médecine de Paris : il a rassemblé à notre intention une précieuse liste de références bibliographiques dont nous le remercions vivement. Les observations sur les paresseux en captivité sont rares, mais elles confirment en tous points l'habitude que les mythes prêtent à ces animaux d'éliminer à plusieurs jours d'intervalle, près du sol et toujours au même endroit.

Reste à savoir comment les mythes s'y prennent pour intégrer cet usage empiriquement attesté dans un système de significations. Le problème a été abordé sous deux angles différents.

En premier lieu, on s'est penché sur l'association, si nette dans la mythologie tacana, du paresseux comme puissance cosmique et d'un peuple chthonien de nains sans anus, contraints de se nourrir de fumée. La même croyance se retrouve en Guyane et jusque dans les régions les plus septentrionales de l'Amérique du Nord où se vérifie une association du même type entre les nains chthoniens et les écureuils. On était ainsi conduit à l'hypothèse que les nains du monde souterrain, qui est aussi un monde à l'envers, entretiennent cependant un rapport d'homologie avec la petite faune arboricole : paresseux, petits fourmiliers, coendidés, écureuils, singes, kinkajous, etc. (tous animaux dont on a passé en revue les connotations mythiques). Plus exactement, les croyances relatives aux nains chthoniens paraissent résulter de la nécessité, logiquement ressentie, d'un terme dont la position vis-à-vis des humains fût la même que celle des humains vis-à-vis des bêtes arboricoles. Dès lors, le programme de la recherche se trouvait tout tracé.

En effet, il fallait savoir si cette faune arboricole était elle-même articulée par les mythes pour former un système de significations et si, dans ce système, le personnage du paresseux conservait tous ses traits pertinents. Au moyen de mythes provenant de populations situées entre celles qui nous avaient fourni nos premiers exemples : Mundurucu, Waiwai, Baré, Ipurina, etc., nous parvenions à dégager un couple d'oppositions formé par le paresseux et le singe hurleur (genre *Alouatta*), connotant respectivement la rétention et l'incontinence anales. Grâce à la mythologie des Jivaro de l'Orient péruvien où le paresseux tient une place inégalée ailleurs, nous pouvions intégrer ce couple dans un système triangulaire dont l'engoulevent (famille *Caprimulgus*) occupe le sommet : soit un oiseau (et non plus un mammifère) auquel les mythes attribuent pour trait pertinent l'avidité orale, non pas seulement en Amérique du Sud, mais aussi en Amérique du Nord et même dans le monde entier comme ses divers noms européens le montrent à leur façon.

Deux conclusions se sont dégagées de l'enquête : l'une intéressant l'ethnologie sud-américaine ; l'autre de portée plus générale.

Du point de vue de l'ethnologie sud-américaine, il est remarquable et sans doute significatif qu'une philosophie morale préoccupée par certains usages immodérés du tube digestif — positivement ou négativement, par en haut ou par en bas — coïncide, quant à son aire de distribution, avec celle de la sarbacane qui est aussi un tube creux, technologiquement lié à l'autre puisque la flèche expulsée par le souffle buccal est le moyen de la viande qui sera absorbée par la bouche avant d'être expulsée sous forme d'excrément.

En ce qui concerne la mythologie générale, on a souligné la valeur topique du couple : *paresseux/engoulevent*. Non seulement parce que les aires de distribution de ces deux animaux sont prodigieusement inégales, l'une très restreinte, l'autre très vaste, mais surtout pour une autre raison : en illustrant par des symboles zoologiques l'opposition du « caractère anal » et du « caractère oral » et en dégageant toutes leurs implications psychologiques (comme nous avons essayé de le montrer), la pensée mythique témoigne de sa richesse et de sa perspicacité. Elle manie avec une parfaite aisance des notions que, dans notre société, la psychanalyse vient tout juste de retrouver.

IV

LA VOIE DES MASQUES
(année 1971-1972)

Le cours du *mardi* abordait un problème nouveau dans notre enseignement sinon dans nos travaux publiés : celui des arts plastiques, envisagés à partir des masques des Indiens de la côte nord-ouest de l'océan Pacifique. On s'est demandé s'il était possible d'appliquer aux êtres imaginaires qu'ils représentent, au traitement stylistique qu'ils en donnent et à la fonction sémantique qu'ils leur assignent, les mêmes méthodes qui, les années précédentes, avaient fait leurs preuves dans le traitement des mythes.

On est parti d'un type de masque dit *swaihwe*, en usage chez plusieurs tribus de langue salish dans l'île Vancouver et sur la côte. Ces masques ont une forme singulière : arrondie à la partie supérieure, puis s'incurvant des deux côtés vers le dedans jusqu'à une coupure horizontale au bas. Ils représentent, de façon très stylisée, un visage à la bouche grande ouverte montrant une langue pendante vigoureusement indiquée ; les yeux en forme de cylindres sont protubérants ; une tête d'oiseau tient lieu de nez, et deux ou trois têtes d'oiseau surmontent la tête comme des cornes. Le masque était porté par-dessus une collerette, naguère faite de plumes blanches de cygne ; et des plumes ou du duvet blanc de cygne — de la paille parfois, mais blanche aussi — recouvraient le corps et les jambes du danseur, qui tenait à la main un sistre fait de coquilles de pecten enfilées sur un cerceau de bois.

Les masques *swaihwe* étaient la propriété exclusive de certaines lignées de haut rang ; ils ne se transmettaient que par héritage ou mariage. Leurs propriétaires les exhibaient seulement à l'occasion des potlatch ou des fêtes profanes. Ces masques ne sortaient jamais pendant les grands rituels d'hiver. Ils étaient censés procurer la richesse et la réussite matérielle à leurs détenteurs et à ceux qui, moyennant rétribution, s'assuraient le concours de ces derniers.

Les mythes d'origine des masques *swaihwe* sont de deux types, selon qu'ils proviennent de l'île ou de la côte. Dans un cas, les masques ou leurs prototypes tombèrent du ciel sur la terre ; dans l'autre, ils furent pêchés dans un lac. L'analyse comparée des deux leçons a permis d'établir leur symétrie qui s'affirme jusque dans les détails : elles sont donc en rapport de transformation. On a pu montrer que cette transformation n'est intelligible que lue dans un sens ; les mythes de l'île transforment ceux de la côte, non l'inverse. L'argument a paru plus démonstratif que ceux d'ordre historique et linguistique qu'on invoque habituellement pour affirmer que les masques *swaihwe* sont originaires du bas et du moyen Fraser, mais il aboutit à la même conclusion. Enfin, des sondages dans la mythologie des peuples salish avoisinants, qui possèdent des masques analogues, ont conduit à postuler une double affinité des masques *swaihwe* d'une part avec les poissons (puisque les masques sont pêchés, et en raison d'une assimilation métaphorique, attestée de façon indépendante, de la langue et du poisson), et d'autre part avec le cuivre que connaissaient et utilisaient les peuples de cette région. Tel que le racontent les Lilloet, le mythe d'origine du cuivre est en effet réductible à ceux sur l'origine des masques chez les peuples côtiers.

Voisins immédiats des Salish à l'ouest et au nord, les Nootka et les Kwakiutl leur ont emprunté les masques *swaihwe* dont, chez eux, tous les caractères restent reconnaissables en dépit de différences stylistiques. Les Kwakiutl les appellent *xoa'exoe* ou *xwexwe*, leur attribuent le même type de sistre que les Salish et, plus nettement encore que ces derniers, ils les associent aux tremblements de terre. A l'inverse des Salish, ils leur font une place dans le rituel d'hiver. A tous autres égards, les indications qu'on possède sur leur rôle sociologique et rituel sont minces. En revanche, les mythes d'origine sont plus riches.

Ces récits sont de deux types. On a d'abord des traditions légendaires expliquant comment certains lignages du nord de l'île

Vancouver, ou leur faisant vis-à-vis sur la côte, obtinrent les masques des Comox, tribu de langue salish établie dans l'île Vancouver au sud des Kwakiutl. D'autre part, des récits plus proprement mythiques racontent qu'un Indien reçut les masques au cap Scott (à l'extrême nord de l'île, donc dans la direction opposée) d'esprits surnaturels qui lui apparurent d'abord sous forme de poissons, probablement *Sebastodes ruberrimus*, espèce à coloration rouge de la famille des Scorpénidés. Le don des masques ne fut accompagné d'aucun présent sous forme de nourriture ou d'objets précieux. C'est pourquoi, conclut le mythe, on dit aujourd'hui que les poissons de cette espèce sont avaricieux. Cette morale pourrait paraître inexplicable si l'on ne se souvenait que les Salish attribuent aux masques *swaihwe* un comportement diamétralement opposé.

Après avoir ainsi constitué le dossier des masques *swaihwe* ou *xwexwe*, on a dû constater que les éléments dont on dispose sont trop peu nombreux pour permettre de résoudre les problèmes qu'ils soulèvent. D'où la nécessité de leur appliquer les mêmes procédures qui, dans une situation analogue, permettent d'élucider la signification de mythes incompréhensibles quand on les aborde isolés. Peut-on, comme pour les mythes, replacer un type de masque dans un champ sémantique constitué par d'autres éléments du même type ? Et plus particulièrement, existe-t-il un autre masque qui, par le personnage qu'il représente, les caractères plastiques qu'il lui confère, le rôle sociologique et rituel que la culture lui assigne, soit avec le précédent dans un rapport de transformation, de sorte que son « message », si l'on peut dire, serait complémentaire du message partiel que l'autre masque a charge de transmettre, permettant ainsi de reconstituer au moyen de l'un et de l'autre un sens global dont chacun n'exprimerait qu'une moitié ?

Ce masque existe chez les Kwakiutl ainsi, d'ailleurs, que chez les Salish qui — donnant-donnant, semble-t-il, d'après certains textes — l'ont à leur tour obtenu des premiers. Il représente un ogre géant, plus souvent femelle que mâle, que les Kwakiutl appellent *Dzonoqwa*. Si le masque *swaihwe* s'accompagne de parures blanches, le masque *dzonoqwa* est noir, et vêtu de noir son porteur. L'un est décoré de plumes, l'autre de poils. Le masque *swaihwe* a des yeux protubérants ; ceux du masque *dzonoqwa* sont profondément enfoncés dans des orbites creuses, ou bien miclos. Les masques *swaihwe* sont clairvoyants : au cours des danses, un personnage armé d'une lance cherche à les aveugler. Inversement, les personnages figurés par les masques *dzonoqwa* sont aveugles ou presque ; mais, dans les mythes, ils aveuglent les enfants qu'ils capturent en leur collant les paupières avec de la résine. Un type de masque a la langue pendante ; les *Dzonoqwa* mâle ou femelle ont les seins pendants, et c'est dans le mamelon — « œil » du sein pourrait-on dire — que leurs ennemis humains cherchent à planter leurs traits.

Selon les versions du mythe d'origine, les masques *swaihwe* proviennent du ciel ou de l'eau, c'est-à-dire du *haut* ou du *bas*. Les masques *dzonoqwa* proviennent, eux, des forêts profondes et des montagnes où résident leurs prototypes, donc du *loin*. Les masques *swaihwe* figurent les ancêtres fondateurs des plus hauts lignages ; ils relèvent donc du monde social, à l'inverse des esprits asociaux et ravisseurs d'enfants que représentent les masques *dzonoqwa*, qui relèvent de la nature sauvage. Les uns sont exclus du rituel d'hiver, les autres y jouent un rôle par l'office d'une confrérie mineure, mais statutaire. Chez les Salish, ce dernier contraste est encore accentué du fait qu'à l'opposé des masques *swaihwe*, transmissibles seulement par héritage ou mariage, n'importe quelle famille pouvait acheter le droit au port du masque de l'ogresse, pourvu qu'elle en eût les moyens et même si ses mobiles étaient ceux de « nouveaux riches » poussés par un désir d'ostentation.

Comparés aux mythes d'origine des masques *xwexwe*, ceux des masques *dzonoqwa* offrent, chez les Kwakiutl, des caractères remarquables. D'abord, ils ne se distribuent pas sur le même axe spatial. Celui des masques *xwexwe* a pour pôles les pays comox au sud et le cap Scott au nord, soit d'un côté le monde des étrangers sinon même des ennemis, de l'autre le grand large, c'est-à-dire un inconnu défini en termes naturels au lieu de sociologiques. L'axe de distribution des mythes sur les masques *dzonoqwa*, orienté est-ouest, est perpendiculaire au précédent et il unit la côte occidentale de l'île aux profonds fjords de la côte, surtout Knight Inlet qui s'enfonce dans la région la plus montagneuse du pays kwakiutl : c'est donc un axe terre-mer. La complémentarité se manifeste aussi sur ce plan.

Ce n'est pas le dernier ; car si les masques *xwexwe*, dans les récits les plus mythiques, furent apportés aux humains par les poissons, son habitat tient le peuple Dzonoqwa si éloigné des poissons qu'il en est démuni et, selon les mythes, passe le plus clair de son temps à les voler aux humains. Enfin et surtout, les masques *xwexwe* ne dispensent pas de riches présents ; ils sont, dit-on, avares. Au contraire, les *Dzonoqwa* possèdent des richesses fabuleuses faites de viande séchée, de fourrures, de peaux tannées et de plaques de cuivre qu'ils ou elles donnent généreusement à leurs protégés humains ou se laissent ravir après qu'on les a tués ou mis en fuite ; et ces richesses, précisent les mythes, sont à l'origine du potlatch et des fameuses plaques de cuivre décorées qui constituaient pour les Kwakiutl les biens les plus précieux. C'est, d'ailleurs, le visage couvert d'un masque *dzonoqwa* que, chez les Kwakiutl méridionaux, le chef procédait aux distributions de plaques de cuivre, et c'est avec un couteau dont le manche était sculpté à l'image de l'ogresse que, le cas échéant, il les débitait en morceaux. Des plats gigantesques en forme de *Dzonoqwa*, et d'autres plus petits représentant son visage, ses seins, son ombilic et ses rotules, servaient à présenter la nourriture de cérémonie aux visiteurs étrangers.

A propos des mythes des Salish de la côte sur l'origine des masques *swaihwe*, on avait souligné qu'ils mettent régulièrement en scène un frère et une sœur dangereusement rapprochés, et que la pêche des masques, à laquelle ils procèdent ensemble, réussira à éloigner, puisque la possession des masques (que son frère lui accorde en dot) permet à la jeune fille de trouver un mari. Or, chez les Kwakiutl, les plaques de cuivre, obtenues à l'origine du peuple *Dzonoqwa*, jouent le même rôle de déclencheur du mariage exogame : la jeune épouse les reçoit de son père pour les offrir à son mari. Elle se conduit ainsi comme une *Dzonoqwa* (qui est aussi l'initiatrice des parures de puberté, dont le port indique que la jeune fille est mûre pour le mariage), bien que toutes ses démarches se déroulent en sens inverse : la *Dzonoqwa* ravit à une famille son enfant, et elle lui cède, volontairement ou involontairement, les cuivres. Symétriquement, la jeune épousée apporte les cuivres à la famille de son mari, mais elle lui ravit les enfants auxquels elle donnera bientôt le jour car, dans cette société où les principes patrilinéaires et matrilinéaires entrent en concurrence, la famille de la femme fait valoir un droit sur ses enfants. C'est dans une hotte que la *Dzonoqwa* transporte les enfants qu'elle enlève, et c'est aussi dans une hotte que la jeune épousée enlève les cuivres qu'elle apporte à son mari.

De toutes ces considérations, une conclusion se dégage. Les Kwakiutl ont emprunté aux Salish les masques *swaihwe* qui, sous le nom à peine modifié de *xwexwe*, conservent chez eux les mêmes caractères plastiques. En revanche, ils ont créé (et cédé aux Salish) les masques *dzonoqwa* qui, sur les plans plastique et rituel, s'opposent diamétralement aux masques *swaihwe* bien que, sur les plans sociologique et mythique, ils préservent leurs caractères essentiels comme associés au cuivre et dispensateurs de richesses. Il en résulte que, dans ce cas au moins, *quand la forme plastique se maintient, le contenu du message s'inverse* (les masques *xwexwe* sont avares), et réciproquement, *quand le message se maintient, c'est la forme plastique qui s'inverse*. Cette transformation remarquable invite à s'interroger sur sa portée. Est-elle restreinte à deux types de masques présents côte à côte dans une petite partie du monde, ou son champ d'application s'étend-il à d'autres formes esthétiques, d'autres époques, d'autres régions ?

On ne pouvait donner tant d'ampleur au problème dans le cadre de ces leçons. Mais un autre, plus limité, restait à résoudre. Comment s'explique le lien des masques *xwexwe* avec le tremblement de terre, déjà manifeste chez les Salish pour les masques *swaihwe*, bien que laissé à l'arrière-plan ? On avait montré à plusieurs reprises que le complexe *swaihwe* salish et *xwexwe-dzonoqwa* kwakiutl était lié à l'origine du cuivre. Et c'est en ouvrant le paradigme mythique pour y inclure les mythes athapaskan sur l'origine du cuivre qu'on allait être en mesure d'apporter une réponse à cette dernière question.

Il était d'autant plus légitime de le faire que le cuivre natif utilisé par les populations de la côte du Pacifique provient du nord ; que les Athapaskan sont leurs voisins immédiats au nord et au nord-est ; et que ces derniers Indiens avaient poussé la métallurgie du cuivre à un plus haut degré de perfection que les peuples de la côte et, au nord, les Eskimo. Or, les mythes athapaskan sur l'origine du cuivre présentent, avec les mythes salish du Fraser sur l'origine des masques *swaihwe*, des rapports frappants de symétrie et de complémentarité. Ces derniers mythes évoquent, avions-nous dit, le péril d'une union trop prochaine — entre frère et sœur — auquel la pêche des masques met un terme en procurant à la jeune fille le moyen d'un mariage exogame.

Pour rendre compte de l'origine, sans doute, mais en fait de la raréfaction du cuivre, les Athapaskan suivent une démarche exactement inverse, car ils attribuent ces occurrences à une femme d'abord entraînée contre son gré à une union exogame, puis — après qu'elle s'est enfuie — violée par ses proches qu'elle a pu rejoindre, alors qu'elle leur avait révélé l'emplacement du meilleur cuivre au sommet d'une montagne étincelante aperçue sur le chemin du retour. En représaille, elle s'enfonce dans la terre avec le cuivre, devenu désormais difficile à extraire.

Dans ces mythes, le cuivre va donc des étrangers aux proches par l'intermédiaire de la femme, soit un chemin inverse de celui que les masques *swaihwe* parcourent chez les Salish, et le cuivre même chez les Kwakiutl : des proches de la femme, et par son intermédiaire, vers le mari étranger. Mais ce n'est pas tout ; car les mythes athapaskan relatent aussi l'inverse d'un séisme : par une sorte d'involution, la terre se referme sur ses richesses métalliques et les dérobe aux humains au lieu qu'à l'occasion des séismes, elle s'ouvre largement pour les révéler. Préposés à des degrés divers aux tremblements de terre, les masques *swaihwe* et *xwexwe* portent des sistres, dont la fonction pourrait ainsi correspondre à celle de ces instruments de musique dans l'ancienne Egypte selon Plutarque (*Du Miel aux cendres*, p. 346-347).

Ainsi se confirme, dans un vaste ensemble à la fois mythique, sociologique, rituel et technologique, la triple affinité de certains types de masques avec les séismes d'une part, les poissons de l'autre, enfin avec le cuivre. Rencontre d'autant plus suggestive que, de l'autre côté du Pacifique, on a signalé dans les croyances japonaises les mêmes affinités entre poissons, séismes et richesses métalliques (C. Ouwehand, *Namazu-e and their Themes*, Leiden, 1964) et que, plus loin encore, la Chine des Chou a livré des bois sculptés représentant des êtres à langue pendante et à yeux protubérants dont la ressemblance avec les masques *swaihwe* est saisissante. Rapprochements qui seraient par trop hasardeux si l'on n'avait découvert dans le nord-ouest américain une industrie préhistorique de microlithes en obsidienne, très proche d'autres connues en Sibérie orientale et à Hokkaido. L'assimilation du métal à des excréments, attestée au Japon, existe aussi chez les Athapaskan (qui l'appellent « excréments d'ours » ou « de castor »), et, plus au sud en pays salish, chez les Thompson et les Shuswap (premier cuivre révélé sous la forme d'une balle de métal remplie d'excréments), soit une conjugaison des contraires que les masques *swaihwe* réalisent à leur façon en unissant, dans une même figuration plastique, l'oiseau et le poisson.

Enfin, dans les croyances japonaises, le tremblement de terre, qui suspend l'ordre social, apparaît comme un phénomène médiateur entre riches et pauvres, de même que, selon les mythes salish précités, le premier cuivre, précieuse balle aux mains de rares privilégiés, se transforme dans l'arc-en-ciel ou le soleil qui, précisent les mythes, brilleront désormais pour tout le monde. Avec le cuivre monté sous forme, pourrait-on dire, démocratisée au ciel d'où, sous la forme métaphorique et nobiliaire des masques *swaihwe*, il était d'abord descendu, le cycle qu'on a parcouru se referme. Et d'autant mieux que, dans toute l'extension de l'aire envisagée, le cuivre, soleil chthonien ou tiré du fond des eaux, si brillant que les masques *swaihwe* ou *xwexwe* seuls, grâce à leurs yeux protubérants et maintenus en place par leur pédoncule, pourraient le regarder en face, accomplit un mariage des contraires ; ce qu'est en vérité tout mariage, dans des sociétés caractérisées par un état de tension entre les lignées, et où, par conséquent, le problème essentiel consiste dans la médiation de deux principes contradictoires : ceux de l'endogamie et de l'exogamie.

Ce n'est donc pas seulement, comme on l'avait déjà noté

(P. S. Wingert, *American Indian Sculpture*, New York, 1949, p. 60, n. 72), par les proportions et par la forme que les masques *swaihwe* ressemblent aux énigmatiques plaques de cuivre blasonnées qui tiennent une si grande place dans la pensée et l'économie des peuples de la côte nord-ouest du Pacifique. Tout invite à voir dans ces masques et dans ces objets le résultat d'une évolution parallèle à partir d'un même ensemble de motifs. Chez les Salish, les masques *swaihwe* offrent un équivalent des plaques de cuivre comme, plus au nord, les plaques de cuivre remplacent les masques *swaihwe* dont, dans une matière et un style différents, elles transposent l'aspect plastique tout en préservant leur rôle social et leur signification philosophique.

V

ASDIWAL REVISITÉ
(année 1972-1973)

Dans le cours du *lundi*, nous avons examiné les discussions et les critiques auxquelles, depuis sa première publication il y a quinze ans, a donné lieu notre étude *La Geste d'Asdiwal* (Annuaire de l'École pratique des hautes études, sciences religieuses, 1958-1959, p. 3-43 ; nouvelle version dans *Anthropologie structurale deux*, Paris, Plon, 1973, ch. IX). Ces critiques émanent particulièrement de Mme Mary Douglas (« The Meaning of Myth with special reference to La Geste d'Asdiwal » *in* : E. Leach, ed., *The Structural Study of Myth and Totemism, Association of Social Anthropologists Monograph 5*, London, 1967) et de M. G. S. Kirk (*Myth. Its Meaning and Function in Ancient and Other Cultures*, Cambridge-Berkeley-Los Angeles, 1970).

A l'affirmation selon laquelle le mariage avec la cousine croisée matrilatérale n'aurait pas eu un caractère normatif chez les Tsimshian, nous avons opposé, outre les données déjà rassemblées et publiées, les analyses récentes de A. Rosman et P. Rubel (*Feasting with mine Enemy. Rank and Exchange among Northwest Coast Societies*, New York, 1971) confirmant qu'à ce choix préférentiel répondait une distinction structurale entre donneurs et preneurs de femmes. En revanche, il ne semble pas que, comme ces auteurs le supposent, le statut de preneur ait été régulièrement supérieur à celui de donneur. Cette hypothèse découle, à notre sens, d'une confusion entre la préparation du potlatch par une lignée de donneurs avec l'assistance des preneurs, et le potlatch lui-même, offert non aux preneurs mais à des tiers jouant le rôle de témoins. Dans un tel système, les relations économiques entre clan hôte et clan du père consistent essentiellement en emprunts suivis de remboursements obligés ; et le fait que cette aide du clan du père soit non seulement sollicitée, mais requise, ne met pas ce segment social en position de supériorité. Pour les Tsimshian, les transactions matrimoniales impliquaient normalement quatre lignées, à savoir celle du père et de la sœur du père, et celle de la mère et de son frère, tant du fiancé que de la fiancée. Si ces quatre lignées avaient été hiérarchisées dans un système d'échange généralisé où les preneurs seraient toujours supérieurs aux donneurs, on ne comprendrait pas que les descriptions indigènes missent en étroit parallélisme les échanges auxquels procèdent les deux lignées centrales (mère et oncle du fiancé ou de la fiancée) et ceux auxquels procèdent les deux lignées périphériques (père et tante du fiancé ou de la fiancée) dont, dans cette hypothèse, les statuts respectifs devraient être encore plus inégaux que ceux des lignées adjacentes.

Dans le cadre d'une hiérarchie sociale assez stricte qui divisait la société en castes ou en classes, il semble, au contraire, que les lignées pouvaient entrer en concurrence les unes avec les autres, et chercher à améliorer par des alliances matrimoniales leur position relative au sein d'une catégorie commune. Nous ne croyons donc pas que l'échelle des statuts sociaux ait été doublée par une autre échelle de statuts matrimoniaux, fixant un ordre immuable entre les preneurs et les donneurs. D'ailleurs, il existe au moins un mythe (*in* : F. Boas, *Tsimshian Mythology*, p. 154-158) relatif à un prince que, contrairement à la norme, sa famille veut obliger à prendre femme dans la lignée paternelle.

En fait, ce mythe, qui choisit systématiquement de transposer tous les aspects de la réalité sociale dans une perspective paradoxale, évoque non pas un, mais plusieurs types d'union qu'il élimine successivement : le héros frôle au début une union homosexuelle et refuse celle, trop prochaine, avec sa cousine patrilatérale ; à la fin du mythe, il évite de justesse une union incestueuse avec sa propre sœur et voit se briser celle, trop lointaine, qu'il avait secrètement contractée avec une divinité aquatique. Il paraît en résulter *a contrario* que l'union avec la cousine matrilatérale, dont ne parle pourtant pas le mythe, eût été seule viable puisque toutes celles qu'il passe en revue échouent.

L'analyse de ce mythe vient donc enrichir le commentaire de la geste d'Asdiwal dont la démarche est comparable à la sienne, sauf que la créature surnaturelle et jalouse épousée par le héros y est céleste au lieu de chthonienne, et que la solution du mariage matrilatéral, adoptée en fin de mythe, se solde par un échec comme les autres. Mais, avant d'en venir là, il fallait d'abord dissiper des malentendus. Le caractère fortement teinté d'esprit matrilocal, que nous avions prêté au mariage de la mère d'Asdiwal avec un oiseau surnaturel, ne tient pas aux circonstances mêmes du mariage, mais au fait que, bien que le mari soit, comme être surnaturel, supérieur à ses alliés, il doive, comme preneur de femme, fournir des prestations à ses donneurs et s'effacer devant eux quand ils revendiquent leur sœur et leur neveu. De plus, la jeune mère choisit le nom de son fils et l'annonce publiquement, prérogatives qui, dans la société réelle, appartiennent au père et à sa lignée. Cela une fois précisé, on pouvait mettre en parallèle le mythe d'Asdiwal et celui qui venait d'être analysé. Si, comme on l'a montré, ce mythe constitue une critique, au sens kantien du terme, de toutes les formes d'union autres que celle à laquelle les Tsimshian accordaient une valeur préférentielle, qu'en est-il des épisodes similaires de la geste d'Asdiwal ? Le mariage du héros avec la fille du Soleil maléfique qui l'astreint à des épreuves censées mortelles le place lui aussi, comme preneur, en position d'infériorité vis-à-vis de ce donneur surnaturel. Mais il serait vain de chercher, comme on l'a fait, dans cette situation, une image des conditions sociales réelles, telles qu'elles se reflètent dans le service dû par le gendre à ses beaux-parents. Car, s'il est vrai que ce service du gendre existait chez les Tsimshian, les beaux-pères n'en profitaient certes pas pour tenter de détruire physiquement les époux et leurs filles, et, dans le mythe, l'épisode en question, par quelque biais qu'on l'aborde, constitue bien une inversion du modèle vécu.

Ce n'est pas à des conditions empiriques particulières qu'il convient de rapporter cet épisode, mais plutôt au traitement qu'en offre la mythologie américaine dans des sociétés très différentes les unes des autres (cf. R. H. Lowie, « The Test Theme in

North American Mythology », *Journal of American Folklore*, XXI, 1908, p. 97-148). Le beau-père meurtrier est soit un oncle maternel qui craint que son neveu ne lui succède ou que, de son vivant, il ne séduise sa femme, soit, comme ici, un étranger jaloux du héros après qu'il lui a donné sa fille en mariage ou parce qu'il s'oppose à leur union. Or, en fait, chez les Tsimshian, le service du gendre était entièrement comparable, quand même il ne s'identifiait pas à lui, au service dû par le jeune neveu à son oncle maternel dont il pouvait ultérieurement épouser la fille. Dans ces conditions, on comprend que le mariage *cosmique* d'Asdiwal avec une étrangère et, qui plus est, d'origine surnaturelle, s'oppose au mariage *sociologique* de son fils Waux avec sa cousine croisée. Il en représente l'envers, comme mariage démesurément éloigné par rapport au mariage conclu à bonne distance ; mais en même temps, il offre de ce second type de mariage une image grimaçante et en quelque sorte exacerbée, où l'antagonisme parfois réel entre oncle maternel et neveu évolue, en l'absence de tout rapport de parenté liant les deux hommes, vers une intention franchement meurtrière de l'un deux, comme si l'hostilité entre beau-père et gendre contaminait la solidarité entre oncle et neveu. Nous avons donc affaire à deux mariages qui se réfèrent au modèle matrilatéral, et qui l'évoquent, l'un en négatif par son inverse, l'autre en positif mais sans plus de succès. Entre le mariage *cosmique* et le mariage *domestique* s'intercalent les deux mariages d'Asdiwal qu'on peut appeler *politiques*, puisque contractés dans des groupes étrangers ; ils échouent aussi, l'un en raison d'une solidarité dominante entre un groupe de frères et leur sœur : le mari est abandonné par la lignée maternelle de l'épouse ; l'autre en raison d'une solidarité dominante entre un père et son fils : l'épouse est abandonnée par la lignée paternelle du mari. Les quatre mariages forment donc un système clos, et plus fermement organisé encore que notre étude de 1958 ne le montrait.

Mais l'empirisme de nos critiques les empêche d'interpréter les motifs mythiques en fonction les uns des autres ; ils les épluchent un par un, et prétendent y découvrir autant de reflets de conditions sociales réelles. Ainsi, on a essayé d'expliquer l'incompréhension et la gloutonnerie prêtées à l'épouse du fils d'Asdiwal, Waux, dont elle est aussi la cousine matrilatérale, comme une façon détournée de montrer que les femmes sont des êtres inférieurs et les hommes des êtres supérieurs, ce qui, ajoute-t-on, est un commentaire positif, en rapport direct avec la réalité sociale. Outre qu'on fait ainsi abstraction des trois épouses d'Asdiwal que le mythe, au contraire, pare de toutes les vertus morales et domestiques, et qui ne sont certainement pas des preuves à l'appui d'une quelconque infériorité du sexe féminin, on méconnaît que les Tsimshian se distinguaient de toutes les autres sociétés de la côte nord-ouest par le respect et la considération exceptionnels dont jouissaient chez eux les femmes : initiées comme les hommes dans les sociétés secrètes, aptes à hériter les pouvoirs surnaturels, activement présentes aux potlatch et, le cas échéant, appelées aux fonctions de chef tribal. Le jugement moral qu'on invoque n'est pas seulement arbitraire. Rien ne le corrobore dans le reste du mythe, et les conditions sociales réelles le démentent. On postule donc des conditions sociales imaginaires en croyant faire cadrer le mythe avec la réalité.

On n'est pas davantage fondé à dire que la rivalité d'Asdiwal et de ses beaux-frères illustre des conduites du genre de celles qu'on observe dans le potlatch. Tout le monde est d'accord aujourd'hui pour voir dans le potlatch un acte public et juridique au cours duquel des témoins spécialement convoqués, gratifiés de riches cadeaux, sanctionnent par leur présence le droit de leur hôte à un titre, un rang social ou un nouveau statut. Trois potlatch ont lieu dans la geste d'Asdiwal, et le texte des mythes les désigne comme tels : l'un pour proclamer le nom et l'état civil du héros, l'autre pour lui conférer un titre honorifique, le troisième quand il décide lui-même d'en prendre un nouveau. Assimiler les disputes privées à ces procédures légales reviendrait, pour un ethnologue ignorant nos usages, à confondre une querelle de tricheurs au cours d'une partie de cartes avec un règlement successoral dont les actes sont passés par-devant notaire.

On affirme enfin que les malheurs d'Asdiwal s'expliquent par la jalousie ressentie à l'égard des chamans qui ont trop de succès : or, poursuit-on, Asdiwal est un grand chaman. Rien n'est moins vrai : Asdiwal, les textes y insistent à plusieurs reprises, est un grand chef, et chez les Tsimshian, la position de chef était antithétique à celle de chaman. Une version précise sans doute qu'Asdiwal se fit passer pour chaman auprès de phoques, en feignant de les guérir de l'épidémie dont ils se croyaient victimes pour pouvoir, sans qu'ils le remarquent, extraire les flèches tirées par lui, qui étaient la cause réelle de leurs maux. Il en résulte que, même dans cette conjoncture très particulière (où il se conduit en imposteur), les dons chamaniques lui sont expressément déniés. De plus, seuls les chamans malchanceux jalousent un confrère mieux doué et cherchent parfois à l'éliminer : aucune sollicitation des textes ne permettrait de voir des chamans dans les beaux-frères d'Asdiwal qui se conduisent de cette façon avec lui.

M. Kirk reprend à son compte les critiques de Mme Douglas ; les réponses qui précèdent valent donc aussi pour lui. On en ajoutera quelques autres qui le concernent en particulier. L'épouse gloutonne de Waux n'est pas assimilable à la «fille folle de miel» dont nous avons par ailleurs isolé le motif (*Du Miel aux cendres*, première partie, III). En effet, contrairement à ce que croit M. Kirk, ce personnage ne néglige pas ses devoirs envers les parents de son mari. C'est l'inverse : en interceptant les prestations dues par le gendre, elle empêche son mari de remplir ses devoirs envers ses parents (à elle). En second lieu, on propose d'interpréter la position inversée des deux femmes, dans les versions du Nass et du Skeena, par le fait que, dit-on, les gens du Nass remontaient ce fleuve pour aller à la pêche au poisson-chandelle, tandis que ceux du Skeena devaient auparavant descendre le Skeena. C'est ignorer que la pêche au poisson-chandelle se déroulait — et se déroule toujours — sur le bas Nass, près de Greenville, à vingt kilomètres à peine de l'embouchure. Sauf ceux établis sur place, les Nisqa devaient donc, pour s'y rendre, descendre non le fleuve (encore gelé à cette époque) mais sa vallée : aucun d'eux ne la remontait. Et, si l'on élit ce genre d'interprétation, à quelles occurences empiriques fera-t-on correspondre les voyages du héros au ciel et dans le monde souterrain ? Ses déplacements d'est en ouest et d'ouest en est, qui pourraient trouver un équivalent dans l'expérience, forment système avec ses voyages du bas vers le haut et du haut vers le bas, qui relèvent de l'imaginaire. La symétrie qu'on observe entre eux tous s'inscrit dans le champ du mythe, non de l'expérience vécue.

C'est, d'ailleurs, d'une autre et singulière méconnaissance des données empiriques que procède une interprétation avancée par le même auteur comme préférable à la nôtre : la version du Skeena, qui se déroule sur le fleuve gelé et où les femmes ne trouvent pour toute nourriture qu'une baie à demi pourrie, suggérerait par ces deux détails que les poisson n'est pas encore là, tandis que la version Nass, où les deux femmes apportent, l'une un petit bout de frai, l'autre une poignée de baies, signifierait que le frai est «déjà disponible bien qu'en petite quantité». Il résulte de cette interprétation que, rare merveille, le frai commencerait à remonter le fleuve avant les poissons... Autant que les conditions biologiques, on méconnaît les conditions de la vie sociale quand on suggère que dans la version Nass, la fille de la sœur de la mère d'Asdiwal, dont il est fait une mention rapide, remplace la cousine que le fils d'Asdiwal épouse dans une version du Skeena, et que, par conséquent, le danger d'épouser une cousine serait partout évoqué. Outre que la notion d'un tel danger impliquerait un surprenant départ des situations réelles — auxquelles on prétend par ailleurs rester scrupuleusement fidèle — puisque, nous l'avons montré, le mariage des cousins était la norme chez les Tsimshian, on oublie simplement que si la catégorie des cousins — incluant les croisés et les parallèles — existe pour nous, les Tsimshian avaient une terminologie de parenté de type iroquois où les cousins parallèles, identifiés à des frères et sœurs, s'opposaient diamétralement aux cousins croisés. Dans tel ou tel système, une fille de sœur de mère est une «sœur», du point de vue du mariage l'exact contraire d'une «cousine», et les catégories indigènes excluent qu'on puisse les identifier.

M. Kirk prétend aussi démolir notre interprétation de deux mythes bororo (indexés M2 et M5 dans *le Cru et le cuit*) et la remplacer par la sienne. Celle-ci est fort différente, en effet ; car, moins familier sans doute avec le français qu'avec les langues de l'antiquité classique dont il est un éminent spécialiste, il traduit termitière par *ant-eater*, c'est-à-dire fourmilier ! Il eût été peu charitable d'insister sur l'interprétation hautement pittoresque résultant de cette confusion.

Dans une autre partie du cours, nous avons repris l'analyse de la geste d'Asdiwal d'après la version publiée par Boas en 1895 dans *Indianische Sagen* et à laquelle, pour des raisons qui furent expliquées, nous avions prêté une attention insuffisante. L'étude comparative n'a pas seulement confirmé nos interprétations antérieures. Elle a aussi permis de les formuler d'une façon à la fois plus économique et démonstrative, et de poser, en termes généraux, le problème du rôle et de la fonction sémantique tenus dans les mythes — non pas seulement américains mais provenant d'autres régions du monde — par le motif de l'oubli. Comme cette discussion aura fait l'objet d'une publication séparée au moment où paraîtra ce compte rendu (*Anthropologie structurale deux*, post-scriptum au chapitre IX), on se contentera d'y renvoyer.

VI
LE GRAAL EN AMÉRIQUE
(année 1973-1974)

L'enseignement allégé dont nous bénéficiions cette année se prêtait à une tentative qui pourrait paraître aventureuse si elle eût été plus appuyée. Non, certes, parce qu'en comparant les romans du Graal — œuvres littéraires au premier chef — et certains mythes des Indiens de l'Amérique du Nord, nous aurions prétendu déceler des liens historiques entre des matières doublement hétérogènes. Il s'agissait de tout autre chose. Si des éléments mythiques subsistent dans les romans du Graal, ce ne pourrait être que sous forme de traces ou de vestiges. C'est pourquoi les adversaires de la thèse attribuant à ces éléments une origine celtique lui font un double reproche. D'une part, disent-ils, elle doit emprunter ses arguments à droite et à gauche, et recomposer en une mosaïque arbitraire des menus détails éparpillés dans les traditions galloise et irlandaise. D'autre part, ces éléments, isolés de leur contexte, se rencontrent tels quels dans un grand nombre de traditions mythiques ; ils ne renvoient donc pas à une mythologie particulière, mais au fonds commun de la mythologie universelle.

Cela est vrai, sans doute. On peut toutefois retourner l'argument, en cherchant à vérifier, dans une mythologie que tout sépare de l'Europe ancienne et du monde celtique, si ces éléments ne tendent pas à se ressouder là aussi. En ce cas, ils cesseraient d'apparaître comme des matériaux inertes que tout conteur brasse et rebrasse à sa guise, mais comme les signes diagnostiques de contraintes qui, ici et là, les pousseraient à s'articuler de la même façon. Si ce phénomène était observable dans les contextes historiques et géographiques totalement différents les uns des autres, il faudrait se demander quelles sont ces contraintes, et si, postulées à l'origine des récits du Graal, elles ne contribuent pas à les éclairer. Par ce biais, on réussirait peut-être à retracer une filiation plus solide entre eux et ce que l'on connaît des mythes celtiques dont on croit qu'ils dérivent. En somme, nous nous proposions, par l'emploi d'une méthode indirecte, d'établir la nature mythologique des récits du Graal en montrant que, dans une autre région du monde, les éléments dont ils sont faits cristallisent selon les mêmes lois.

Les Algonkin de la région des Grands Lacs possèdent des mythes curieusement semblables aux histoires du Graal. La « terre gaste » y résulte de l'inconduite des jeunes gens qui ont traité le maïs avec insolence. En suite de quoi la famine s'installe, jusqu'à ce qu'un héros entreprenne une quête au terme de laquelle il découvre l'esprit du maïs sous la forme d'un vieillard, maître d'un chaudron inépuisable et dont l'échine est brisée. En apprenant la cause de l'infortune de son hôte et de celle des siens, le héros devient capable de remédier à l'une et à l'autre. Chez un peuple non agricole comme les Modoc du nord de la Californie, le mythe subsiste avec deux importantes différences : l'échine brisée s'y transforme en arme brisée, qu'un héros, élevé dans la solitude par sa grand-mère, rend efficace ; et cette arme lui permet de venger le massacre antérieur de tous les siens. On perçoit par là comment, dans les récits du Graal, une épée brisée aurait pu prendre place à côté du vase magique, et pourquoi une vendetta familiale peut y jouer le rôle de variante combinatoire de la fertilité perdue et retrouvée.

Les Algonkin eux-mêmes illustrent une autre transformation attestée par les récits du Graal : celle du chaudron inépuisable en tête sanglante — mais, en Amérique, elle-même un graal d'où proviennent des richesses inépuisables. Cette leçon est d'autant plus intéressante qu'on y voit apparaître un cygne, avatar de la fille (ou sœur) du roi de l'autre monde, objet de la quête du héros ; et l'on sait que les récits du Graal mettent en étroite relation la descendance du roi du Graal et ces oiseaux. Enfin, si le héros triomphant reçoit la jeune fille en mariage, c'est pour ne l'avoir pas demandée. Le motif de la réponse sans question est donc présent là aussi.

En étudiant des récits américains qui, jusqu'aux temps présents, ont intégralement préservé leur nature de mythes, on constate donc qu'une quête pour accomplir une vendetta y transforme une quête pour rompre un enchantement, et que le motif de la tête sanglante y transforme celui du chaudron inépuisable. Ce dernier redoublement s'explique en grande partie par la pratique de la chasse aux têtes ; à preuve, dans l'ancien Mexique, des piédouches de vases rituels en forme de colonne vertébrale. Or, les indications ne manquent pas sur la pratique de la chasse aux têtes et la prise de scalps chez les Celtes.

La mythologie des Iroquois permet d'interpréter une troisième et une quatrième duplication. Les spécialistes de la littérature du Graal semblent souvent embarrassés par l'opposition qu'on y remarque entre deux types de nourriture magique : nourritures terrestres, quand le Graal dispense comme à la carte des plats cuisinés et des boissons variées ; et hostie miraculeuse, seule subsistance d'un personnage en qui l'on a voulu voir un doublet superflu du roi méhaigné. Or, ce personnage existe sous forme nettement distincte dans les mythes iroquois : homme squelettique qu'une infime parcelle de châtaigne ou une pipe de tabac suffisent à nourrir, oncle ou frère d'un jeune héros un peu simple d'esprit qui le découvre un jour caché dans le grenier où il gît. Par naïveté, le jeune garçon essaye maladroitement de le servir et provoque la perte de l'aliment magique ; il entreprend une quête dans l'autre monde pour reconquérir la substance surnaturelle. Le récit des enfances du héros, les preuves citées de son innocence, la présence à ses côtés d'un unique parent féminin depuis que leur famille fut exterminée, tout cela rappelle de façon saisissante les textes de Chrétien et de Wolfram. On note aussi le rôle réservé à un personnage doté de longues paupières qui lui tombent jusqu'aux genoux et l'empêchent de voir ; motif dont la mythologie universelle n'offre guère d'exemple, sinon en Russie, et au Pays de Galles dans les Mabinogion[1]. Enfin, certaines versions iro-

---

1. J'ajouterais aujourd'hui le Japon. Ainsi, suivant la légende, la rencontre par un héros du Xe siècle d'une «femme des montagnes», *yamauba*, dont les seins pendent plus bas que les genoux et qui doit se servir d'une baguette pour

quois font participer à la quête du héros un double, pareil à lui sauf qu'il a une chevelure bicolore. Ce double rappelle Feirefis, le frère pie de Parzival en compagnie de qui ce dernier réussit sa quête, et le demi-frère du mabinogi de Branwen. En effet, si, dans certaines versions iroquois, ce double est un cannibale qu'il faut guérir de son addiction, on ne saurait oublier que le demi-frère de Branwen est à moitié nuisible et à moitié secourable ; Feirefis, lui, est un païen qu'il s'agit de convertir. D'autre part, le lien entre les mythes iroquois et algonkin se trouve triplement attesté par la nature d'oiseaux aquatiques qu'y revêtent les personnages de l'autre monde, par la transformation, observable dans plusieurs versions iroquois, du chaudron de nourriture inépuisable en tête martyrisée dont les larmes se changent en précieux joyaux ; enfin, par le retour d'autres versions — qui, d'un gendre exogame, font l'incarnation d'un graal — au personnage de l'homme à l'échine brisée.

Les Indiens de la côte nord de l'océan Pacifique ne pratiquaient pas l'agriculture, mais le même système mythologique existe chez eux transposé en termes de pêche. Ils racontent l'histoire d'un prince qui, en période de famine, trouva et donna à son esclave affamé un morceau de poisson séché que sa mère gardait plié dans une petite boîte. En conséquence, les saumons enlevèrent le jeune homme et le transportèrent auprès de leur roi que son acte avait guéri d'une paralysie. Due à l'inobservance par les humains des rites de pêche, cette paralysie était la cause pour laquelle les saumons avaient cessé de remonter les fleuves au printemps. Un double, comparable à celui des mythes iroquois, joue un rôle dans cette histoire. D'autres récits provenant de la même région font, comme chez les Algonkin, intervenir une femme cygne : fille d'un dieu marin, maître de richesses inépuisables,

soulever ses paupières ; sans oublier, dans d'autres contextes, Tanuki doté d'un scrotum si ample qu'il s'en recouvre comme d'un manteau, ni le saint homme Inkada Sonja dont les sourcils tombent jusqu'à ses pieds : exemples parmi d'autres de la récurrence d'un même motif mythologique dans les mondes celtique, slave, japonais et amérindien, qui pose un des problèmes les plus troublants de la mythologie comparée.

auquel un héros rend visite. Ce dieu est lui aussi un infirme qui gît couché sur le dos : blessé, dit-on parfois, par un acte inconsidéré du héros, de ce fait seul capable de le guérir. Le roi des saumons et le dieu maître des richesses habitent, au-delà des mers, un palais protégé par une porte battante qui coupe en deux les audacieux qui tentent de la franchir. On sait que le château du Graal est pareillement défendu.

Une vaste famille de mythes américains concerne donc un personnage surnaturel, blessé parce que le héros ou ses concitoyens ont fait ce qu'ils n'auraient pas dû. En apparence, la formule inverse celle des récits du Graal où le héros ne fait pas ce qu'il aurait dû, c'est-à-dire poser une ou plusieurs questions. Mais, bien qu'en Amérique poser des questions serait contraire à la bienséance, le motif s'y rencontre parfois sous forme droite : soit que, dans certains cas qu'on a discutés, le héros ne fasse pas ce qu'on attendait de lui et échoue dans une de ses quêtes, soit qu'il réussisse, pendant son bref séjour chez le maître des richesses, à apprendre ce qu'il faut savoir pour les obtenir. C'est sans doute avec les mythes de la côte nord-ouest qu'on s'approche au plus près des récits du Graal, puisque le roi de l'autre monde y apparaît comme un saumon ou comme un dieu marin, l'un et l'autre infirmes par la faute des humains, alors que le roi méhaigné du Graal est un pêcheur, riche au surplus. On relève, dans les mêmes mythes, la présence d'une arme (éclisse d'écorce dure), cause de la blessure du dieu méhaigné, et d'une pierre ronde, comparable au Graal selon Wolfram, qui protège de la mort et dispense de se nourrir. Une cérémonie se déroule dans un autre monde d'accès difficile, situé au-delà des eaux. La guérison est l'œuvre d'un jeune garçon d'abord jugé irréfléchi ou simple d'esprit, mais doué des vertus nécessaires à sa réussite. Ce héros décide finalement de partager la vie mystérieuse et les secrets de son hôte (en Amérique, les rites du maïs ou des saumons, dont il instruira les humains) ; enfin, la cérémonie à laquelle il participe commence par des lamentations et finit par des réjouissances. Ce qu'on pourrait appeler le modèle syncrétique des récits du Graal se révèle donc être un parfait homologue du modèle syncrétique qu'il est loisible de construire au moyen des mythes américains ; toutes sortes de détails communs aux deux séries renforcent cette impression.

Comment expliquer ces analogies ? D'emblée, on a écarté l'hypothèse d'un vieux substrat paléolithique résurgent dans l'Ancien et le Nouveau Monde ; non qu'elle soit inconcevable ou même improbable, mais elle n'est pas susceptible de démonstration. Une autre hypothèse s'offre alors : celle d'emprunts, cette fois récents, à un folklore européen des XVIIe et XVIIIe siècles par l'intermédiaire des « coureurs des bois » canadiens ; elle aussi plausible, puisque, au XIXe siècle encore, on retrouvait des échos du Graal dans les contes populaires bretons. Toutefois, la diversité des leçons indigènes, les caractères spécifiques qu'elles prennent dans chaque culture, militent contre cette solution qui ne peut s'appuyer sur aucun indice concret comme on en relève chaque fois que de tels emprunts ont eu lieu. Tout au plus pourrait-on réserver un détail de certains mythes sur la visite au pays des saumons : la reconnaissance du héros, changé en poisson, grâce à la chaîne de cuivre qu'il porte autour du cou reproduit peut-être un incident de l'histoire irlandaise des enfants cygnes tel qu'un conte français l'aurait préservé. Pour tout le reste, le bilan apparaît négatif : seule, l'économie générale des récits européens et américains est la même, mais cette forme commune s'exprime au moyen de contenus trop différents les uns des autres, et tous ensemble des leçons européennes, pour qu'on puisse retenir l'éventualité d'un emprunt.

Ajoutons que les mythes de la côte du Pacifique constituent à leur façon une littérature de cour : leurs différentes versions servaient, au moins en partie, à retracer l'origine de lignées aristocratiques et à fonder leurs prétentions. La société iroquois avait peut-être un caractère plus démocratique ; mais ses mythes, tels que nous les connaissons, semblent déjà mis en forme par des sages locaux. Quoi qu'il en soit, on est certainement plus près d'un substrat mythique, en Amérique, que ce n'est le cas, en Europe, pour les romans du Graal qui ont dû faire l'objet de toutes sortes d'élaborations à partir de récits archaïques dont nous ne savons presque rien, et que nous discernons faiblement à travers une littérature celtique elle-même déjà très altérée, dont ne subsistent que des fragments. Profitant des avantages, même relatifs, de la situation américaine, on peut au moins essayer, dans ce cas particulier, d'atteindre ce substrat.

Un grand mythe des Mandan, tribu du haut Missouri, l'aurait le mieux préservé. Il met en scène une divinité, maîtresse à la fois d'un chaudron inépuisable et des oiseaux aquatiques dont les migrations saisonnières marquent le début et la fin des travaux agricoles. Deux frères, identiques sauf en ceci que l'un était sage, l'autre fol, lui rendirent visite et séjournèrent un an chez elle, puis ils montèrent au ciel chez les oiseaux-tonnerres dont ils épousèrent les filles. Mais les oiseaux ne pouvaient voyager pour porter aux humains les orages fertilisants parce qu'un des leurs était infirme, blessé au pied. Les deux frères le guérirent, et l'année suivante, le rythme saisonnier fut rétabli. Comme chez les Algonkin, les Iroquois et les peuples de la côte nord-ouest, il s'agit donc ici d'un mythe sur le thème de la communication interrompue.

Les romans du Graal ne seraient-ils pas construits sur le même thème ? En ce cas, la beauté du récit de Chrétien de Troyes, son prodigieux succès, la séduction qu'il a exercée sur une foule d'imitateurs et sur ses continuateurs ne s'expliqueraient pas par une fidélité à un mythe qui nous échappe, mais, sur un plan purement formel, par l'intuition d'une armature. Il est de fait que toute sa version de l'histoire du Graal consiste à résoudre un problème de communication : physique au début, puisque la motilité du père de Perceval, blessé au jambes, est compromise ; et transposée aussitôt sur le plan moral, quand la mère du héros le met en garde contre un excès de paroles, de sorte que Blanchefleur le prend pour un muet et qu'au château du Graal, il ne pose pas les questions attendues.

Ces questions, Perceval apprend qu'il aurait dû les poser, et qu'il a donc échoué à établir la communication avec autrui, au moment où il devine son propre nom, c'est-à-dire réussit pour la première fois à établir la communication avec soi-même. Or, le personnage, cause ou occasion de cette double révélation, est une cousine inconnue dont l'ami vient d'être décapité, et qui remet à Perceval une épée destinée à se rompre au premier combat ;

symboles connotant une double perte de communication physique, intéressant la relation à soi-même (corps décapité) ou à autrui (épée brisée). Et le signe sous lequel vivra Perceval pendant toutes ses aventures est celui de la Pucelle-qui-ne-rit-jamais, laquelle, rompant son mutisme, communiqua à son sujet.

De même pour la cour d'Arthur, toujours en mouvement et que son souverain, roi de ce monde, refuse de tenir avant que l'on n'annonce quelque nouvelle. Cette cour terrestre, mobile, qui pose une question en permanence (aussi bien chez Chrétien que dans la première Continuation), apparaît symétrique de celle du roi du Graal : cour de l'autre monde, immobile, et qui offre en permanence une réponse. Entre les deux se creuse un vide de communication qu'il faut combler. Cette symétrie ressort aussi du fait que Perceval ne réussit pas à se conjoindre à la cour du Graal à cause d'une question non posée, tandis que la cour d'Arthur cherche vainement à se conjoindre à Perceval, et cela pour la même raison : on ne lui a pas demandé qui il est. Quand enfin la conjonction se produit, c'est Perceval qui se disjoint parce qu'à la vue des trois gouttes de sang, tout à coup il se souvient, et rétablit une communication pour en interrompre une autre. On ne l'a guère remarqué : telle qu'elle vient d'être décrite, cette armature se retrouve dans le mabinogi de Pwyll, où Riannon, disjointe bien qu'on la poursuive, ne sera conjointe que quand Pwyll lui aura adressé une demande à laquelle elle consent à répondre ; et elle se trouve à nouveau disjointe en raison d'une réponse imprudente faite à une autre demande ; disjonction résolue par l'office d'un graal inversé, à savoir un réceptacle non plus inépuisable, mais impossible à remplir.

A supposer qu'ait existé dans le monde celtique et comme en Amérique un mythe relatif à un roi poisson ou à un roi oiseau (pêcheur) blessé, dont l'infirmité empêche le retour annuel avec pour conséquence la gaste terre, il appartiendrait à un passé trop lointain pour qu'on puisse trouver sa trace dans une littérature très postérieure et dont peu de documents sont préservés. Mieux vaut considérer qu'en face des mythes de type œdipien — très répandus dans le monde et qui traitent d'une communication excessive qu'il s'agit d'interrompre pour en prévenir l'abus — les comparaisons auxquelles nous nous sommes livré cette année incitent à constituer le modèle symétrique, peut-être lui aussi universel, de mythes percevaliens qui posent le même problème à l'envers : problème de la communication interrompue, ou, plus exactement, inversée, et qu'il s'agit de rétablir dans le bon sens.

Si cette suggestion, avancée dès notre leçon inaugurale (cf. *Anthropologie structurale deux*, Paris, Plon, 1973, p. 31-35), devait être retenue, on serait conduit à élargir le problème : car il se pourrait que toute mythologie se ramène, en fin de compte, à poser et à résoudre un problème de communication ; et que les mécanismes de la pensée mythique, confrontée à des circuits logiques trop complexes pour les faire fonctionner tous ensemble, consistent à brancher et à débrancher des relais.

APPENDICE

Avec l'aimable permission de M. Jonathan Benthall, directeur du *Royal Anthropological Institute* qui a publié ce texte dans son bulletin bimestriel RAIN (janvier-février 1976, n° 12), je complète le résumé ci-dessus par celui d'une conférence que je fis en 1975 sur un thème très voisin à l'Institut français de Londres.

J'appris par la suite que ce compte rendu anonyme, remarquable par son élégance et sa clarté (et que, pour cette raison, j'aurais eu scrupule à traduire) était dû à M. André Zavriew, alors directeur de l'Institut français. Je le remercie de l'avoir écrit et d'avoir bien voulu m'autoriser à le reprendre ici.

THE WASTE LAND AND THE HOT-HOUSE?

NOTES ON A LECTURE BY LÉVI-STRAUSS

A Correspondent writes:
    In his lecture at the French Institute in London on 23 october, entitled "Percival, Parsifal: the life of a myth", Professor Claude Lévi-Strauss set out to show how a myth can transform itself. Taking the myth of Percival that appears in Chrétien de Troyes' *Conte del Graal* (c. 1175) he followed it up to the *Parsifal* of Wagner who presents us with a modern (1882) variant of this myth. The analysis was very rich and here only a simplified and schematized account can be given.
    In Chrétien de Troyes, the myth seems to appear in its simple or early form. Two worlds are staged: the court of King Arthur, here-

below; and the Castle of the Grail, beyond. The essential feature of the myth of Percival is that — whereas in Celtic mythology the passage was always open between these two worlds, and allowed the coming and going of the dead and the living — communication here ceases to exist. Lévi-Strauss shows this when he characterizes the Arthurian Court by mobility, nervousness and impatience, and by its unceasing quest for an answer to questions that it is always asking. He characterizes the Castle of the Grail by its immobility and its waiting for a question that is never asked. There is a central scene in the romance of Percival where the hero does not dare ask "whom does one serve?" with the gold cup, incrusted with precious stones, which he has seen pass before him. Thus one of the two worlds calls for a question that does not come, the other offers a question that is not taken up. Between the two, conversation is interrupted.

The version of Wolfram von Eschenbach (c. 1205) keeps the essential character of the myth of Percival, a myth that includes two worlds without communication; but the simplicity of the early dualism has begun here to get confused. The Grail is no longer a chiselled cup, but a magic stone which serves cooked dishes to the person who asks for them; there is a question, but the hero cannot ask "who is served by the cup?". This confusion of the early myth is due to the adding of new elements of Oriental or Christian origin (notably by Robert de Borron), so that when Wagner takes up again the myth of Parsifal, he is faced by elements that have lost their meaning.

To understand what follows, we must open a parenthesis. If the Percival myth is that of interrupted communication, there exists a type of myth that is opposed to it: this is the Œdipus myth, or rather myths. These myths (Lévi-Strauss argues) are to do with an excessive communication characterized by resolution of a riddle, rankness, and the explosion of natural cycles. By contrast, in the Percival myth are found questions without answer or questions that are not asked, the virginity of the hero, an earth without fertility, the "waste land" of the Grail. There is thus a systematic opposition between the two types of myth.

We can now take up the main thread of the analysis. Lévi-Strauss went on to argue that Wagner's transformation of the myth consisted in his seizing the dualism of the Percival story, but — since Wolfram von Eschenbach's "confusion" of the myth prevented him from conceiving a myth in which there would be two worlds — he conceived one world in which there are two myths. Instead of the opposition between herebelow and beyond, Wagner substitutes an opposition between the Percival myth and the Œdipus myth. Ther Percival myth or world is the Grail; the Œdipus myth or world is the magician Klingsor's castel. And indeed we find in the first act of *Parsifal* this world of non-communication, in the full sense that Lévi-Strauss means; for the king Amfortas is stricken by incapacity, the earth is stricken by sterility, and a question is not asked by the hero. By contrast, at Klingsor's castle in the second act we have an Œdipus world, a world of instantaneous communication, recognized in the climate of incest between the enigmatic Kundry and Parsifal, but even more in the ability to see from a distance that Klingsor manifests; while the flower-maidens illustrate the confusion of kingdoms and (in another register) recall the rankness of Thebes.

Wagner's transformation of the Percival myth has a paradoxical yet at the same time rigorously logical character. The myth generates its inverse as myth. How can these two myths co-exist? Or rather, what solution will be found to the contradiction between the two worlds characteristic of the two myths — a contradiction which comes to replace the dualism, between the world here-below and the world beyond, of the Percival myth? Since on the one side there is instantaneous communication, on the other side total absence of communication, Wagner's solution is something which is *both at the same time* : that is to say, pity, where we find both instantaneousness and non-communication. Between two incompatible logics, the solution is affective. So Lévi-Strauss leads us to the threshold of Wagner's music and its powerful emotional effects, and here aligns the work of Wagner with Jean-Jacques Rousseau's *Discourse on the Origin of Inequality*, where "pity" is that which explains the passage from total absence of social life to the birth of social life.

Lévi-Strauss has thus taken up, with characteristic originality, a body of material much studied by anthropologists about the turn of this century. He arrived in 1961[1], by way of his studies of analogous North American myths, at the suggestion that Percival is a kind of inverted Œdipus. And in his recent teaching at the Collège de France, he has speculated "that all mythology comes back finally to posing and resolving a problem of communication; and that the mechanisms of mythic thought, confronted by logical circuits so complex that it cannot make them all function together, consist of the connecting and disconnecting of relays[2]. »

1. *Anthropologie structurale deux* (Paris, Plon, p. 31-35).
2. *L'Annuaire du Collège de France*, 74ᵉ Année, p. 303-9, our translation.

VII

CANNIBALISME ET TRAVESTISSEMENT RITUEL
(année 1974-1975)

Le cours du *mardi* avait pour thème les rapports du cannibalisme et du travestissement rituel. Mais avant d'aborder le sujet au fond, il convenait de se pencher sur la notion même de cannibalisme dont les ethnologues semblent s'être peu à peu désintéressés, au point que certains en viennent à contester l'existence ancienne du cannibalisme dans des régions du monde pour lesquelles existent pourtant des témoignages nombreux et concordants.

En effet, ces témoignages sont souvent suspects. Dans une première partie du cours, nous en avons fait la critique, et nous avons conclu qu'une masse considérable de documents subsistent qui ne permettent pas de douter de la réalité et de la diversité des pratiques cannibales, non seulement en Amérique du Sud où les premiers voyageurs les ont décrites avec un grand luxe de détails, et en Nouvelle-Guinée où leur extinction remonte à peine à quelques années, mais aussi en Indonésie, en Océanie et en Afrique.

Les difficultés véritables commencent quand on veut analyser et classer les formes que revêt le cannibalisme. La distinction devenue traditionnelle entre exo- et endo-cannibalisme est trompeuse. Entre ces formes extrêmes se glissent toutes sortes d'intermédiaires, et le contraste initial s'abolit. L'exo-cannibale se réincorpore les vertus de ses proches en ingérant l'ennemi qui les a lui-même mangés. L'endo-cannibale peut être poussé par le mobile inverse : les Yanomami du sud du Venezuela, qui consomment les ossements pilés de leurs morts, croient acquérir ainsi une vigueur capable de contrebalancer les effets délétères consécutifs au meurtre d'un ennemi : meurtre conçu comme un acte de cannibalisme métaphorique. Pour eux, par conséquent, l'endo-cannibalisme pratiqué au sens propre est le moyen d'un exo-cannibalisme figuré.

D'autre part, des faits américains provenant des deux hémisphères illustrent des états de transition entre l'exo-cannibalisme, la torture, et une forme de sacrifice aux dieux qui est d'abord un sacrifice du dieu. Par des exemples empruntés aux anciens Tupinamba, aux Aztèques, aux Iroquois et aux Indiens des Plaines, on a montré la généralité de ce modèle en Amérique ; on le rencontre aussi ailleurs. Le cannibalisme apparaît alors comme une forme limite de la torture de l'autre ; mais celle-ci n'est souvent, sous forme ouverte ou déguisée, qu'une torture de soi par le ministère d'un autre. On peut ainsi établir une typologie aux deux pôles de laquelle se situent, d'une part l'identification mystique du prisonnier à ses gardiens, condition préalable de son supplice et de sa dévoration, d'autre part la torture infligée à soi-même par soi-même ou par l'office d'un parent, d'un concitoyen, d'un étranger. Dans cette perspective, le « poteau de torture » n'est plus qu'un moyen accepté, sinon même recherché par la victime, pour s'élever au-dessus de soi, et le tortionnaire est moins un ennemi qu'un officiant. Ce qui montre, soit dit en passant, que cette torture « primitive » n'a rien de commun avec celle qui se pratique dans les sociétés dites civilisées, dont l'effet est d'avilir la victime en violation de toutes les règles morales, et non de sanctionner, selon les normes admises par la culture, son effort pour se surpasser.

Même le critère de la manducation ne permet pas de définir le cannibalisme sans équivoque. En effet, la problématique du cannibalisme et celle de la chasse aux têtes se recouvrent, et l'on peut douter qu'il faille séparer deux coutumes qui vont, d'ailleurs, souvent de pair. Que ce soit en Indonésie chez les Atoni, les Tempasuk Dusun et les Iban, en Nouvelle-Guinée chez les Asmat et les Marind-Anim, ou en Amérique du Sud chez les Jivaro, le rituel de la chasse aux têtes correspond dans tous ses détails au sacrifice suivi de cannibalisme des anciens Tupinamba.

Enfin, la pratique du cannibalisme, là où elle existe, ne semble jamais être la règle. En Afrique, en Polynésie, dans plusieurs régions de la Mélanésie, loin d'être coextensif à l'ensemble du groupe social, le cannibalisme fait figure de privilège exercé par des groupes locaux, des lignées, une caste ou une classe, ou même certains individus. Là où sa pratique paraît être la norme, on note des exceptions sous forme de réticence ou de répulsion. On est aussi frappé par le caractère labile des coutumes cannibales. Dans toutes les observations dont on dispose depuis le XVIe siècle jusqu'à nos jours, on les voit surgir, se répandre, disparaître dans un laps de temps parfois très court. C'est sans doute ce qui explique leur abandon fréquent dès les premiers contacts avec les Blancs, avant même que ceux-ci ne disposent de moyens de coercition.

Il serait difficile de comprendre que le cannibalisme se manifeste si souvent sous une forme instable et nuancée sans reconnaître un arrière-plan où l'identification à autrui joue un rôle. On rejoint par là une hypothèse centrale de Rousseau sur l'origine de la sociabilité : hypothèse plus solide et plus féconde que celle des éthologues contemporains qui, pour expliquer le cannibalisme et d'autres conduites, font appel à un instinct d'agression. A ce propos, nous nous sommes posé la question de savoir si certaines conduites humaines ne s'expliqueraient pas mieux sur le modèle de phénomènes cellulaires se déroulant au tréfonds de l'organisme, qu'en les rapprochant arbitrairement de conduites animales très complexes et diversifiées par une longue évolution. Les travaux des biologistes sur l'AMP cyclique, médiateur chimique commun aux êtres unicellulaires et aux animaux supérieurs et qui, chez ces derniers, joue un rôle essentiel dans l'activité cérébrale, n'incitent pas à décrire l'agression comme un instinct ou une pulsion définissable par des caractères propres. Sur un gradient où s'opère un passage continu de la communication à la sociabilité et de celle-ci à la prédation et à l'incorporation, l'agression n'a pas une place marquée d'avance. On ne peut la définir de façon absolue, car ce sont des facteurs d'ordre culturel qui étalonnent ce gradient, et, dans chaque cas particulier, y fixent différemment des seuils[1].

---

1. Cf. *L'Homme nu*, p. 617.

S'il fallait chercher dans ce sens la base objective de l'identification telle que Rousseau l'a conçue, le problème du cannibalisme ne se poserait plus dans les mêmes termes. Il ne consisterait pas à chercher le pourquoi de la coutume, mais, au contraire, comment s'est dégagée cette limite inférieure de la prédation à quoi se ramène peut-être la vie sociale. Les frontières du cannibalisme nous sont apparues si floues qu'il en devient indéfinissable comme pratique constituée ; il serait également vain (et peu intéressant au demeurant) de l'aborder, à la façon des psychanalystes, par le biais de notre propre subjectivité. La seule question que puisse se poser l'ethnologue est de savoir ce qu'est le cannibalisme (dans la mesure où il est quelque chose) non pas en soi ou pour nous, mais pour ceux-là seuls qui le pratiquent. On n'y parviendra pas en l'isolant d'une manière artificielle, mais au contraire en le réintégrant dans un champ sémantique plus vaste où s'inscrivent d'autres états qu'il transforme ou qui le transforment : certains du dehors, comme les relations politiques et les rapports de parenté ; et d'autres du dedans, traits culturels définissables par des notions dérivées comme celles d'anti-, de para-, d'infra-cannibalisme qu'incarnent, dans le rituel, des personnages qualifiés de clowns cérémoniels, de fols ou de gloutons.

*
* *

Or, un trait frappant des sociétés qui pratiquent le cannibalisme semble être que, par rapport à cet usage, les femmes occupent toujours une position fortement marquée.

Cette marque, comme disent les linguistes, peut être négative. Ainsi dans les sociétés d'Afrique, de Nouvelle-Guinée et d'Indonésie où les femmes n'avaient pas de place au festin cannibale, que ce soit à titre de convive ou d'aliment. En effet, il leur était interdit de consommer la chair humaine ; ou bien encore (mais parfois aussi en même temps) on proscrivait la viande de femme de ces repas.

En revanche, de nombreuses sociétés américaines et certaines sociétés polynésiennes donnaient aux femmes un rôle de premier plan, que ce soit lors des banquets cannibales ou des manifestations — mutilation des ennemis morts, torture des prisonniers vivants, parfois suivies d'actes de cannibalisme — qui s'en rapprochent. Vis-à-vis du cannibalisme, par conséquent, la position assignée aux femmes est rarement neutre. Quand la société ne les exclut pas, on dirait qu'elle attend des femmes, si l'on nous passe l'expression, qu'elles « en rajoutent ». La mythologie elle-même fait souvent remonter à une femme l'origine première des coutumes cannibales.

Ces remarques valent aussi pour la chasse aux têtes, dont on avait précédemment montré qu'on peut l'assimiler au cannibalisme comme une de ses modalités. Au retour des guerriers victorieux, les femmes s'emparent des têtes et les exhibent. Et si, chez les Asmat et les Marind-Anim, la tête conquise permet de dénommer (d'après la victime) l'enfant déjà procréé, chez les Iban de Bornéo, elle permet de le procréer : une femme bien née n'épouserait pas un homme qui n'aurait pris au moins une tête, et une tête nouvellement coupée était indispensable pour que le mariage d'un chef pût être célébré.

Ce lien entre le cannibalisme, ou la chasse aux têtes, et les femmes ressort de façon particulièrement nette de rites dont Bateson a donné une description classique dans un ouvrage consacré aux Iatmul, tribu de la Nouvelle-Guinée. Il s'agit du *naven*, cérémonie destinée à honorer un neveu utérin, au cours de laquelle l'oncle maternel se déguise en vieille loqueteuse et fait le clown, tandis que les femmes du côté paternel arborent des costumes guerriers et se conduisent en chasseurs de têtes, ce qu'étaient effectivement les Iatmul. Nous avons étendu ce paradigme à d'autres sociétés — surtout en Amérique du Nord, mais aussi en Mélanésie, en Indonésie, en Amérique du Sud et en Afrique — où l'on voit, à certaines occasions, les femmes se travestir en hommes ou assumer des conduites masculines, et inversement pour l'autre sexe. En appliquant une loi de transformation proposée il y a déjà vingt ans[1], ce modèle très général peut être exprimé sous

---

1. Cf. *Anthropologie structurale*, p. 252.

la forme : *la fonction « femme » des concitoyennes* est à *la fonction « homme » des concitoyens,* comme *la fonction « femme » des concitoyens* est à *la fonction « non concitoyen (= ennemis) » des hommes.* Mais cette équivalence exprimée en langage abstrait a-t-elle aussi un contenu concret ? C'est ce qui restait à examiner.

Les Kwakiutl de la Colombie britannique expliquent l'origine de leurs rites cannibales par le mariage forcé d'une de leurs filles avec un ogre surnaturel. Entre les humains et les ogres, la femme cédée joue ainsi le rôle de pivot. Selon certaines versions du mythe, elle retourne chez ses parents et ce retour coïncide avec l'obtention ou la conquête des rites cannibales ; selon d'autres, elle est perdue à jamais pour les siens, « enracinée » dans sa nouvelle demeure ; mais elle guide ses frères et les aide de ses conseils. Or, de l'autre côté du Pacifique, les Iban de Bornéo ont un mythe curieusement symétrique : un mari (au lieu de frères) lésé par un monstre cannibale dans ses affections les plus chères (une épouse tuée au lieu d'une sœur ravie), se rend chez lui et en triomphe grâce à la sœur de l'ogre qui, elle aussi, joue donc le rôle de pivot ou de charnière entre les cannibales et les humains. Dans les deux cas, par conséquent, le rapport sociologique entre donneur et preneur de femmes sous-tend la relation mythologique entre les cannibales, êtres surnaturels, et leurs victimes. Il est aisé d'en comprendre la raison : dans le mariage exogamique, le preneur de femme, ravisseur d'une sœur ou d'une fille, est un cannibale en puissance pour le donneur ; inversement, aux yeux du preneur, le donneur fait figure d'étranger, donc d'ennemi, et le premier a toujours lieu de craindre que l'épouse venue d'ailleurs n'exerce contre lui des pouvoirs mystérieux et criminels. Il n'est donc pas surprenant qu'en Nouvelle-Guinée et en Indonésie, les guerriers s'intitulent fièrement « maris » des villages étrangers qu'ils attaquent pour y couper des têtes : par destination ou par origine, la femme donnée en mariage ou acquise comme épouse se trouve en quelque sorte contaminée par le cannibalisme, moral sinon toujours réel, des étrangers auxquels elle s'agrège ou du groupe dont elle provient.

Dans la dernière partie du cours, on a cherché à vérifier si ce modèle est généralisable, et on a recherché comment il s'infléchit sous l'effet d'une règle de descendance soit matrilinéaire, soit patrilinéaire.

Les Pueblo du sud-ouest des États-Unis offrent un bon exemple du premier type, et il est notable que les clowns cérémoniels des Hopi dits koyemshi, hermaphrodites et impuissants, soient les « maris » des katchina, divinités aujourd'hui bienfaisantes mais, selon les mythes d'Acoma et d'ailleurs, jadis féroces. Or, les koyemshi ont des liens particulièrement étroits avec les femmes du clan du père. Le modèle iatmul subsiste donc, mais inversé : au lieu que les cannibales, femmes masculinisées, appartiennent à la lignée paternelle et les clowns, hommes féminisés, à la lignée maternelle (où se trouvent les ancêtres divinisés et, en certaines occasions, symboliquement mangés) ce sont ici les clowns, êtres asexués, qui relèvent de la lignée paternelle, tandis que la lignée maternelle est représentée sur le plan mythique par des dieux chasseurs de têtes, repentis certes, mais toujours redoutables. Soit une commutation de (cannibales//clowns+dieux) en (clowns//dieux+cannibales).

Une rapide analyse du grand rite Shalako des Zuni — qui, par certains aspects, constitue un sacrifice à la manière aztèque et par d'autres un potlatch de type kwakiutl, et où la relation entre paternels et maternels ressort au premier plan — a fourni des arguments supplémentaires pour étayer cette interprétation.

Chez les patrilinéaires comme les Algonkin et les Sioux, on note tout à la fois la fusion progressive des personnages du clown et du cannibale et l'émergence d'un nouveau venu : le fol. Tous ces personnages sont en quelque sorte dévirilisés ; ils jouent des rôles de femme, d'invalide, d'infirme, de vieillard. Ils se déguisent en bossu, travesti, femme enceinte, ou, comme le fol des Sioux, font vœu de célibat. Cet affaiblissement général du contraste entre les sexes apparaît comme la conséquence d'une évolution complexe qu'il faut considérer dans son ensemble.

On était parti de l'opposition entre preneurs et donneurs de femmes, qui, chez les Pueblo, revêt surtout la forme d'une opposition entre paternels et maternels. En effet, les sociétés pueblo recherchent, chacune pour son compte propre, un équilibre doublement garanti : au-dedans par le fondement divin attribué à l'ordre social, et au-dehors par le refus concomitant d'y faire une place aux voisins et aux étrangers. C'est donc seulement d'antagonisme latent entre paternels et maternels que la vie sociale peut tirer son dynamisme. Les koyemshi assurent la médiation entre ces deux pôles, et leur caractère de personnages « à l'envers » — conçus dans l'inceste et pendant que leur génitrice avait ses règles; hermaphrodites et impuissants — les rend aptes à réaliser cet équilibre dans le rituel, sous la forme d'une inversion symbolique de l'ordre réel.

Le même antagonisme entre paternels et maternels existait aussi chez les Kwakiutl, qui donnaient à leurs rites de mariage l'allure d'expéditions guerrières. Mais la société kwakiutl était aussi hiérarchisée au-dedans, et elle entretenait des relations complexes, tantôt pacifiques, tantôt hostiles, avec les gens du dehors. En conséquence, de part et d'autre de l'antagonisme entre paternels et maternels, deux sortes d'antagonismes se font jour : l'un, interne, entre exploiteurs et exploités; l'autre, externe, entre invitants et invités. De cette configuration complexe, on a vu que le shalako des Zuni ébauchait déjà les contours.

A l'opposé des Kwakiutl, les Indiens des Plaines offraient l'image de sociétés en équilibre comme celles des Pueblo. Mais cet équilibre était plus apparent que réel, car les Indiens guerriers des Plaines ne refoulaient les antagonismes internes, entre paternels et maternels et entre riches et pauvres, que pour mieux permettre aux antagonismes externes de s'exprimer. A la répression des antagonismes internes correspond sans doute la fusion, illustrée par les rites, des personnages du clown et du cannibale; et, à l'exacerbation des antagonismes externes, l'apparition du fol : risque-tout en qui les caractères masculins et féminins se confondent, être asocial dont la solitude et le destin fatal sont peut-être la contrepartie inévitable d'une fausse harmonie pensée en termes de groupe. Harmonie fausse, en effet : car, croyant éliminer toutes les frictions internes pour assurer la solidarité du groupe et diriger sa violence vers le dehors, les Indiens des Plaines se condamnaient, en fait, à n'avoir pour modèle d'hostilité que celle qu'ils exerçaient contre leurs ennemis, et, si l'on peut dire, à réimporter ce modèle. Chez eux, l'antagonisme entre alliés par mariage et celui résultant des inégalités économiques avaient bien disparu, mais pour ressurgir sous la forme d'une petite guerre entre les sexes, modèle en miniature de la vraie guerre entre peuples ennemis. Le vol de femmes, passe-temps des jeunes hommes quand ils n'étaient pas en opérations militaires, montre bien que la vie intérieure du groupe, privée des facteurs structurels qui pourraient nourrir son dynamisme, en était réduite à simuler les combats sérieux livrés sur une plus vaste scène.

Tous les faits passés en revue peuvent donc être traités comme autant d'expressions symboliques d'une série de rapports qui s'ordonnent depuis des formes réversibles (preneurs et donneurs de femmes) jusqu'à des formes irréversibles (compatriotes et ennemis) en passant par des formes intermédiaires (paternels et maternels, invitants et invités, exploiteurs et exploités). Pour chaque forme, on distingue des modalités symétriques selon que la règle de descendance est patrilinéaire ou matrilinéaire, et ces modalités varient aussi en fonction des autres aspects de l'organisation sociale propre à chaque groupe.

En conclusion, on s'est efforcé de réfuter l'erreur des ethnologues qui expliquent le travestissement rituel par une réaction féminine : comme si les femmes, à l'occasion des fêtes, cherchaient à s'insurger contre leur condition inférieure, sans pouvoir exprimer cette révolte autrement que de façon symbolique. Il nous est apparu, au contraire, que la relation sous-jacente au travestissement rituel s'établit toujours entre des hommes. Clownisme et cannibalisme figurés sont des signifiants par le moyen desquels des hommes symbolisent des femmes dans le premier cas, des hommes au moyen des femmes dans le second. Car, dans ce dernier cas, les hommes ne peuvent se symboliser eux-mêmes : ils ne pourraient qu'être tels quels. Les femmes sont donc requises comme terme médiateur indispensable pour exprimer la signification, ce qui est tout autre chose que reproduire le réel. Figuré dans le rituel, le cannibalisme traduit la façon dont les hommes pensent les femmes, ou plutôt dont les hommes pensent la masculinité à travers les femmes. En revanche, le clownisme rituel traduit la façon dont les hommes se pensent eux-mêmes comme femmes, c'est-à-dire essayent d'assimiler la féminité à leur propre humanité.

VIII

ORDRE ET DÉSORDRE
DANS LA TRADITION ORALE
(année 1975-1976)

Tels qu'ils furent recueillis à des époques et dans des conditions très diverses, les corpus mythologiques des peuples sans écriture se présentent sous deux aspects contrastés : tantôt ramassis de morceaux disparates gardant chacun son individualité, tantôt ensembles de récits qui s'enchaînent, mais dans lesquels on retrouve souvent les mythes ou éléments de mythes qu'un peuple voisin raconte comme des histoires séparées. Ces deux types constituent-ils des genres distincts de la littérature orale, ou faut-il voir en eux les étapes d'une évolution ? Et, dans ce dernier cas, doit-on tenir l'épopée pour antérieure aux formes fragmentaires dans lesquelles elle se serait peu à peu décomposée ; ou, par un mouvement inverse, des poètes philosophes auraient-ils fusionné des matériaux hétérogènes au départ, pour leur donner la forme d'une œuvre bien liée ? Le cours du *mardi*, dont le titre était : *Ordre et désordre dans la tradition orale*, a proposé quelques éléments de réponse à ces questions.

On s'est surtout servi d'exemples canadiens. Après avoir retracé l'histoire des rapports juridiques et politiques entre la couronne ou les provinces d'une part, les Indiens d'autre part, on a brossé le tableau très complexe des conflits qui opposent actuellement ceux-ci à celles-là et dont témoignent, entre autres, l'affaire de la baie James où les parties en cause sont la province du Québec, les Cree et les Inuit, ou encore la longue procédure engagée par les Indiens Nishga contre les autorités de la Colombie britannique. En même temps que ces problèmes surgissent, on voit naître une nouvelle littérature mythologique dont les Indiens eux-mêmes sont les auteurs ou les initiateurs, et qui, de manière plus ou moins directe, valide des revendications économiques, politiques ou territoriales. Par commodité, nous avons appelé ce corpus en formation « baroque », sans y mettre de nuance péjorative, mais en suivant l'usage des historiens qui désignent ainsi un art dont les objectifs principaux sont le mouvement et l'expression. Il était intéressant de comparer ce corpus avec celui dit, par commodité aussi, « classique », qui rassemble les mythes publiés par Boas entre 1895 et 1916 et par Barbeau un peu plus tard, recueillis directement par ces auteurs ou avec l'assistance de collaborateurs locaux. Dans le corpus « baroque », on a rangé des ouvrages dus soit à ce même Barbeau s'évadant un moment des contraintes professionnelles pour remonter aux sources de l'inspiration indigène et produire, à partir de versions authentiques, une variante de son cru qu'il ne faut pas dédaigner pour autant (*The Downfall of Temlaham*, 1938), soit des traditions orales dictées par un chef Indien à un amateur pénétré de l'importance de sa mission (W. Robinson, *Men of Medeek*, 1962), soit enfin un ouvrage comme *Visitors Who Never Left* (1974) du chef Gitksan Kenneth B. Harris : traduction de traditions familiales enregistrées au magnétophone par son oncle maternel auquel le droit matrilinéaire, en vigueur chez les Tsimshian, l'appelait à succéder.

La différence des deux corpus ne tient donc pas au rôle plus ou moins grand dévolu à des autochtones. En fait, la monumentale *Tsimshian Mythology* de Boas, le livre plus mince de Barbeau *Tsimsyan Myths*, sont, pour ce qui concerne les textes, les œuvres respectives de Henry Tate et de William Benyon, l'un et l'autre Indiens Tsimshian lettrés. Mais, dans de tels cas, le collaborateur exécute les consignes de l'ethnologue ; il devient lui-même ethnologue quand il cherche à constituer un recueil aussi complet que possible où il met sur le même plan les traditions de son groupe familial ou social, et celles obtenues d'informateurs membres de clans différents. De plus, ces documents sont disposés dans un ordre qu'on essaye de rendre objectif. Ainsi, l'ouvrage de Boas et Tate débute par les mythes cosmologiques, auxquels font suite les aventures du dieu transformateur et décepteur qui continue et achève l'œuvre de création. Immédiatement après, on trouve des récits relatifs tant à des mariages trop éloignés (dont le symbolisme a aussi une portée cosmique) qu'à d'autres types de rapports que des individus entretiennent parfois avec les forces surnaturelles. Puis viennent des mythes consacrés aux relations politiques envisagées sous un triple aspect : politique intérieure, politique internationale, rapports du groupe avec les mondes de l'au-delà. La place suivante revient au chamanisme et à l'origine des confréries religieuses. Le recueil se clôt enfin sur des récits qui prétendent à la véracité historique. Quand on compare avec le recueil de Barbeau et Benyon, on constate que leurs versions des mêmes mythes tendent à se grouper selon des principes qui ressemblent en gros à ceux qu'on vient de citer.

Au contraire, un texte comme *Men of Medeek*, recueilli de la bouche du chef Wright, et le livre de Harris déjà cité, se présentent sous la forme d'un récit continu dont les chapitres se suivent dans un ordre qui, dès le début, veut être résolument historique. Pour ces auteurs, il s'agit de retracer l'origine première d'un clan et, dans ce clan, d'une lignée ; de suivre les ancêtres dans leurs pérégrinations, de relater leurs rencontres, leurs défaites et leurs victoires, d'expliquer comment ils occupèrent tels ou tels territoires devenus depuis leur propriété ; comment, aussi, des fautes dont ils se rendirent coupables sont à l'origine d'un destin particulièrement tragique. Ce souci prédominant de l'histoire ne laisse guère de place à la cosmologie : les mythes relatifs à la création du monde disparaissent ; ceux qui décrivent les travaux du dieu décepteur subissent le même sort, à moins que, très abrégés, ils ne soient interpolés de façon, semble-t-il, arbitraire vers la fin du récit.

Et pourtant, ces interpolations ont un sens, qui se dégage quand on examine avec plus d'attention comment le chef Harris s'y prend pour conduire son intrigue. Chacun des événements qui se succèdent dans la durée (et dont plusieurs correspondent aux mythes du corpus classique) sert à fonder un nom, un rang, un titre, un privilège parmi tous ceux, fort nombreux, que l'auteur du livre — de race noble — détient depuis sa naissance ou qu'il a acquis au cours de sa vie. Autrement dit, les moments successifs d'un énoncé diachronique prétendant embrasser des siècles sinon des millénaires, se projettent groupés sur l'écran d'un ordre social hiérarchique qui existe tout entier en acte dans le présent. Il est malheureusement certain que l'histoire existe, et que l'ordre synchronique en porte les flétrissures. Elles apparaissent dans le récit des deux chefs, mais avec des différences significatives. Tout au long de celui du chef Wright, une fatalité implacable sévit. Le clan ou le groupe local (car, dans les premiers temps, les deux notions se confondent) va de désastre en désastre ; chaque fois qu'il croit avoir trouvé la paix et la prospérité, un nouveau malheur le frappe, presque toujours de son fait. Cette vision pessimiste de l'histoire contraste avec celle du chef Harris, mais pas au point que celui-ci puisse éviter de faire leur place aux contingences : par exemple, il doit expliquer comment, dans l'ordre des préséances, le titre principal dont il s'enorgueillit s'est trouvé repoussé d'un rang. Pour lui, par conséquent, l'histoire apparaît comme la genèse d'un ordre social, mais une genèse où s'introduit, on serait tenté de dire par la bande, un désordre résiduel qui reste irréductible. Le récit du chef Wright se rapproche davantage d'une histoire que nous qualifierions d'événementielle : l'ordre social y est, à chaque instant, simultanément construit et remis en cause par un devenir.

Ces textes ont donc pour intérêt majeur de se placer, et de nous placer avec eux, à l'intersection de deux domaines : celui que, d'un accord général, on peut appeler mythique, et un autre, correspondant à ce que leurs auteurs respectifs entendent par l'histoire. D'où le problème : quels caractères va revêtir une histoire à qui l'on demande d'être, si l'on peut dire, en prise directe sur le mythe ?

Ils sont, semble-t-il, au nombre de quatre. En premier lieu, cette histoire se construit par agencement de cellules narratives amovibles. Toutes ou presque reproduisent des mythes déjà présents dans les recueils classiques ; prises en charge par un récit historique qui appauvrit leurs détails et réduit leurs dimensions, elles conservent les propriétés qu'on a par ailleurs reconnues aux mythes, notamment l'invariance des rapports internes sous une série de transformations. Ainsi, la même cellule apparaîtra sous les formes suivantes : des hommes tuent l'amant de leur sœur mariée, un mari tue l'amant de sa femme, un mari tue sa femme qui a un amant ; avec pour conséquence, dans les trois cas, une guerre entre deux villages, la défaite de l'un et la migration des survivants. Mais, si chaque cellule a une existence propre au titre de mini-mythe, l'ordre qui préside à leur concaténation ne relève pas du mythe : il résulte d'une création libre ou tout au moins très souple. Un peu comme si chaque chroniqueur disposait au départ d'un nombre fixe de cellules et du droit de les agencer à la manière des pièces d'un jeu de construction, pour fabriquer telle ou telle histoire dont il a présent à l'esprit le modèle.

En second lieu, cette histoire est répétitive. Pour faire avancer son récit, le chroniqueur ne craint pas d'employer le même type d'événement plusieurs fois de suite, et des chroniqueurs indépendants se servent à l'occasion du même type d'événement dans des récits qui ne se déroulent pourtant pas à la même époque ni dans les mêmes lieux, et dont les protagonistes diffèrent aussi.

Troisième caractère, qui découle d'ailleurs des deux précédents : cette histoire se dérobe quand on cherche à cerner avec un peu de précision les événements qu'elle relate. Même si l'on dispose d'un point de repère solide : un vestige archéologique, un lieu-dit, les faits que les différents chroniqueurs y rattachent, tout en se ressemblant souvent beaucoup, ne sont jamais identiques : ils concernent d'autres personnages, ou, s'il s'agit des mêmes, leurs rôles respectifs divergent. Enfin, cette histoire tend à prendre une forme cyclique : elle s'achève par des événements d'un type déjà rencontré, souvent même au début du récit.

Si proches encore des mythes, ces récits n'en apportent pas moins des suggestions pour résoudre des problèmes historiques qui préoccupent depuis longtemps les spécialistes. Il y a quelque soixante ans, Swanton et Boas se sont opposés au sujet de la structure quadripartite de la société tsimshian qu'on retrouve, avec seulement des différences de terminologie, dans les groupes de la côte, chez les Gitksan du Skeena, et chez les Nishga du Nass. Pour le premier auteur, cette structure résulterait de la rencontre : des groupes d'abord isolés se seraient agglomérés au cours de l'histoire ; des traditions locales en font foi, et Swanton en produit plusieurs exemples. Pour Boas, au contraire, il s'agirait d'une structure sociale comme telle, antérieure aux mouvements de population attestés ou inférés, mais sans exclure que le système primitif puisse présenter çà et là des anomalies ou des lacunes, consécutives à l'extinction de telle ou telle subdivision. En effet, on n'a pas de preuve sérieuse qu'à une époque ancienne, les divisions exogamiques n'existaient pas, ce qui implique évidemment qu'elles furent plusieurs dès le départ : la notion d'exogamie le requiert.

Les documents étudiés cette année incitent à considérer une solution intermédiaire, car ils font ressortir trois points. D'abord, le dualisme y apparaît comme un trait primitif de l'organisation sociale. Ensuite, l'émergence occasionnelle de groupements tripartites semble résulter de la préférence des anciens Tsimshian pour le mariage avec la cousine croisée matrilatérale qui requiert au minimum trois unités échangistes. Enfin, l'organisation quadripartite résulterait elle-même de dédoublements du dualisme primitif, sans pour autant faire de ce dernier stade la conséquence d'une réforme de structure. A lire les chroniques récemment publiées, on y verrait plutôt un effet accidentel d'alliances et de conflits conduisant, au terme de toute une série de schismes et de brassages, à un état relativement stable de la structure, parce que lui seul permet à tous les groupes locaux d'avoir la même composition, et ouvre à chacun, pris en particulier ou dans ses rapports avec d'autres, les plus riches possibilités d'alliance compatibles avec la diversité initiale.

Entre la structure stationnaire du mythe et le devenir ouvert de l'histoire, il y a donc place pour une forme intermédiaire : celle d'un devenir conçu comme le produit d'une combinatoire qui se présente elle-même sous deux aspects. Sous son premier aspect, cette combinatoire produit l'histoire mythique ou, si l'on préfère, le mythe historisé, en juxtaposant ou superposant avec une grande liberté de choix des éléments eux-mêmes définis de façon stricte. Elle s'en sert pour former des séries ouvertes ou closes qui, dans les deux cas, peuvent être de plusieurs modèles. Quant aux divisions exogamiques engendrées par une histoire cette fois réelle, elles résulteraient d'opérations comparables à celles qu'effectueraient des joueurs disposant de cartes classées par couleurs, qui battraient et rebattraient suffisamment le jeu pour avoir l'assurance raisonnable qu'une suite de cartes, tirées du paquet au hasard, fournirait un échantillonnage des quatre couleurs, bien que chacune n'y soit pas représentée par le même nombre de cartes : de même que chaque groupe local observé comprend le plus souvent des représentants des quatre divisions, mais avec des effectifs presque toujours inégaux.

En conclusion, on a tenté de définir par ses caractères distinctifs ce que serait une histoire sans archives, écrite d'après les traditions orales de plusieurs familles dont les ancêtres vécurent à peu près les mêmes événements. De cette histoire commune en droit sinon toujours en fait, chacune ne détiendrait que des fragments, et, pour combler ses lacunes, elle emprunterait aux autres, en leur imposant sa perspective propre, des événements analogues à ceux auxquels, croit-elle, ses membres purent autrefois participer. Ainsi se constitueraient, matière première de l'histoire, ce qu'on pourrait appeler des événements-types : pas rigoureusement vrais, mais pas complètement faux non plus.

Comme l'ont noté des observateurs, les peuples dont on a parlé cette année conçoivent si peu la notion de fiction que leur vocabulaire manque d'un mot pour désigner celle-ci, et pour la distinguer du mensonge pur et simple. Et pourtant, ils ne conçoivent pas davantage la notion d'une histoire unique qui, d'un point de vue occidental, peut seule satisfaire à une exigence de vérité. Ils acceptent que les traditions des différents clans soient authentiques, et se bornent à croire les leurs plus correctes que celles de leurs voisins. Ils s'accommodent donc d'une équivoque là où nous verrions des contradictions.

Cette équivoque ressort admirablement du titre donné par le chef Harris à son ouvrage, car ces « visiteurs qui ne partirent jamais plus » s'y présentent alternativement comme les protecteurs attitrés du lignage, et comme des intrus dont on ne parvint pas à se débarrasser : tantôt ancêtres vénérables dont les noms et les offices, transmis de génération en génération, perpétuent au fil des siècles un ordre social théoriquement immuable ; mais tantôt aussi, hôtes imprévus et reçus de mauvaise grâce, parce que leur irruption subite dans le système fut cause des irrégularités qu'il présente, attestant qu'en dépit de toute la peine prise pour les conjoindre, les forces du mythe et celles de l'histoire tirent dans des directions opposées.

QUATRIÈME PARTIE

DÉBATS EN COURS SUR L'ORGANISATION SOCIALE ET LA PARENTÉ

I

RECHERCHES SUR LA PARENTÉ ET LE MARIAGE
(année 1961-1962)

Sous le titre : *Recherches récentes sur la parenté et le mariage,* le cours du *mercredi* avait pour objet de passer en revue les développements ethnologiques les plus notables qui se sont produits, au cours des dix ou douze dernières années, depuis la publication de notre livre, *les Structures élémentaires de la parenté* (1949). Trois problèmes ont surtout retenu l'attention.

1° *Les systèmes à filiation bilinéaire.* — Non seulement en Indonésie et en Polynésie, mais aussi en Mélanésie et en Afrique, l'accent est mis, de façon croissante, sur l'existence de systèmes cognatiques, c'est-à-dire fondés sur une égale reconnaissance des deux lignées. En Amérique, ces systèmes ont reçu le nom de systèmes non unilinéaires. Ils sont certainement beaucoup plus fréquents qu'on ne le soupçonnait il y a une vingtaine d'années, et il est probable qu'ils représentent au moins un tiers des systèmes de filiation actuellement recensés. Nous avions jadis suggéré que de tels systèmes pouvaient être laissés de côté parce que nous pensions, comme Radcliffe-Brown lui-même, qu'ils constituaient l'exception. Bien que cela ne semble plus exact, cette attitude de réserve ne doit pas être pour autant modifiée, car même s'ils sont fréquents, de tels systèmes ne relèvent pas à proprement parler des structures élémentaires de la parenté. Comme l'indiquait déjà Goodenough dans son article « Malayo-Polynesian Social Organization » (*American Anthropologist,* vol. LVII, n° 1, 1955), il faut, pour les interpréter, utiliser une typologie inédite. En effet, ils font intervenir une dimension nouvelle, puisqu'ils définissent, perpétuent et transforment le mode de cohésion sociale par l'effet d'un rapport non plus à une règle fixe de filiation, mais à un système de droits fonciers. La différence entre les sociétés où on les rencontre, et celles où règne la filiation unilinéaire, est donc grossièrement comparable à celle qu'on observe entre arthropodes et vertébrés. Dans un cas, le « squelette » de la société est interne : il consiste en un emboîtement synchronique et diachronique de statuts personnels, où chaque statut particulier est rigoureusement lié à tous les autres. Dans l'autre cas, le « squelette » est externe, et consiste dans un emboîtement de statuts territoriaux, c'est-à-dire dans un régime foncier. Ces statuts réels sont extérieurs aux individus, qui peuvent, de ce fait, et dans les limites que ces contraintes du dehors leur imposent, définir leur propre statut avec une certaine liberté.

Il s'ensuit que les systèmes cognatiques diffèrent aussi des systèmes unilinéaires par un second aspect : en eux, diachronie et synchronie sont, dans une certaine mesure, dissociées par la liberté de choix qu'ils accordent à chaque individu. Les sociétés qui les possèdent peuvent donc accéder à l'existence historique, dans la mesure où les fluctuations statistiques, regroupant un grand nombre de choix individuels, se trouvent parfois orientées dans le même sens.

Quoi qu'il en soit, l'importance des systèmes bilinéaires ou indifférenciés pour la théorie ethnologique est aujourd'hui hors de doute. Nous comprenons mieux que la ligne de partage entre les sociétés traditionnellement appelées primitives et les sociétés dites civilisées ne coïncide nullement avec celles entre structures élémentaires de parenté et structures complexes. Parmi les sociétés dites primitives, il existe des types hétérogènes, et la théorie de certains de ces types reste à faire. Un grand nombre de ces sociétés relèvent en fait des structures de parenté complexes. C'est seulement par rapport aux structures élémentaires qu'il est permis de négliger provisoirement les exemples de filiation indifférenciée.

2° *L'échange généralisé en Australie.* — L'interprétation que nous avions avancée du système de parenté des Murngin de la terre d'Arnhem, en Australie septentrionale, a suscité de nombreuses discussions et objections. C'est ainsi que nous avons été accusé par Leach, Berndt et Goody de confondre deux types de phénomènes ethnologiques distincts : les groupes locaux d'une part, et les lignées d'autre part, les premiers possédant seuls une existence réelle, tandis que les lignées n'existeraient que dans la pensée des indigènes (et des ethnologues à leur suite), comme procédé commode pour regrouper des termes de parenté. Dans le cas particulier des Murngin, la manière dont nous avions exprimé cette distinction nous semble, aujourd'hui encore, plus satisfaisante que celle de nos critiques. Il n'est pas exact de dire, comme fait Leach, que le système Murngin comporte sept lignées et quatre groupes locaux. En fait, la société Murngin observée à un moment quelconque comprend un nombre fini (mais relativement élevé) de groupes locaux, qui nous est inconnu. Pour définir ses relations de parenté, chaque individu fait appel à quatre groupes locaux, dont trois fixes et un mobile, qui lui permettent de se situer par rapport à quatre lignées : la sienne, celle de ses « donneurs de femmes » et celle de ses « preneurs de femmes », plus une qui peut être, à sa discrétion, soit celle des donneurs de ses donneurs, soit celle des preneurs de ses preneurs. Et comme il semble que les cycles d'échange mettent en jeu plus de quatre groupes locaux, Ego est amené à forger des termes supplémentaires (mais dérivés des précédents) pour désigner d'éventuels groupes locaux, partenaires au même cycle échangiste que le sien.

Pourtant, la distinction entre groupes locaux et lignées est encore trop simpliste. En fait, il faut distinguer trois choses : les lignées *obligées*, qui sont au nombre de trois (+ 1) ; les lignées *facultatives* qui sont au nombre de quatre (– 1) ; et les groupes locaux dont nous ignorons le nombre, toujours variable selon le lieu et le moment, mais qui ne saurait être inférieur à quatre et qui (en raison de l'extension du système terminologique) doit être généralement beaucoup plus élevé.

Un deuxième reproche qui nous a été fait est de postuler la circularité du système. Ce reproche résulte d'une confusion entre modèle et réalité empirique. Le modèle d'un système généralisé évoque nécessairement une certaine circularité, bien que celle-ci puisse être simple ou complexe et prendre les formes les plus variées. La réalité empirique est beaucoup plus souple. Parmi tous les cycles d'alliance empiriquement observables, on en trouvera une certaine proportion de circulaires, soit à court terme, soit à long terme ; d'autres ne « bouclent » jamais parce qu'ils se « perdent ». Tout ce qui sera alors requis, pour que le modèle reste valide, étant qu'en gros, le nombre de ceux qui se « perdent » dans un sens soit approximativement égal au nombre de ceux qui se « perdent » dans l'autre sens, de façon que, négativement ici, les pertes s'équilibrent comme les gains.

Prétendre, comme Leach, qu'un système de mariage matrilatéral n'est pas nécessairement circulaire, au moins en théorie, reviendrait à affirmer qu'un cycliste, dont le guidon serait toujours infléchi dans le même sens, ne tournerait pas en rond. Bien sûr, il est possible qu'il ne revienne jamais à son point de départ. Mais il est statistiquement probable que, si plusieurs cyclistes effectuaient, dans le même sens, un nombre assez élevé d'évolutions, ils recouperaient les uns les autres leurs points de départ respectifs, et cela un grand nombre de fois. Pour qu'un système matrilatéral soit totalement dépourvu de circularité, il faudrait que le nombre des groupes locaux soit infini. Et moins nombreux ils seront, plus une circularité approchée aura des chances de se manifester. En effet, la circularité des systèmes asymétriques ne tient pas à une disposition préordonnée des groupes locaux en cycles échangistes immuables, mais au fait que, de quelque façon qu'ils instaurent entre eux des rapports, l'espace généalogique dans lequel ils se meuvent est un espace structurellement courbé.

3° *L'échange généralisé en Asie du Sud-Est.* — C'est à propos de notre interprétation du système de parenté des Katchin, peuplade du nord de la Birmanie, que les discussions ont été les plus vives. Leach nous a reproché d'avoir affirmé que le système katchin recèle une contradiction, et d'en avoir conclu que le modèle du système est nécessairement déséquilibré. Il y a deux aspects à distinguer dans son argumentation.

En premier lieu, Leach conteste que le système katchin tende à accroître l'inégalité entre preneurs et donneurs de femmes. Selon lui, en effet, les prestations matrimoniales consistent essentiellement en bétail. Pourtant, et au témoignage de notre critique, les prestations comprennent également du travail servile dont on ne voit pas, à la différence du bétail, sous quelle forme il pourrait être restitué à ceux qui le fournissent. Mais surtout, il est faux de dire que le bétail est rendu à ses prestataires sous forme de repas cérémoniels ; car, du fait que, grâce à ce bétail, le chef soit en mesure de donner des fêtes, il résulte pour lui un gain de prestige qui se trouve véritablement capitalisé. Il y a donc une tendance constante à l'accroissement de prestige, aux dépens de celui que les prestataires renoncent à obtenir pour leur compte quand ils se dessaisissent du bétail afin de gagner des épouses.

Mais nous n'avons jamais suggéré que, dans la société katchin, les femmes soient échangées contre des biens. Il est clair que dans cette société comme dans d'autres, les femmes sont échangées contre des femmes. La raison pour laquelle nous avons attribué une instabilité foncière au système katchin est différente. Elle ne tient pas à la nature économique d'une prétendue contrepartie, mais à la distorsion qui affecte inévitablement les échanges matrimoniaux eux-mêmes, dans un système d'échange généralisé. En effet, plus le cycle des échanges aura tendance à s'allonger, plus souvent il arrivera qu'à chaque étape, une unité échangiste, n'étant pas immédiatement tenue de fournir une contrepartie au groupe dont elle est directement débitrice, sera tentée d'accroître ses avantages sous la forme soit d'une accumulation de femmes à son profit, soit d'une prétention à des femmes d'un rang plus élevé. Or si, comme le souligne Leach, la viande peut être restituée, le prestige acquis grâce à sa distribution ne l'est pas.

D'ailleurs, quelques années plus tard, dans son livre *Political Systems of Highland Burma* (1954), Leach semble être parvenu à une interprétation différente et qui se rapproche beaucoup de la nôtre. Dans son article de 1951, une seule forme d'organisation de la société katchin était considérée. Dans son livre de 1954, Leach met, au contraire, l'accent sur la dualité structurale de deux formes d'organisation matrimoniale et politique qu'il appelle respectivement *gumlao* et *gumsa* ; la première égalitaire, la seconde hiérarchique et semi-féodale. Il suggère aussi que la société katchin pourrait osciller constamment entre les deux types. Enfin, il démontre que chaque type est affecté d'une instabilité structurelle, qui le condamne périodiquement à s'effacer pour faire place à l'autre type. Après avoir donc affirmé que la société katchin était en équilibre, Leach est conduit à reconnaître qu'elle alterne entre deux formes, contradictoires entre elles, et dont chacune implique, pour son propre compte, une contradiction.

Le même auteur nous a enfin reproché de ne pas avoir, à propos du système katchin, suffisamment distingué entre hypergamie et hypogamie. La raison en est que, d'un point de vue formel, il n'est pas nécessaire de faire la distinction entre les deux formes. Nous proposons donc, pour désigner le mariage entre conjoints de statuts inégaux sans se préoccuper de savoir si c'est l'homme ou la femme qui occupe le rang le plus élevé, d'emprunter à la botanique le terme « anisogamie », qui ne préjuge pas de l'orientation du système.

De même que le mariage matrilatéral et le mariage patrilatéral sont l'un et l'autre compatibles avec les deux modes de filiation unilinéaire, bien que le mariage patrilatéral soit plus probable en régime de filiation matrilinéaire (en raison de son instabilité structurelle, qui lui fait préférer les circuits courts), et le mariage matrilatéral plus probable en régime patrilinéaire (lequel peut davantage se permettre d'allonger les cycles), de même l'hypogamie (qui constitue le faciès maternel de l'anisogamie) est, en régime de filiation patrilinéaire, l'indice d'une structure relativement instable, et l'hypergamie d'une structure relativement stable.

Dans une société patrilinéaire à tendance féodale, la pratique de l'hypogamie apporte un indice d'instabilité parce qu'elle signale des lignées qui cherchent dans l'alliance (c'est-à-dire dans une reconnaissance des cognats) un moyen d'affirmer leur propre position d'agnats ; elle fait donc du cognatisme un moyen de l'agnatisme. Au contraire et plus logiquement, l'hypergamie postule que, dans un système agnatique, les relations cognatiques ne sont pas pertinentes. Par conséquent, l'hypogamie constitue un grand phénomène structural attesté par le monde dans les tabous des beaux-parents. Elle correspond à un état de tension entre les lignées paternelles et maternelles, non encore déséquilibré au profit exclusif des premières comme cela se produit avec l'hypergamie véritable.

Les dernières leçons ont été consacrées à une analyse critique des recherches de M. Rodney Needham sur les systèmes de parenté et les règles de mariage d'autres populations de l'Asie du Sud-Est ; enfin et surtout, à son interprétation et à sa discussion des *Structures élémentaires de la parenté* dans un petit ouvrage (*Structure and Sentiment*, University of Chicago Press, 1962) dont la publication a coïncidé avec la dernière phase de notre enseignement.

II

DISCUSSIONS SUR L'ATOME DE PARENTÉ
(année 1971-1972)

Cette année, le cours du *lundi* fut consacré à des problèmes de parenté. On s'est surtout attaché à préciser et à développer la notion d'«atome de parenté», introduite en 1945, et à répondre par la même occasion à diverses critiques anciennes ou récemment formulées.

Ces critiques découlent en partie d'une hypothèse qui a son origine chez certains ethnologues anglo-saxons et selon laquelle, dans tout système de parenté, le nombre des lignes de descendance requis pour donner du système une représentation adéquate serait le même que celui des termes distinctifs appliqués à la génération des grands-parents. Or, cette règle de construction se révèle inapplicable quand on la met à l'épreuve des faits. Pour s'en tenir à l'Australie qui fournit la matière de la plupart des débats en cours, les Andingari du *Great Victoria Desert* et les Kokata pratiquent le mariage avec la cousine issue de croisée. On doit donc distinguer chez eux quatre lignes de descendance ; tous les «grands-pères» et toutes les «grand-mères» sont cependant désignés par un seul terme. Les Gunwinggu de la terre d'Arnhem occidentale distinguent, dans la terminologie, le père du père, le père de la mère et le frère de la mère ; mais, deux types de mariage étant possibles pour ce dernier, à ces trois termes correspondent en fait quatre lignes. Les Ungarinyin prohibent le mariage des cousins croisés au profit de celui avec la fille du fils du frère de la mère du père. Leur système implique ainsi quatre lignes de descendance, celle du père du père, du frère de la mère du père, du père de la mère et du frère de la mère de la mère ; mais, à ces quatre lignes, ils affectent cinq termes distinctifs : pour le père du père, le père de la mère, le frère de la mère du père, le frère de la mère de la mère, enfin le mari de la sœur du père du père. On pourrait multiplier ces exemples.

Dans ces conditions, le principal argument avancé en faveur de l'interprétation du système des Wikmunkan de la péninsule du cap York comme un système à deux sections, tombe. De ce système, les observateurs qui ont pu encore l'étudier en activité il y a environ quarante ans (bien que l'effectif de la population fût déjà inférieur au dixième de ce qu'il était au moment du contact avec la colonisation) ont donné des interprétations divergentes. Mais, aussi bien pour l'une que pour l'autre, le système doit comporter au moins trois lignées qui seraient, selon McConnel, celle d'Ego dans une moitié exogamique, celles de ses « preneurs » et de ses « donneurs » dans l'autre ; et selon Thomson, qui exclut la règle d'échange généralisé et se montre plus réservé sur l'existence de moitiés exogamiques, celle d'Ego d'une part et, d'autre part, au moins deux lignées dont le nombre, supérieur à celui que le système pourrait paraître requérir, résulte, comme chez les Ompela et les Walbiri, de la distinction entre cousines « vraies » et cousines « classificatoires », le mariage n'étant possible qu'avec celles-ci.

On aurait sans doute traité avec plus d'égards la description de McConnel si l'on avait pris soin de la comparer avec celle, due à Spencer et Gillen et confirmée par Elkin, du système arabanna qui, sous un aspect au moins, en offre une image symétrique. Pour un homme, les femmes d'un clan avec lequel son propre clan peut s'unir se répartissent en quatre catégories dont lui-même ne peut élire qu'une : celle des filles des frères aînés de la mère (les filles des frères cadets étant exclues). Il en résulte que, comme dans le système décrit par McConnel, une ligne « aînée » et une lignée « cadette » viennent se placer respectivement à la droite et à la gauche de celle d'Ego, et que le mariage ne peut se faire que dans un seul sens, inverse de celui rapporté pour les Wikmunkan. A quoi Elkin ajoute cette précision que le père de la mère peut épouser la sœur du père du père, mais que la réciproque n'est pas vraie, le père du père devant se marier ailleurs. Un système à deux moitiés exogamiques peut donc s'accommoder de la reconnaissance de trois lignées : en l'occurrence, celle du père de la mère, celle du frère de la mère du père, et celle du père du père confondue avec celle du frère de la mère de la mère.

On s'est montré pareillement injuste envers McConnel en l'accusant d'inconséquence pour avoir distingué les prohibitions matrimoniales selon qu'elles frappent Ego ou son petit-fils, sous le prétexte que le choix d'Ego étant à la discrétion de l'enquêteur, celui-ci a la faculté de situer Ego dans la génération de l'un ou dans celle de l'autre, de sorte que les prohibitions seraient nécessairement les mêmes pour tous les deux. C'est oublier que, quel que soit l'individu choisi pour occuper la position d'Ego, sa liberté matrimoniale sera toujours limitée par celle de son grand-père marié avant lui si, comme McConnel le dit et comme des observations récentes le confirment, celui-ci a le droit de prendre femme dans le niveau de génération où se mariera normalement le petit-fils. Les deux hommes peuvent donc entrer en compétition, et nous-même avions interprété comme une règle permettant d'éviter le conflit, celle selon laquelle un homme se marie avec une femme d'une génération plus jeune dans une ligne aînée, ou avec une femme d'une ligne cadette dans sa propre génération. Hypothèse nullement incompatible avec les autres données du système si l'on tient compte que, contrairement à ce qu'on a prétendu nous faire dire, nous ne définissions pas la première comme « fille de la fille », mais comme « cousine du petit-fils » (*Les Structures élémentaires de la parenté*, 2ᵉ éd., 1967, p. 243), petite-fille donc, mais au sens classificatoire, avec laquelle le mariage des deux hommes est permis.

Il ne s'agissait pas davantage d'une négligence de notre part quand nous écrivions (*ibid.*, p. 225) que « la troisième lignée à droite de celle d'Ego, et la troisième lignée à gauche, redoublent celle d'Ego », car l'usage du plus simple bon sens devrait suffire à faire comprendre qu'on numérotait ici à partir de la lignée d'Ego incluse, celle-ci comptant donc pour la première. Enfin, on a profité de l'occasion pour préciser le sens d'une formule qui était apparue incompréhensible sinon même contradictoire à certains.

Nous avions écrit que, chez les Wikmunkan, « pour chaque femme, il y a... deux possibilités de mariage : soit dans un cycle direct d'échange généralisé, soit dans un cycle indirect d'échange restreint » (*ibid.*, p. 246). Or, n'est-ce pas l'échange restreint qu'on doit appeler direct, et l'échange généralisé indirect ? Certes, mais on voulait ici souligner un côté paradoxal du système tel qu'il avait été décrit par McConnel. Selon cet auteur, en effet, l'échange généralisé y fonctionne de la façon la plus directe compatible avec sa nature, c'est-à-dire de A à B, de B à C, de C à *n* et de *n* à A. Tandis que l'échange restreint, au lieu de lier directement deux partenaires, en fait intervenir un troisième (qui, à l'inverse de ce qui se passe avec l'échange généralisé, n'a pas de place requise dans le système), comme les lignes précédentes le soulignaient : « j'épouse ma cousine croisée et j'emprunte à une lignée parallèle une femme que je donne en échange à mon beau-frère ». Dans un tel système, par conséquent, une complication s'introduit, qui donne à l'échange restreint un caractère plus indirect encore que celui qu'offre normalement l'échange généralisé pour lequel, chez les Wikmunkan, aucune complication du même ordre n'intervient. De sorte que, par un retournement dialectique, ce qui, en ligne générale, apparaît indirect devient ici relativement plus direct, et inversement dans le cas opposé.

Cependant, McConnel, qui avait construit ses diagrammes selon la formule de l'échange généralisé, savait que même de son temps le système pouvait aussi fonctionner en termes d'échange restreint ; les indications qui précèdent, empruntées à ses analyses, suffisent à le montrer. On ne saurait donc se laisser emprisonner dans un choix entre les deux formules d'échange. Le problème posé par cette description ancienne du système wikmunkan est tout autre. Plusieurs aspects du système, notamment la péréquation des termes entre les lignées, suggèrent l'échange restreint. Mais si l'on pousse trop loin l'interprétation dans ce sens, on se condamne à détacher arbitrairement du système, et à traiter comme autant d'énigmes insolubles et isolées, plusieurs caractères incompatibles avec une formule d'échange restreint. Ainsi l'exclusion de la fille de la sœur du père du nombre des conjoints permis par les groupes du fleuve Archer ; l'exclusion de la cousine croisée bilatérale par ceux du fleuve Kendall-Holroyd ; l'orientation matrilatérale du réseau d'alliance ; la différenciation systématique de chaque niveau de génération en fonction de l'âge relatif, sauf en ce qui concerne la sœur du père pour laquelle il n'existe qu'un seul terme. Beaucoup de petites énigmes peuvent faire un grand problème, et il est légitime d'en chercher la solution dans un dosage des deux formules d'échange, plutôt que de n'en retenir qu'une et d'écarter avec désinvolture toutes les données empiriques qui ne cadrent pas avec elle. En vérité, le problème posé par les Wikmunkan semble difficile à résoudre depuis qu'on connaît, fût-ce partiellement, des analyses de Thomson plus riches que celles publiées de son vivant, et qui ne peuvent guère être mises en harmonie avec celles de McConnel. De toute façon, on voit mal comment le débat progresserait sans qu'on tienne aussi compte des observations de Thomson sur les Ompela, dont la terminologie de parenté atteste que leur système offre des points communs avec celui des Wikmunkan. Provisoirement au moins, et jusqu'à la publication annoncée de nouvelles informations, mieux vaut suspendre l'étude du dossier.

On s'est attardé sur le cas des Wikmunkan parce que des discussions récentes autour de la notion d'atome de parenté se sont déroulées à leur sujet, mais on doit aussi relever des erreurs d'interprétation si graves que le débat s'en trouve vicié à la racine. Ni notre texte de 1945 ni celui de 1952 (reproduits dans *Anthropologie structurale*, ch. II et IV) n'ont jamais affirmé que cette structure élémentaire de parenté fût universellement observable. Au contraire, on avait multiplié les précautions pour circonscrire son domaine : « On se tromperait en croyant que dans toute société, le système de parenté constitue le médium principal par lequel se règlent les relations individuelles ; et même dans les sociétés où ce rôle lui est dévolu, il ne le remplit pas toujours au même degré » (*A.S.*, p. 46). Un peu plus loin, on insistait sur les cas où « la relation avunculaire... peut s'effacer, ou se confondre avec d'autres dans des systèmes d'une complexité encore plus grande » (*ibid.*, p. 59). Au sujet du système formel d'attitudes servant à définir l'atome de parenté, le texte de 1952 s'exprimait comme suit : « On s'apercevra que certaines combinaisons correspondent à des situations empiriques, effectivement observées par les ethnographes dans telle ou telle société... Par contre (d'autres) dispositions... sont, les unes fréquentes mais souvent floues, les autres rares et peut-être impossibles sous une forme tranchée... » (*ibid.*, p. 83). Toutes ces formulations excluent de la façon la plus nette que la notion d'atome de parenté pût avoir un champ d'application universel, et il serait puéril de s'ingénier à collectionner les exemples où elle ne joue pas, surtout si l'on reconnaît, comme on est bien obligé de le faire, que les cas où la notion s'applique sont assez nombreux pour que cette fréquence offre une signification. Nous n'avons jamais dit autre chose, en ajoutant cependant : « il ne suffit pas de constater cette fréquence ; il faut en découvrir la raison » (*ibid.*, p. 47). Nous prenions même soin de signaler à l'avance les cas, nécessairement en nombre limité, où la structure élémentaire de parenté aura chance d'apparaître avec netteté : « chaque fois que le système considéré prend un aspect critique : soit parce qu'il est en transformation rapide... soit parce qu'il se trouve au point de contact et de conflit entre des cultures profondément différentes... soit enfin parce qu'il est en train de subir une crise fatale... » (*ibid.*, p. 59).

Pas plus que les textes de référence n'affirment l'universalité de ce qu'on a appelé « la loi de l'atome de parenté » (et on vient de voir qu'au contraire, ils l'excluent), pas plus ne peut-on leur faire dire que cette loi s'applique à tout système de parenté à la seule condition qu'il soit patrilinéaire ou matrilinéaire. La phrase invoquée à l'appui de cette interprétation tendancieuse a été détournée de son sens : « les deux groupes qui nous ont servi d'exemple » renvoyant, comme le contexte l'établit sans équivoque, non pas aux systèmes patrilinéaires et matrilinéaires en général, mais à deux sociétés particulières, celle des Tcherkesses et celle des Trobriand (*ibid.*, p. 51). Si le texte de 1945 prenait ses exemples dans des sociétés franchement patrilinéaires ou matrilinéaires et s'il insistait sur le mode de descendance, c'était uniquement pour démontrer que celui-ci n'était pas pertinent eu égard au système des attitudes, contrairement aux vues prévalentes à cette époque. On voulait établir, en effet, que des systèmes d'attitudes identiques se retrouvent dans des sociétés à modes de descendance différents, et que des systèmes d'attitudes différents apparaissent dans des sociétés à mode de descendance pourtant identique. Il était si peu question de lier l'atome de parenté à tel ou tel mode de descendance ou de filiation qu'on écrivait que l'avunculat, élément constitutif des structures de parenté les plus « légères », « n'est pas présent dans tous les systèmes matrilinéaires et patrilinéaires ; et on le trouve parfois dans des systèmes qui ne sont ni l'un, ni l'autre » (*ibid.*, p. 50).

Mais, à supposer un instant que les textes disent ce qu'on essaye de leur faire dire (et qui est le contraire de ce qu'ils disent effectivement), alors, on n'aurait pas le droit d'invoquer contre eux l'exemple des Walbiri des régions désertiques de l'Australie centrale, puisque ces indigènes ont un mode de descendance qui n'est ni patrilinéaire ni matrilinéaire, mais ambilinéaire. Ils ne répondent donc pas aux conditions arbitraires qu'on s'était plu à poser. Dire, au surplus, que la société walbiri, à la différence des Wikmunkan, appartient à un type australien normal et n'offre rien d'extraordinaire serait faire une singulière violence aux faits. Les Walbiri ont un système de parenté si aberrant par rapport au type aranda dont il relève à tous autres égards qu'il reconnaît cinq lignes de descendance au lieu de quatre (M.J. Meggitt, *Desert People,* Chicago, 1965, p. 195). Quant au système des attitudes, au sujet duquel des remarques furent présentées qui le montrent moins simple qu'on aurait pu croire, il offre peu de rapports avec celui décrit par Elkin pour illustrer « les principes généraux » en vigueur dans l'ensemble des sociétés australiennes, principalement celles ayant un système de parenté de type aranda ou nyul-nyul (A.P. Elkin, *The Australian Aborigines,* Sydney, 1938, p. 115-122)[1].

Pourquoi donc ces malentendus ? Et comment en est-on venu à faire dire à nos textes le contraire de ce qu'ils énonçaient de manière pourtant explicite ? En réalité, on a confondu deux choses. D'une part, la présence nécessaire, dans toute structure de parenté aussi simple soit-elle, d'une relation d'alliance ; d'autre

---

1. Pour un traitement un peu différent des mêmes problèmes, cf. notre livre *le Regard éloigné*, Paris, Plon, 1983, ch. IV.

part, la mise en évidence de cette propriété universelle par le moyen du système des attitudes qui, de façon sans doute non universelle, mais avec une fréquence significative, apparaîtrait déséquilibré si, en regard d'une relation de filiation et d'une relation de consanguinité, on ne faisait pas figurer une relation d'alliance, laquelle, par conséquent, ne doit pas apparaître moins «primitive» que les deux autres. Contre Radcliffe-Brown et la plupart des anthropologues de son époque, imbus comme lui de naturalisme, on établissait donc qu'il était impossible de dériver la parenté, fût-elle envisagée à son niveau le plus élémentaire, de seules considérations d'ordre biologique : la parenté ne peut naître seulement de l'union des sexes et de l'engendrement des enfants ; elle implique au départ quelque chose d'autre, à savoir *l'alliance sociale* de familles biologiques dont l'une au moins cède une sœur ou une fille à une autre famille biologique. Là, et là seulement, est le principe universel qu'énonçait le texte de 1945 et dont *les Structures élémentaires de la parenté* veulent faire la démonstration. Mais on songeait si peu à étendre cette universalité au système des attitudes, qui illustre le principe dans certains cas particulièrement favorables, qu'on posait aussitôt la question : «Comment se fait-il alors que nous ne rencontrions pas l'avunculat toujours et partout ? Car si l'avunculat présente une distribution très fréquente, il n'est cependant pas universel. Il serait vain d'avoir évité l'explication des cas où il se trouve présent pour échouer seulement devant l'absence» (*Anthropologie structurale*, p. 58).

Le texte de 1945 — à l'origine, article de revue — se bornait à illustrer la thèse par un petit nombre de cas pris parmi les plus simples et les plus manifestes qu'on puisse trouver. Le choix de l'oncle maternel pour occuper la position de donneur de femme répondait à cette préoccupation puisque ce choix permet d'offrir, de la façon la plus économique possible, l'illustration d'une structure à quatre termes unis par les trois relations canoniques d'alliance, de filiation et de consanguinité. Il n'en résultait pas que, toujours et partout, l'oncle maternel dût être le seul ou le principal occupant de la position de donneur. Ce ne serait le cas ni pour les Walbiri (chez qui la relation entre l'oncle et le neveu cesse d'être pertinente de ce fait), ni, en Afrique, chez les Lele. L'hypothèse qu'on avançait requerrait seulement que, dans toute structure élémentaire de parenté, la position de donneur fût effectivement occupée. Si ce n'est par l'oncle maternel ou par lui seul, on aura affaire à une structure plus « lourde » impliquant un nombre de termes éventuellement supérieur à quatre. Mais l'atome de plomb n'est pas moins un atome que celui d'hydrogène du fait que ses constituants sont plus nombreux. Pour que la métaphore reste valide, il est seulement requis que, quel que soit le nombre des constituants, les relations qui les unissent restent du même type et que les forces qui se composent forment un système équilibré. Tout cela était clairement énoncé dès 1945 (*A. S.*, p. 59), mais, au lieu de suivre le programme que l'on traçait et de poursuivre l'enquête dans les voies indiquées, certains ont cherché partout la forme la plus légère sans se rendre compte qu'ils rencontraient souvent des systèmes où, comme il avait été prévu et annoncé, « l'unité de construction... est déjà d'ordre plus complexe » et où, par conséquent, « la relation avunculaire... pourra être noyée dans un contexte différencié » *(ibid.)*.

C'est ce qu'on a voulu établir cette année à propos de quelques cas litigieux. Non pas tant celui des Lambumbu des Nouvelles-Hébrides, pour lequel la lecture soigneuse du texte de Deacon a permis de rectifier une interprétation fautive et de dégager un système d'attitudes simple et de type, pourrait-on dire, classique. Mais l'analyse du système des attitudes dans trois sociétés qui ont aussi alimenté la controverse : les Wikmunkan, dont on avait déjà longuement parlé, les Mundugomor du bassin du fleuve Sepik, au nord de la Nouvelle-Guinée, enfin les Lele du Kasai, en Afrique, a permis, sur la base même des faits invoqués, d'illustrer des systèmes d'attitudes qui, pour être plus « lourds » que le précédent, n'en sont pas moins bien équilibrés. Certaines de ces analyses feront l'objet d'une publication prochaine ; il suffira donc de les mentionner[1].

Mais, auparavant, on s'était interrogé sur l'acharnement mis

---

1. « Réflexions sur l'atome de parenté », republié dans *Anthropologie structurale deux*, Paris, Plon, 1973, ch. VII.

par plusieurs spécialistes contemporains de l'Australie à détruire les idées anciennes sur l'organisation locale des populations du continent, bien que, de leur propre aveu, celle-ci relevât d'un passé révolu et ne fût plus directement observable. Les problèmes sont liés, en effet, car la conception qu'on peut se faire du système des attitudes dépend étroitement des rapports de proximité qui existent entre les individus. On a montré que le mobile qui inspire ces polémiques devait être cherché du côté de la théorie de l'échange matrimonial : ce que l'on conteste en réalité, c'est que les groupes patrilinéaires soient les unités échangistes. Mais si certaines imprudences ont été commises, notamment en Angleterre, nous avons tenu à souligner qu'en nous les faisant partager, ces auteurs se trompaient de cible car, dès 1949, dans *les Structures élémentaires de la parenté,* nous avions établi l'extrême généralité de phénomènes où, non sans naïveté, certains prétendent aujourd'hui découvrir une propriété distinctive des seuls systèmes australiens.

Présenter le système murngin de la terre d'Arnhem, contrairement à toutes les vues admises, comme un système à deux sections matrilinéaires où des frères de mère de mère échangent entre eux des filles de fille de sœur entraîne d'abord ce singulier paradoxe que la section d'Ego n'exigerait, pour être complètement représentée, que cinq niveaux de génération tandis que, sans même éviter la réduplication des termes, la section alterne en requerrait dix.

Mais surtout, cette hypothèse est ramenée par son auteur lui-même à de plus justes proportions quand il reconnaît que cet échange direct n'intervient pas « dans une très grande majorité de cas ». Il s'agit ici d'une possibilité « inhabituelle » de lecture du système dont des individus peuvent parfois se prévaloir et qui frappe surtout des informateurs ayant vécu auprès de tribus étrangères pratiquant l'échange des sœurs, parce qu'ils peuvent ainsi plus aisément traduire un système dans le langage d'un autre avec lequel ils sont déjà familiers. En fait, des publications subséquentes reviennent à la vue plus juste d'un système quadripartite dont les catégories constitutives sont unies entre elles par une règle d'échange généralisé. Et la thèse selon laquelle l'exogamie ne serait pas obligatoire entre ces semi-moitiés ne tient pas, quand on se reporte aux diagrammes de Warner où l'on constate que chaque semi-moitié nouvelle recouvre en fait deux lignées anciennes situées de part et d'autre de celle d'Ego, l'une « vraie », l'autre « reflet » selon l'interprétation que nous avions nous-même avancée, de sorte que, deux lectures étant toujours possibles en raison de ce dédoublement du système terminologique, une lecture dans un sens ne contredit pas, mais traduit en termes différents la lecture qu'on peut aussi bien faire dans l'autre sens[1].

Que reste-t-il donc de ces apports dont on ne méconnaîtra pas l'intérêt non plus, d'ailleurs, que le talent et l'ingéniosité théorique de leurs auteurs ? Essentiellement, semble-t-il, que le droit d'accorder une épouse (ou, parfois, en Australie, une belle-mère) n'appartient pas au père ou au frère de la femme en question, mais à un ascendant maternel : dans le cas de l'épouse, mère de la mère ou frère de celle-ci. Mais s'agit-il là d'une nouveauté, et d'un caractère distinctif des sociétés australiennes qui, comme on l'affirme de façon bien légère, serait inconnu en Asie du Sud-Est et dans le reste du monde ? Dès 1949, nous faisions remarquer qu'en signalant l'intervention de l'oncle maternel au mariage, les observateurs se souciaient rarement de préciser s'il s'agissait de l'oncle maternel du fiancé ou de la fiancée. Parfois les deux, sans doute. Mais, dans tout le secteur asiatique, il semble bien que la prééminence, sinon la participation exclusive, appartient au second. C'est ainsi, disions-nous, qu'en Inde, sur soixante-sept groupes où l'oncle maternel intervient au mariage, il est nettement indiqué pour trente-deux par les sources que ce rôle incombe à l'oncle maternel de la fiancée, et la proportion doit être encore plus forte puisque, dans la majorité des cas restants,

---

1. Cette discussion prenait pour point de départ quatre articles de M. Warren Shapiro : « Relational Affiliation in "Unilineal" Descent Systems », *Man*, n.s., vol. 2, n° 3, 1967 ; « The Exchange of Sister's Daughter's Daughters in Northeast Arnhem Land », *Southwestern Journal of Anthropology*, vol. 24, n° 4, 1968 ; « Semi-moiety organisation and mother-in-law bestowal in northern Arnhem Land », *Man*, n.s., vol. 4, n° 4, 1969 ; « Asymmetric Marriage in Australia and Southeast Asia », *Bijdragen tot de taal-, land- en Volkenkunde*, n° 125, 1969.

l'identité de l'oncle n'est pas précisée (*Structures*, 2ᵉ éd., p. 503-504). Aussi bien chez les Lakher, les Lushai, les Kohlen, les Rengma Naga que chez les Katchin, l'oncle maternel de la fiancée reçoit une partie ou l'intégralité du prix du mariage, et cette primauté des représentants de la lignée maternelle est renforcée du fait que chez les Katchin et les Haka Chin, les parents de la fiancée s'abstiennent de participer à la cérémonie du mariage ; la jeune femme est assistée par la lignée maternelle, l'oncle et sa femme recevant une partie considérable du prix (*ibid.*, p. 301-302, 348-353). A l'autre extrémité du continent asiatique, des faits du même type ont été relevés chez les Gilyak et chez les Gold (*ibid.*, p. 346-350).

Les anciens auteurs auxquels on est redevable de ces observations n'hésitaient guère pour les interpréter : chez des peuples actuellement patrilinéaires, il s'agissait, selon eux, d'une survivance de la filiation matrilinéaire. Hypothèse aujourd'hui démodée, mais singulièrement proche de celle que propose aujourd'hui une certaine avant-garde qui invoque, sinon une survivance, en tout cas une prépondérance des lignées matrilinéaires. Frappé, au contraire, par la fréquence d'une situation dont les faits récemment signalés pour l'Australie fournissent utilement des exemples supplémentaires, nous suggérions d'y voir un grand phénomène structural dont il est seulement possible de rendre compte en termes généraux : « Bien que, dans un système d'échange généralisé, A soit débiteur exclusivement envers B dont il reçoit ses épouses, et, pour la même raison, B envers C, C envers n, et n envers A, à l'occasion de chaque mariage tout se passe comme si B avait aussi une créance directe sur n, C sur A, n sur B et A sur C » (*ibid.*, p. 352). Or, l'interprétation que nous avancions (*ibid.*, p. 355-356) présente, sur le retour aux vieilles hypothèses matrilinéaires, l'avantage d'intégrer le rôle symétrique dévolu à la sœur du père du fiancé : les deux acteurs sont ceux qui, en l'absence d'une règle de mariage asymétrique, auraient au mariage du neveu de l'une et de la nièce de l'autre un intérêt non plus indirect, mais direct. On est donc ici en présence d'une « limite interne de l'échange généralisé » (c'était le titre de notre chapitre XVIII) dont, par ce moyen, les cycles d'échange conçus en fonction des lignées patrilinéaires et qui risquent de se distendre, se trouvent, en quelque sorte, court-circuités (*ibid.*, p. 356, 503-504).

Ce n'est d'ailleurs pas le seul cas où des interprétations qui se veulent novatrices ne font que revenir à des solutions anciennes et, aurait-on cru, dépassées. Depuis 1930 environ, tous les spécialistes de l'Australie ont dit et répété que les sections et les sous-sections relevaient d'un découpage de l'univers naturel et social en catégories, et n'intervenaient pas au premier chef dans la réglementation des mariages, celle-ci se fondant essentiellement sur des considérations généalogiques. Or, voici qu'on propose les sections et sous-sections comme base universelle de cette réglementation en Australie, sous la forme d'un système global destiné, dit-on, à éviter ou à limiter la concurrence matrimoniale entre hommes relevant de générations consécutives. On s'abstient seulement de se demander pourquoi les anciens de la tribu auraient conçu de telles règles si, dans des sociétés aussi gérontocratiques, leur objectif principal était de s'emparer des jeunes femmes au détriment de leurs fils et petits-fils ; et surtout pourquoi, à les supposer ainsi conçus, ces systèmes se montreraient inopérants pour aboutir au résultat indiqué. Plutôt que de livrer la théorie ethnologique à ces caprices, nous préférons nous en tenir à la conception nuancée qui a toujours été la nôtre sur le rôle des sections et des sous-sections : code sans doute simplifié, plus facile à utiliser quand se posent des questions d'équivalence entre plusieurs dialectes ou langues mais qui, s'il doit remplir sa fonction, ne peut pas non plus contredire le codage plus complexe qui s'exprime à travers, dans, et par le système de parenté.

III

ÉTAT ACTUEL DES ÉTUDES BORORO
(année 1972-1973)

Le cours du *mardi* fut consacré au système de parenté bororo. Nous avons mené cette étude en utilisant et en discutant des publications récentes : les deux volumes de l'*Encyclopédia bororo*, plusieurs articles de M. J.-C. Crocker, et un important travail inédit de M. Zarko D. Levak dont l'auteur a bien voulu nous donner communication. Il ressort de tous ces documents que la terminologie de parenté bororo, réduite à environ quatorze termes, offre bien l'extrême simplicité que mettait en évidence, il y a près d'un siècle, l'enquête de von den Steinen. Toutefois, cette pauvreté de la terminologie se trouve compensée par l'emploi de deux qualificatifs, seuls ou ensemble, qui modifient le sens des termes de base d'une manière qui reste obscure en dépit des efforts dépensés pour l'élucider. De plus, une analyse comparative de tous les plans de village dont on dispose fait apparaître certaines anomalies dans la distribution des clans de la moitié sud, où un même clan, et parfois deux, occupent des huttes séparées par celles d'autres clans ; or ces anomalies semblent offrir dans leur principe un caractère constant.

Le système de parenté se signale par une terminologie consécutive, appliquée aux hommes ou aux femmes d'une même lignée matrilinéaire sans égard à leur niveau de génération. De tels systèmes sont bien connus par ailleurs et on peut les interpréter de deux façons : soit comme des systèmes katchin, dont celui des Bororo offrirait alors l'image en miroir à cause de la descendance matrilinéaire qui est la règle chez ces Indiens, soit comme des systèmes crow-omaha ; compte tenu de la règle de descendance, il s'agirait alors d'un système crow. Les deux types ont été assimilés à tort par Lounsbury, mais, dans le cas des Bororo, chaque interprétation soulève de prime abord plusieurs difficultés. Si le système est conforme au modèle katchin, la préférence pour le mariage avec la cousine croisée patrilatérale, attestée par les enquêtes ethnographiques et par l'analyse minutieuse des généalogies mythiques à laquelle nous nous sommes livré, devient incompréhensible, car, dans un tel système, la cousine croisée matrilatérale devrait être préférée. Si le système est conforme au modèle crow, c'est le fait du mariage des cousins croisés, quel que soit le type préféré, qui pose un problème, le propre des systèmes crow-omaha étant d'exclure toute possibilité de mariage entre les cousins, au moins dans le premier degré. Ce n'est pas tout : le traitement du système bororo comme système crow exige des règles de réduction beaucoup plus nombreuses que celles normalement requises pour ramener les catégories dénotées par le même terme à des positions généalogiques simples, dont les premières seraient dérivées par extensions successives.

A ces difficultés s'en ajoutent d'autres, car la division du village bororo en moitiés exogamiques devrait normalement entraîner le mariage préférentiel entre cousins croisés bilatéraux, alors que, comme on l'a montré, une préférence pour la cousine patrilatérale est si nettement affirmée que, dans les généalogies mythiques, on n'a pu relever aucun exemple de l'autre type. Par leur emploi réciproque, certains termes, ainsi celui de *iorubadare*, rappellent seuls la division en moitiés. Mais ces termes, qui sont en désaccord avec le double caractère consécutif et asymétrique du système, pourraient se situer sur un autre plan que les autres et traduire des relations d'un ordre qu'on appellerait volontiers politico-juridique ; ils seraient donc extérieurs au système de parenté proprement dit. En fait, chez les Bororo, les alliances matrimoniales se concluent dans le cadre d'alliances plus générales : l'alliance sociale préexiste et survit aux liens matrimoniaux. En raison de l'orientation patrilatérale de ceux-ci, chaque mariage particulier institue entre les lignées une inégalité et une asymétrie qui s'inscrivent au sein d'un réseau plus général de relations égalitaires et symétriques, exprimables seulement au niveau des moitiés. Ces contradictions internes expliquent peut-être celles qu'on relève entre les enquêteurs qui, en décrivant les rites d'imposition du nom et ceux de l'initiation, intervertissent parfois les rôles respectivement attribués aux lignées matrilinéaires du père et du frère de la mère.

L'organisation sociale des Bororo et leur système de parenté confrontent donc à un véritable empilage d'énigmes. Pour tenter de les résoudre, on s'est d'abord tourné vers la mythologie qui, chez les Bororo, prend souvent l'aspect de traditions légendaires. Or, comme l'a bien vu Crocker, ces mythes éclairent moins les contradictions sociales qu'ils ne les reflètent : tantôt ils font descendre les clans d'êtres dissemblables, provenant de régions différentes et qui tirent eux-mêmes leur origine d'espèces animales farouchement antagonistes ; tantôt, au contraire, les ancêtres fondateurs des clans et des lignées sont la progéniture commune et pacifique d'un homme, seul survivant du déluge, et d'une femelle de cervidé. L'accent est donc mis alternativement sur la spécificité des segments sociaux et sur leur identité. Par ailleurs, nous avons prêté une attention particulière aux mythes qui prétendent expliquer comment certains privilèges ou prérogatives furent d'abord âprement disputés entre clans ou sous-clans, puis, au terme de négociations, partagés selon le principe que la propriété mystique reconnue à un segment social implique, pour un autre segment dans la moitié alterne, un droit corrélatif à l'exercice du même droit. Toute la mythologie tourne ainsi autour de la recherche d'un équilibre difficile entre les deux principes contradictoires de l'équivalence et de l'inégalité.

Ces récits, on l'a dit, procurent souvent l'impression d'une histoire à peine remaniée pour lui donner des couleurs fabuleuses. Il était donc opportun de se tourner vers l'étude comparative des conditions sociales prévalentes chez les Bororo d'une part, d'autre part chez les diverses populations de la famille linguistique gé qui sont voisines des Bororo au nord et à l'est, et avec la culture desquelles celle des Bororo offre des points communs, suggérant des contacts anciens et peut-être une même origine. Il y a une vingtaine d'années, nous avions d'ailleurs relevé entre le système de parenté et les règles de mariage de l'une d'elles, les Sherenté, des contradictions comparables à celles que, dans ces leçons, nous mettions en évidence chez les Bororo.

Nous fondant sur nos anciens travaux et sur les enquêtes récentes de M. Maybury-Lewis, des PP. Giaccaria et A. Heide chez les Shavanté, ainsi que, pour les Kayapo, sur celles de Mme Dreyfus-Gamelon et l'important ouvrage inédit de M. T.S. Turner, à la complaisance duquel nous devons de posséder une copie du dactylogramme, nous avons été conduit à deux ordres de considérations. En premier lieu, et quelles que soient les réserves que l'on puisse faire sur l'assimilation du système de parenté shavanté à un système de type dakota, il est frappant que ces Indiens, dont la terminologie de parenté repose sur une distinction fondamentale entre parents et alliés, n'aient pourtant pas une règle de mariage congruente avec cette distinction, qui place normalement les germains et les cousins parallèles d'une part, les cousins croisés d'autre part, dans des catégories séparées. Or, les Shavanté interdisent l'échange des sœurs ; ils n'ont donc que des cousines croisées unilatérales, exclues, semble-t-il, du nombre des conjoints préférés. Leur système offre ainsi un caractère paradoxal comme celui des Bororo, bien que le paradoxe prenne ici et là des formes inversées.

En second lieu, tous les enquêteurs qui ont récemment travaillé chez les Gé sont d'accord pour souligner que, dans la vie sociale de ces tribus, les liens de parenté jouent un moins grand rôle que les conflits politiques entre les factions. Comme chez les Bororo, on note dans les tribus gé une grande indifférence pour les généalogies. Mais, à l'inverse de ce qui se passe chez les Gé, ces conflits sont remarquablement absents de la société bororo, ou, plus exactement, tout se passe comme s'ils avaient été intériorisés par chaque clan et se déroulaient, de façon d'ailleurs très atténuée, entre leurs lignées respectives. Dans ces conditions, nous sommes moins tenté d'interpréter le système de parenté bororo comme un système de type katchin que d'y voir, à la suite de Levak, un système de type crow — comme l'est incontestablement celui des Kayapo —, mais profondément altéré par l'instauration de liens réciproques entre clans, sous-clans et lignées relevant de moitiés opposées. Ces liens réciproques, dont les alliances matrimoniales n'illustrent qu'un aspect, et sans doute pas le plus important, auraient pu résulter d'une réforme ou d'un ensemble de réformes instituées par ce qu'il faut bien appeler des législateurs, pour mettre fin à un factionnalisme dont les tribus gé n'ont pas aussi bien su se délivrer, et dont le premier groupe de mythes bororo évoqué plus haut préserverait la mémoire. On comprendrait alors comment il se fait que, chez ces Indiens, les règles de mariage soient en contradiction si manifeste avec celles que la terminologie de parenté semble annoncer.

Si cette hypothèse était fondée, il s'ensuivrait que les Bororo offrent l'exemple d'une société dite « primitive » mue par des préoccupations proprement politiques que certains de leurs mythes, d'un type très singulier, reflètent en illustrant le fantasme d'une identité totale entre des individus ou des groupes, ou encore entre le groupe des morts et celui des vivants. Démentant les prévisions d'un évolutionnisme naïf, les Bororo auraient, en effet, pour résoudre un problème d'ordre politique, renoncé à une structure de parenté complexe, encore attestée par la terminologie, au profit d'une structure élémentaire appelée désormais à régir leur pratique sociale.

CINQUIÈME PARTIE

CLAN, LIGNÉE, MAISON

I
LA NOTION DE MAISON
(année 1976-1977)

On connaît en divers points du monde des sociétés formées d'unités qui ne se laissent définir ni comme des familles, ni comme des clans ou des lignées. L'objet du cours de cette année fut de montrer que, pour les comprendre, il faut introduire dans la nomenclature ethnologique la notion de maison (au sens où l'on parle de « maison noble »), et donc qu'un type de structure sociale, réservé jusqu'à présent aux sociétés complexes, trouve aussi son champ d'application dans l'étude des sociétés sans écriture.

Les Indiens Kwakiutl de la Colombie britannique ont fourni un premier exemple. A l'époque où commença leur étude — c'est-à-dire à la fin du XIXe siècle —, on a cru d'abord qu'ils étaient en train d'évoluer d'un régime matrilinéaire vers un régime patrilinéaire. Puis, sur la base d'informations plus complètes, on adopta l'hypothèse inverse. Aujourd'hui, la plupart des ethnologues attribuent aux Kwakiutl un régime de descendance indifférencié, ce qui n'est pas satisfaisant non plus car certains traits de leur organisation sociale sont franchement patrilinéaires, d'autres ont une coloration matrilinéaire, mais, par ailleurs, sans que ces principes aient des champs nettement marqués permettant de ranger les Kwakiutl au nombre des sociétés à descendance bilatérale.

Quant aux populations côtières voisines en direction du nord, un régime de descendance franchement matrilinéaire ne les empêche pas d'avoir des institutions du même type. Des considérations restreintes aux règles de filiation et de descendance sont donc inopérantes pour les expliquer.

Le cas des Yurok de la Californie renforce cette conclusion négative, et il suggère aussi une réponse aux questions posées. En effet, les Yurok sont apparus aux observateurs comme dépourvus d'une règle de descendance bien tranchée, de gouvernement, d'autorité et même d'organisation sociale. Mais c'est que, chez eux, les maisons — ainsi dénommées dans leur langue — tenues par les ethnologues pour de simples édifices, sont des sujets véritables de droits et de devoirs. La maison yurok ne se réduit pas à une demeure. Ses occupants héréditaires, agnats ou cognats, auxquels s'agrègent des parents plus éloignés, des alliés, parfois des clients, exercent leur contrôle sur des biens matériels et immatériels. On a donc fait fausse route en décrivant exclusivement l'organisation sociale des Yurok en fonction des traits qui lui manquent, et en concluant à son inexistence pratique. C'est faute d'avoir disposé de la notion de maison : personne morale détentrice d'un domaine, qui se perpétue par transmission de son nom, de sa fortune et de ses titres en ligne réelle ou fictive, tenue pour légitime à la seule condition que cette continuité puisse s'exprimer dans le langage de la parenté ou de l'alliance, et, le plus souvent, des deux ensemble.

Or, en Europe et dans d'autres parties du monde, les maisons médiévales présentent exactement les mêmes caractères. Elles aussi se définissent d'abord par la possession d'un domaine composé de richesses matérielles et immatérielles — les « honneurs » — et au nombre desquelles figurent même des trésors d'origine surnaturelle. Pour se perpétuer, les maisons font largement appel à la parenté fictive, qu'il s'agisse de l'alliance ou de l'adoption. A défaut d'héritiers mâles, et parfois concurremment avec eux, les sœurs et les filles peuvent assurer la transmission des titres soit de plein droit, soit en faisant, comme on disait alors « le pont et la planche » ; ainsi que c'est la règle chez les Kwakiutl, elles transmettent alors à leurs enfants des prérogatives que ceux-ci tiennent, par son intermédiaire, de leur grand-père maternel. D'où, peut-être, dans des régimes ostensiblement patrilinéaires, la place importante souvent faite au matronyme.

Enfin, dans toutes les sociétés « à maisons », on observe des tensions et parfois des conflits entre des principes antagonistes, ou qui sont ailleurs mutuellement exclusifs : filiation et résidence, exogamie et endogamie, et, pour employer une terminologie médiévale mais qui s'applique parfaitement aux autres cas, droit de la race et droit de l'élection.

Pour conclure, on s'est interrogé sur les caractères communs de la structure sociale propres à expliquer cette récurrence des mêmes institutions chez des peuples fort éloignés dans le temps et dans l'espace. Il a semblé qu'ils trouvent leur origine dans un état de la structure où les intérêts politiques et économiques tendant à envahir le champ social ne disposent pas encore d'un langage distinct, et, contraints de s'exprimer dans le seul disponible qui est celui de la parenté, doivent inévitablement le subvertir.

Le cours se poursuivra l'année prochaine. Les thèmes traités au cours de cette année seront repris sous forme d'article[1].

---

1. Devenu le chapitre II de la deuxième partie, *La Voie des masques*, nouvelle édition revue et augmentée, Paris, Plon, 1979.

II

CONSIDÉRATIONS SUR L'INDONÉSIE
(année 1977-1978)

On a poursuivi cette année l'enquête commencée en 1976-1977 sur les sociétés dites cognatiques en considérant une région du monde : l'Indonésie, où ce mode de filiation semble très répandu, raison pour laquelle les ethnologues lui ont récemment consacré beaucoup d'attention. Or, du fait que ces discussions se sont déroulées et ont été publiées surtout en langue anglaise, des problèmes terminologiques ont surgi, souvent déconcertants pour les chercheurs et analystes d'autres pays, et la première tâche fut donc d'essayer de les résoudre.

Il fallait d'abord tirer au clair ce que les ethnologues anglo-saxons entendent par *corporate groups,* locution pour laquelle des équivalents fantaisistes ont été proposés. Nul doute, cependant, qu'il ne s'agisse de ce que nous-même appelons des groupes dotés de la personnalité morale ou de la personnalité civile. Comment, alors, expliquer la perplexité de nombreux ethnologues français ? Elle est due, nous semble-t-il, à deux raisons.

En premier lieu et comme il ressort des ouvrages de Maine, la pensée juridique anglaise tient la *corporation aggregate* pour seule vraie, la *corporation sole* n'étant, en revanche, qu'une fiction. Or, la perspective inverse prévaut en France, puisque c'est seulement par artifice qu'on peut reconnaître à une collectivité d'individus les attributs juridiques de la personne. Comme disait déjà le droit romain, « personae vice funguntur ». Mais les *corporate groups* ont pris naissance et se sont développés en Angleterre sous la forme des bourgs, comme des institutions de droit coutumier ; et il était plus facile d'en étendre la notion à des sociétés sans écriture, dépourvues de règles juridiques formalisées, que d'appliquer à ces sociétés la notion de personne morale, qui relève du droit écrit.

En second lieu, les ethnologues de langue anglaise disposent, pour éluder la distinction entre le droit et les mœurs, d'un outil conceptuel connoté par l'adjectif *jural,* « terme commode mais vague, convient Firth, pour couvrir une mixture de loi et de moralité », et pour lequel nous n'avons pas d'équivalent. Peut-être faut-il s'en féliciter, car le flou du terme *jural* encourage toutes sortes d'abus, opposé qu'il est tantôt à « légal » — mais venant alors se confondre avec les notions de contrainte morale, ou coutumière —, tantôt, au contraire, à « moral » — mais alors, cette dernière catégorie se trouve rejetée dans le domaine de la conscience individuelle et du sens intime, comme si, aux yeux de l'ethnologue et du sociologue, pouvaient exister des valeurs morales exemptes de sanctions collectives, même diffuses.

Les équivoques inhérentes au terme *jural* ont engendré, chez les ethnologues anglais et américains, deux conséquences : tantôt, comme chez Fortes, une définition tautologique du *corporate group,* car, en rejetant successivement les critères de filiation, de résidence et de propriété pour ne retenir que celui d'un groupe sujet de droits et d'obligations, on ne dit rien, traduit en français, sinon qu'une personne morale est une personne morale ; tantôt, chez certains ethnologues américains, une méconnaissance du caractère juridique originel de la notion, avec pour résultat la liberté qu'on prend de la mettre, si l'on peut dire, « à toutes les sauces », en l'appliquant à n'importe quelle façon de découper la réalité sociale, sans se soucier de savoir si les découpages arbitrairement choisis font ou non l'objet d'une reconnaissance publique.

Après ces mises en garde, on a relevé les incertitudes actuelles de la théorie ethnologique qui recherche, semble-t-il vainement, le principe organisateur des sociétés cognatiques soit dans la filiation, soit dans la propriété, soit dans la résidence. En se fondant principalement sur les travaux de Freeman, d'Appell, de Sather et de King, on a observé qu'à Borneo, la société Iban repose sur une division en familles, chacune dotée à titre perpétuel de la personnalité civile, mais que, chez les Rungus, des unités sociales analogues perdent le caractère de perpétuité, tandis que, chez les Bajau Laut, ce sont tous les attributs de la personnalité civile qui s'effacent. Pour trouver le fondement de l'ordre social, on est donc contraint de passer successivement des rapports de parenté et de descendance aux rapports de propriété, puis, en l'absence d'une règle de succession perpétuelle à un office ou à un domaine héréditaires, à des rapports de résidence en majeure partie contingents. De façon corrélative, la perspective théorique se modifie ; car si la famille *bilek* des Iban, la famille *nongkob* des Rungus apparaissent encore comme des groupes réels, autorisant donc une approche « substantiviste », cette approche ne peut plus être que « formaliste » dans le cas des Bajau Laut où seul le type des groupements reste constant, mais non leur contenu variable et leur durée, toujours brève.

Avec l'élargissement du champ des enquêtes, on assiste donc à la dissolution progressive de la notion de groupes constitutifs de l'ordre social, considérés comme personnes civiles. Mais, en même temps que se dissolvent aussi les critères successifs de filiation, de propriété ou de résidence auxquels on avait eu recours, un critère inaperçu émerge : celui de l'alliance, car il ressort des faits que, tant à Borneo qu'à Java, le couple conjugal forme le véritable noyau de la famille et, plus généralement, de la parentèle. Or, ce rôle central de l'alliance se manifeste sous deux aspects : comme principe d'unité, pour étayer un type de structure sociale que, depuis l'an dernier, nous avons convenu d'appeler « maison » ; et comme principe d'antagonisme, puisque, dans les cas considérés, chaque nouvelle alliance provoque une tension entre les familles, au sujet de la résidence — viri- ou uxorilocale — du nouveau couple, et donc de celle des deux familles qu'il aura la charge de perpétuer. On sait que, chez les Iban, mais aussi ailleurs, cette tension s'exprime dans et par un mode de descendance que Freeman appelle « utrolatéral », c'est-à-dire l'incorporation des enfants à la famille dans laquelle au moment de leur naissance, leurs deux parents ont choisi de résider, par libre décision et aussi en réponse aux pressions venues de l'un et de l'autre côté. Les ethnologues se sont donc trompés en cherchant, pour ce type d'institution, un substrat qu'ils ont demandé tantôt à la descendance, tantôt à la propriété, tantôt à la résidence de leur fournir. Nous croyons, au contraire, qu'il faut passer de l'idée d'un *substrat objectif* à celle de *l'objectivation d'un rapport* : rapport instable d'alliance, que, comme institution, la maison a pour rôle d'immobiliser, fût-ce sous une forme fantasmatique.

On pourrait, en effet, transposer à la maison la notion de fétichisme, telle que Marx l'appliqua à la marchandise : pour la pensée marxiste, la valeur d'échange se trouve fétichisée sous forme de marchandise, comme propriété intrinsèque d'une relation qui, en tant que relation, ne peut être le substrat de tel ou tel attribut. Or, dans des sociétés que Marx aurait appelées « précapitalistes », l'infrastructure socio-économique reçoit son expression la mieux articulée dans les systèmes de descendance unilinéaires, lesquels consistent en rapports sociaux entre des groupes et des personnes remplissant les uns vis-à-vis des autres, de manière stable ou passagère, les fonctions de donneurs ou de preneurs de femmes : soit, si l'on nous passe cette approximation, un rapport, non de producteurs, mais de reproducteurs... Que, dans des configurations sociales particulières, et dont il faudra cerner les contours, ce rapport devienne *tendu,* il sera perçu comme une chose et s'objectivera dans la maison, institution spécifique qui mérite une place dans la nomenclature, car elle ne doit d'exister ni à la filiation, ni à la propriété, ni à la résidence prises chacune en soi, mais en tant que projection d'un rapport susceptible de se manifester sous l'une de ces formes illusoires ou sous plusieurs.

Restent alors à repérer, dans l'aire géographique considérée, des exemples concrets de la maison comme fétiche, et à découvrir le nœud structural à partir duquel s'engendre cette représentation. Les Karo Batak de Sumatra et les Atoni de Timor illustrent deux cas particulièrement significatifs, car chez eux, surtout chez les seconds, par son riche décor, son architecture compliquée, le symbolisme qui s'attache à chaque élément du gros œuvre, à la distribution du mobilier et à la répartition des habitants, la demeure constitue un véritable microcosme qui reflète, jusque dans les moindres détails, une image de l'univers et tout le système des rapports sociaux. Les Karo Batak offrent l'intérêt supplémentaire d'avoir fait l'objet d'une monographie récente due à

M. Singarimbun, lui-même membre de cette population et donc capable de l'étudier du dedans.

Privilégiée à certains égards, cette appartenance de l'observateur à la société qu'il décrit ne l'est pas toujours à d'autres, car le modèle d'une société élaboré par un de ses membres n'est pas nécessairement plus véridique que celui d'un observateur étranger. Ainsi, M. Singarimbun ne tient pas compte d'observations anciennes dues à des auteurs néerlandais qui donnent des institutions karo batak une image assez différente, parfois, de l'état où elles subsistaient après l'occupation japonaise et l'accession de l'Indonésie à l'indépendance. De plus, M. Singarimbun s'acharne sur un faux problème en voulant contester le modèle dit «katchin-gilyak» à partir des faits batak. Car, s'il est vrai que, dans les deux cas, la terminologie de l'alliance distingue entre les «donneurs» et les «preneurs» de femmes, et que la cousine croisée matrilatérale figure au nombre des conjoints préférés, il suffit d'examiner le vocabulaire de parenté pour constater qu'organisé chez les Karo Batak en niveaux horizontaux de générations, et donc dépourvu de l'obliquité caractéristique des premiers systèmes (où les mêmes termes s'appliquent aux membres de générations consécutives), ce vocabulaire signale un tout autre type de société. On se saurait donc l'invoquer pour tenter de battre en brèche une interprétation attribuée, de manière d'ailleurs excessivement simpliste, à divers auteurs dont nous-même qui avions en vue des sociétés différentes.

Pour le problème qui nous occupait cette année, l'intérêt principal du cas karo batak tient à la contradiction qui apparaît entre le système des alliances matrimoniales d'une part, et les règles politiques et résidentielles de l'autre. Sous le premier rapport, les «donneurs» sont supérieurs aux «preneurs», et l'alliance offre donc un caractère hypogamique. En revanche, la fondation d'un village requiert toujours la participation, aux côtés d'un lignage dominant ou dirigeant *(ruling lineage)*, de ses preneurs et de ses donneurs qui, au moins sous ce rapport, occupent vis-à-vis de lui une position subordonnée. Or, la maison coutumière des Karo Batak, qui logeait idéalement quatre, six ou huit familles dans des appartements juxtaposés, reflète cette contradiction en même temps que son plan semble conçu pour la résoudre ou la masquer : la famille du lignage dominant occupe l'appartement dit « de la base », et sa famille « preneuse » un appartement contigu ; la famille « donneuse » occupe, elle, l'appartement dit « du sommet », inférieur en tant que tel (car la base est plus large et plus forte) mais favorisé parce que situé du côté de l'orient d'où vient la fraîcheur matinale, plus amicale envers les habitants que la chaleur lourde de l'après-midi qui a une connotation négative, et à laquelle la famille dominante fait face pour en protéger les autres appartements.

De plus, si les preneurs sont inférieurs aux donneurs, la femme karo batak est inférieure à son frère, et, au moment du mariage, elle se trouve incorporée à la famille de son mari qui, ent tant que « preneuse » de femme, est elle-même inférieure à celle dont la femme est issue. Autrement dit, une relation agnatique au départ — entre germains de sexes opposés — se transforme en relation d'alliance, car, dès son mariage, vis-à-vis de sa famille d'origine, la femme devient une alliée ; ou, à tout le moins, le nouveau couple conjugal articule deux familles agnatiques : celle de la femme et celle du mari. Dans ce cas aussi, par conséquent, le centre de gravité du système se déplace de la consanguinité à l'alliance.

Une situation analogue prévaut chez les Atoni de Timor, avec cette nuance supplémentaire bien mise en évidence par les travaux de Schulte Nordholdt et de Cunningham, que la contradiction entre les rangs inégaux des preneurs et des donneurs, d'une part, et, d'autre part, leur subordination identique au lignage dominant dans l'ordre politique et rituel, trouve son exact équivalent avec la contradiction qui, à l'intérieur de la maison ou du village, subordonne le « dedans » féminin au « dehors » masculin, et, en même temps, la « périphérie » au « centre » ; et cela, bien que la périphérie corresponde à l'extérieur (dehors), et le centre à l'intérieur (dedans). Dans ce cas aussi, il serait vain, pour comprendre la nature et l'origine de ces contradictions, de choisir le groupe généalogique pour point de départ et d'y rechercher un quelconque principe de l'ordre social. On ne résoudra pas le problème en se tournant, comme on l'a fait, vers la localisation territoriale. Car celle-ci n'est pas non plus une donnée première, mais la projection spatiale du rapport entre deux groupes, pour établir une unité d'autant plus fictive que la maison — comme les Iban se plaisent à le dire — peut rassembler même des ennemis. Il s'agit, en effet, dans les sociétés « à maisons », d'hypostasier l'opposition des preneurs et des donneurs sous l'apparence de l'unité retrouvée. C'est donc aussi l'opposition de la filiation et de l'alliance qu'il faut transcender ; comme on l'a montré l'an dernier, dans de tels systèmes elles s'équivalent. L'exemple des Atoni le confirme puisque, chez eux, l'oncle maternel peut revendiquer un neveu pour perpétuer son nom : en cédant une de ses femmes, le groupe récupère un héritier, et tout se passe comme si la femme l'avait procréé dans son groupe d'origine sans l'intervention d'alliés.

On a terminé par quelques remarques sur la société balinaise, d'après les anciens travaux néerlandais et les observations plus récentes de Belo, Bateson, Mead, H. et C. Geertz, Boon. Particulièrement révélateur nous a paru être l'embarras de M. et Mme Geertz devant l'institution dite à Bali *dadia*. Quand ils l'observent en milieu noble, le mot « maison » vient spontanément et avec raison sous leur plume ; mais, en milieu villageois, ils ne savent plus quelle définition choisir, et hésitent sans conclure entre le lignage, la caste, l'association cultuelle et la faction. « Un peu de tout cela, et même parfois un parti politique », remarque finement Boon. Le propre de la maison, telle que les historiens de l'ancienne Europe la décrivent, n'est-il pas de rassembler tous ces aspects ? Et les maisons ne naissent-elles pas aussi et s'éteignent ? Pour comprendre la nature du *dadia* villageois, il suffirait, sans doute, de recouper les données de l'ethnographie par ces autres expériences sociales que les enquêteurs sur le terrain savent trop rarement reconnaître dans les faits qu'ils observent, parce qu'il leur faudrait chercher les premières en dehors des monographies ethnologiques : dans les ouvrages des historiens.

A l'école de ceux-ci, ils apprendraient pourtant qu'au Moyen Age, des formations plus ou moins durables, et hétéroclites par nature et par origine — communes, associations commerciales ou religieuses, gildes, confréries, etc. — purent, à certains moments, acquérir une indépendance et une autonomie comparables à celles dont jouissaient les fiefs ; qu'une commune ne comprenait parfois qu'une minorité des habitants de la ville ; que le pouvoir y était tantôt exercé par l'assemblée de tous les habitants, tantôt restait aux mains de quelques puissants lignages ; que la solidarité familiale fournissait un modèle, même fictif, à des associations telles que les gildes, dont les fonctions furent d'abord religieuses avant de devenir aussi, ou surtout, économiques ; enfin, que la communauté populaire put entrer occasionnellement dans la hiérarchie féodale. En dépit, ou plutôt à cause de leur hétérogénéité, tous ces traits s'appliquent parfaitement au *dadia,* mais ils n'ont pu converger vers des types de formations sociales compatibles avec la maison féodale que parce que celle-ci les incluait déjà, avec ses *sacra,* son arbre généalogique, son esprit de caste, ses intérêts économiques et politiques... Parti de la maison féodale au début du cours de 1976-1977, c'est donc elle que nous retrouvions comme pôle de référence en concluant les leçons de cette année, deuxième étape d'une enquête qui continuera l'an prochain.

III

LES PROBLÈMES DE LA MÉLANÉSIE
(année 1978-1979)

Dans le cours du *mardi,* tout entier consacré à la Mélanésie, on a recherché si cette partie du monde connaît des formes institutionnelles du type de la « maison », ou qui lui correspondent en ce sens qu'elles résultent de la parenté cognatique, ou encore du conflit entre deux modes concurrents de descendance et donc de la nécessité de donner à l'ordre social un fondement autre que généalogique, d'échapper à la réalité ou au mythe des « liens du sang » au profit de la résidence ou de tel ou tel mode de détermination du statut.

Non que la « maison » proprement dite n'existe pas en Nouvelle-Guinée et dans les îles avoisinantes ; plusieurs populations comprennent des sous-groupes dont les membres vivent rassemblés dans des demeures parfois très vastes en dépit de la précarité des matériaux, et offrant une structure complexe qui reflète et symbolise tous les aspects de l'organisation sociale et politique. Mais cette représentation des liens sociaux sous forme matérielle peut prendre aussi d'autres aspects : le « bateau de clan » (Wirz : Numfoor, Biak, Marind-anim, Gogodára, etc.) ; le « grand filet de pêche » (Groves : Motu) ; ou, cette fois par métaphore, le « bouclier » (Panoff : Maenge)... En général, ces formations qui s'unissent autour d'une chose réelle ou qui en prennent le nom transcendent, recoupent ou débordent les groupements familiaux et les lignages. Et même quand leur noyau est d'essence lignagère, elles s'intègrent sans difficulté des membres supplémentaires recrutés sur la base de l'alliance matrimoniale, de la parenté cognatique, du patronage économique ou du parrainage politique.

D'où une gamme étendue de nuances institutionnelles qu'on a illustrées par un échantillonnage sommaire composé des Busama et des Toambita (Hogbin), des Siuai (Oliver), du sud-ouest de la Nouvelle-Bretagne (Todd), de Choiseul et Simbo (Scheffler), des Maenge (Panoff) et quelques autres. D'où aussi, la perplexité des observateurs et des analystes devant les structures sociales déconcertantes par leur fluidité, et qu'ils ont essayé d'interpréter de façons diverses. Faut-il attribuer aux peuples de cette partie du monde un don spécial pour l'improvisation (Held)? S'efforcera-t-on, au contraire, de dresser une typologie minutieuse faisant sa place à chaque modalité institutionnelle (Hogbin-Wedgwood)? D'autre part, comment convient-il de résoudre le problème posé par la divergence des systèmes mélanésiens, comparés à des systèmes africains fondés, au moins en apparence, sur des principes différents? Sera-ce en remplaçant la notion de descendance patrilinéaire par celle de « patrifiliation cumulative » (Barnes)? En invoquant la prévalence des stratégies individuelles (Kaberry)? Ou restituera-t-on à la notion de descendance une valeur heuristique, mais en la réduisant au rôle de « concept analytique » (La Fontaine) ou bien en lui gardant une réalité concrète, mais définie par d'autres critères que le seul lien généalogique (Strathern)?

On a abordé ces problèmes à partir d'un exemple, celui de Mae Enga auxquels Meggitt a consacré de nombreuses publications, et qu'il traite comme une société agnatique bien que les lignées patrilinéaires soient bordées par une frange cognatique, plus importante, peut-être (McArthur), qu'on ne le croyait au début. Selon Barnes, il conviendrait d'aller encore plus loin en reconnaissant que, chez les Mae Enga, l'agnation constitue un langage commode pour exprimer les relations sociales sans traduire toujours une réalité objective. Dans cette optique, les sociétés mélanésiennes et les sociétés africaines différeraient à la fois du point de vue de la structure et de celui du recrutement. Analogique dans un cas, la structure serait généalogique dans l'autre; et le recrutement se ferait ici par descendance, et là par filiation.

On a profité de l'occasion ainsi offerte pour reprendre le problème posé par la distinction d'origine anglaise entre ces deux derniers termes. Or, on voit mal ce qu'il y a de plus, ou d'autre, dans la relation du fils au père (qui serait de l'ordre de la filiation) que dans la relation du petit-fils au grand-père (qui, selon la définition de Fortes, serait de l'ordre de la descendance : « *Descent refers to a relation mediated by a parent between himself and an ancestor, defined as any genealogical predecessor of the grandparental or earlier generation* (...) *Filiation is the fact of being the child of a specific parent*»). On a même tenté de montrer que cette thèse implique une contradiction. D'une part, ses défenseurs exigent qu'on oppose les deux notions ; de l'autre (comme il ressort de la distinction subsidiaire, due à Barnes, entre « descendance généalogique » et « descendance analogique ») ils n'admettent au plein sens du terme qu'une descendance résultant de filiations consécutives. Mais, comme disent aussi les Anglais, on ne peut à la fois conserver son gâteau et le manger : prétendre séparer complètement filiation et descendance, tout en restreignant l'acception seule légitime de cette dernière à une succession généalogique de parents.

En somme, on se heurte à une aporie de type éléatique consistant à penser des termes, au lieu de penser des rapports. Parmi ces rapports, les premiers à retenir sont ceux entre la *dominance*, le *statut* et le *pouvoir*. Comme tant d'autres, la société Mae Enga est à dominance masculine en ce sens que des hommes y échangent des femmes ; mais cet aspect n'influe pas sur la règle de descendance, car il se manifeste aussi bien dans des sociétés matrilinéaires que dans des sociétés patrilinéaires. De même pour le statut respectif des preneurs et des donneurs de femmes : le mariage hypogamique ou hypergamique s'accommode de l'une et l'autre règles de descendance. En revanche, quand le pouvoir des preneurs, qu'il ne faut pas confondre avec leur statut (on a donné l'an dernier des exemples indonésiens de preneurs supérieurs en pouvoir, bien qu'inférieurs en statut) l'emporte sur celui des donneurs, la société acquiert un faciès patrilinéaire ou agnatique, un faciès matrilinéaire au cas inverse. Le cognatisme représente un état intermédiaire, où les tensions entre groupes échangistes se trouvent plus ou moins équilibrées. Par conséquent, le cognatisme naît toujours d'une relation, soit que la ligne de clivage passe entre les groupes échangistes, soit que, comme souvent aussi en Nouvelle-Guinée, elle passe entre les sexes et s'exprime sous la forme d'un antagonisme opposant principe masculin et principe féminin.

Dans ce cas particulier comme dans beaucoup d'autres, l'erreur serait de confondre le concept sociologique d'agnation avec des données d'ordre biologique ou même psychologique, car on retomberait alors inévitablement dans les pièges du naturalisme et de l'empirisme. Les recherches de Cook chez les Manga incitent, au contraire, à voir dans les aspects cognatiques des systèmes de la Nouvelle-Guinée une manifestation de propriétés structurales, caractéristiques des nomenclatures de parenté de type dit « iroquois » et qui permettent de transformer automatiquement certaines catégories de non agnats en agnats.

Quand on compare l'organisation sociale des Mae Enga avec celle des Mendi (D'Arcy Ryan) et des Huli (Glasse), on a d'abord l'impression qu'on s'éloigne progressivement d'une structure agnatique pour aboutir dans le dernier cas à une autre, celle-là franchement cognatique. En fait, ce renversement est illusoire. Les travaux de D'Arcy Ryan chez les Mendi mettent en évidence le rôle de la formule agnatique qui, nulle part, ne traduit des réalités d'ordre généalogique (pas même en Afrique, d'ailleurs) mais qui, au moins en Nouvelle-Guinée, fournit une sorte de schème, presque au sens kantien du terme, au moyen duquel une médiation s'opère entre la réalité empirique (qui ne lui correspond pas : les non agnats représentent jusqu'à 50 % des effectifs claniques) et une idéologie patrilinéaire. On ne voit pas que les choses soient très différentes chez les Huli, sauf en degré ; Jackson l'a bien montré dans son analyse critique de la monographie de Glasse. Même chez les Telefolmin (Craig), où n'existent pas de groupes de descendance patrilinéaires, la structure sociale offre une orientation agnatique nettement marquée.

Divers auteurs (Langness, Lepervanche) ont interprété ces formules hybrides, mélanges de cognatisme et d'agnatisme, par la nécessité, dans des sociétés guerrières, de renforcer grâce à des procédés divers (incorporation de cognats, adoption, naturalisation, etc.) l'effectif des hommes en âge de combattre. Mais il s'agit là d'un aspect accessoire plutôt que d'une cause. Dans des sociétés où la dimension du pouvoir coïncide avec celle de la parenté et de l'alliance, la première peut s'exprimer intégralement ou principalement par l'autre. Au contraire, quand un décollage se produit, le langage de la parenté cesse d'être pertinent, et on glisse vers celui de la résidence (qui a un ou plusieurs chefs) et de la rivalité politique. En ce sens, on a prêté une grande attention à la coexistence, dans plusieurs sociétés de la Nouvelle-Guinée, de ce que les médiévistes européens appellent les « noms de race » et les « noms de terre », et à la manière dont, comme en Europe, les premiers peuvent s'effacer derrière les seconds. Cette récurrence d'un même phénomène en des régions très éloignées du monde et à des époques différentes suggère qu'il pourrait s'agir là d'une propriété caractéristique de certains types de sociétés.

Ces sociétés sont, en effet, confrontées au même problème : l'intégration d'un lignage agnatique et d'une parentèle cognatique. Il faut donc créer ou adopter des mécanismes pour mettre automatiquement à distance une partie de la parentèle ; sinon celle-ci s'étendrait indéfiniment au fil des générations, et les agnats seraient vite submergés par la prolifération des non agnats. On peut alors se demander si les procédures décrites par Cook et que nous avons déjà citées, plutôt que de transformer des non agnats en agnats, n'ont pas pour résultat, et peut-être pour but, d'éloigner du noyau agnatique une partie des cognats ? Autrement dit, il s'agirait d'opérer dans la parentèle une sorte de tri, de manière que certains éléments viennent renforcer la lignée agnatique et que d'autres en soient définitivement exclus. Or, c'est bien ce qui semble se produire dans diverses sociétés : Kamano, Usurufa, Jate et Fore (Berndt), Daribi (Wagner), Trobriand (Leach, Weiner). Les Trobriand ne sont pas seuls à appeler « tabou » une certaine catégorie de parents. Cet usage existe aussi en Nouvelle-Guinée et en Australie. A Madagascar, le nom de la fille de la sœur du roi Andriamanelo, Rafotsitahinamanjaka, pourrait signifier « celle qui est interdite ». Le phénomène paraît donc justiciable d'une interprétation plus large que celle avancée par Leach sur la base des seuls faits trobriandais. On a également utilisé un travail récent de Feil qui, à propos des Tombema Enga, met bien en lumière la façon dont des règles inhérentes à la nomenclature (et tout à fait semblables à celles décrites par Cook) facilitent la transformation d'agnats en non agnats, entre lesquels peuvent s'établir des relations cérémonielles d'échange qui seraient impossibles avec les premiers. Comme MacDowell l'a montré pour une population de la rivière Yuat, la notion d'échange jouit, dans ces sociétés, d'une sorte de priorité sur celles de descendance et de filiation.

Avant de revenir sur ce point, il était important de formuler en termes théoriques les problèmes essentiels qu'une revue d'un grand nombre de sociétés néo-guinéennes a permis de dégager. Le premier de ces problèmes touche à la définition des nomenclatures de parenté. Celles de Nouvelle-Guinée se rangent difficilement dans les catégories admises. On hésite souvent pour décider si tel système est de type « hawaiien » ou « iroquois » (voir la controverse entre Pouwer et van der Leeden au sujet des Sarmi), ou si tel autre appartient au type « iroquois » ou « omaha » (Enga, Manga, etc.). Ces incertitudes caractérisent aussi un état ancien des sociétés européennes, et on a pu faire un rapprochement suggestif entre les discussions en cours à propos de la Nouvelle-Guinée, et celles entre Indo-européanistes d'après un mémoire récent de M. Szemerenyi.

Un autre problème concerne la dysharmonie qu'on observe en Nouvelle-Guinée entre les nomenclatures et les règles du mariage. Au risque de trop simplifier, on pourrait presque dire que ce sont les systèmes « omaha » qui s'accompagnent de préférences « iroquois » (Iatmul, *Star Mountains*, Dani, Trobriand, Manus, etc.), et les systèmes « iroquois » de prohibition « omaha ». Mais, chez les Enga et les Melpa, qui offrent une bonne illustration du dernier cas, il est frappant que des échanges matrimoniaux relevant des structures complexes aillent de pair avec des échanges rituels qui, procédant de preneurs de femmes à donneurs et remontant ensuite la chaîne dans l'autre sens, relèvent, eux, de structures qu'on peut qualifier d'élémentaires : il s'agit, en effet, d'un double cycle d'échange généralisé, non pas de femmes mais de richesses, créateur de ce que Strathern a judicieusement appelé un « déséquilibre alterné », et qui neutralise sur un autre terrain l'inégalité souvent, et l'instabilité toujours, inhérentes aux rapports entre preneurs et donneurs de femmes.

Les débats théoriques qui se poursuivent souffrent donc d'une même faiblesse. La notion de descendance les hante, comme si les systèmes de la Nouvelle-Guinée ne faisaient rien d'autre que de la remettre en cause, et comme si c'était leur seule originalité. Mais on passe ainsi à côté du problème de l'alliance, et on perpétue l'erreur de Schneider et Gough expliquant la différence entre systèmes patrilinéaires et systèmes matrilinéaires par les « forces » relatives du lien entre mari et femme, d'une part, frère et sœur d'autre part, sans voir que le rapport de force significatif est celui qui s'établit, non entre les occupants individuels de certaines positions dans la nomenclature, mais entre les partenaires dans un réseau d'échanges matrimoniaux. Strathern a donc raison de proposer une typologie des systèmes de la Nouvelle-Guinée fondée sur la nature des rapports d'échange entre des groupes. Mais cela ne suffit pas car, en Nouvelle-Guinée, l'opposition entre consanguinité et alliance n'est pas définissable en termes classiques. Au lieu que, comme dans la plupart des sociétés sur l'observation desquelles s'est édifiée la théorie ethnologique, il faille mettre la consanguinité d'un côté, l'alliance et l'échange de l'autre, la Nouvelle-Guinée déplace la ligne de démarcation : celle-ci sépare la consanguinité et l'alliance, mises ensemble, de l'échange constituant presque un ordre séparé. Comme la regrettée Margaret Mead le soulignait déjà en 1934 — il y a près d'un demi-siècle — le nœud de tels systèmes est dans la liberté qu'ils se donnent, en incorporant ou en rejetant des cognats, d'assimiler les cousins croisés tantôt à des germains, tantôt à des alliés. Une marge existe où s'oblitère la distinction, si nette ailleurs, entre consanguinité et affinité ; tandis qu'une autre distinction apparaît, mais sur un nouveau plan, entre deux catégories de parents : ceux avec qui on échange, et ceux avec qui on partage. Au lieu, donc, que la distinction entre consanguinité et affinité serve à délimiter le domaine de l'échange, c'est la faculté d'échange qui sert à distinguer la parentèle en consanguins et en alliés. On peut formuler les choses d'une autre façon : à la différence des systèmes unilinéaires, fondés sur une distinction nette entre parents parallèles et parents croisés, les systèmes de Nouvelle-Guinée transportent cette distinction au sein même de la catégorie des parents croisés, traités, en vertu de règles inhérentes à la nomenclature, tantôt comme des parties prenantes au partage, caractéristiques des rapports entre consanguins, tantôt comme des partenaires dans les échanges cérémoniels, caractéristiques des rapports entre alliés.

Enfin, il est apparu qu'une correspondance frappante existe entre cette problématique et la façon dont la pensée néo-guinéenne conçoit les rapports entre les sexes sous forme d'un antagonisme insurmontable, comme tous les enquêteurs (ainsi Read, Berndt, Salisbury, Meggitt, Reay, Brown, Langness, Bulmer, Glasse, Strathern, Wagner, Godelier, etc.) l'ont vigoureusement souligné. En Nouvelle-Guinée prévaut une théorie de la conception selon laquelle, en chaque individu, s'opposent et se combattent les principes respectivement masculin et féminin qui concourent pourtant à le former. Wagner a excellemment montré, à propos des Daribi, les implications d'une telle conception pour la théorie de la parenté. La parenté croisée offre deux aspects contradictoires ; elle repose tout à la fois sur la reconnaissance d'un lien de consanguinité avec le clan maternel, et sur la règle que des rapports d'échange doivent se nouer entre les clans. Ainsi se crée une zone d'interférences où le jeu politique (tel qu'il s'exprime, par exemple, dans la liberté laissée à chaque individu de choisir son appartenance clanique) peut se déployer. Il est à cet égard remarquable que Wagner ait analysé la théorie daribi de la parenté dans des termes analogues à ceux naguère utilisés par Margaret Mead pour rendre compte des systèmes des îles de l'Amirauté ; ce qui, soit dit en passant, rend une certaine plausibilité aux hypothèses de van der Leeden sur la présence ancienne d'un système bilinéaire (et non pas indifférencié) sur la côte nord-ouest de la Nouvelle-Guinée.

Envisagées dans la perspective plus générale d'un cours qui s'est déjà étendu sur trois années et se poursuivra l'an prochain, les considérations qui précèdent comportent deux enseignements. En premier lieu, la question se pose de savoir si le phénomène de l'« affiliation sexuelle », signalé pour la première fois par Williams chez les Koiari, et observé par la suite sous des modalités diverses dans d'autres sociétés de la Nouvelle-Guinée (Burridge : Tangu ; Hogbin : Busama ; Berndt : Kamano ; Wagner : Daribi ; Davenport : Santa Cruz) n'est pas une propriété structurale de certaines formes de cognatisme. En second lieu, il ressort de tous les faits passés en revue cette année que la théorie substantialiste de la conception et de l'alliance en vigueur dans la plupart des sociétés de la Nouvelle-Guinée offre, sur le plan organique, un équivalent très frappant de la « maison » telle que, les années précédentes, on s'est efforcé de la définir comme forme institutionnelle, à partir d'exemples empruntés à l'Europe médiévale, au nord-ouest de l'Amérique et à l'Indonésie. Partout, en effet, il s'agit de transcender un conflit entre deux préséances, de masquer ce qui les oppose et, si possible, de les confondre, quitte à scinder, aux lisières de la « maison », les domaines avec lesquels ses constituants s'identifiaient auparavant. Crise sociale tout à la fois inévitable, voulue et redoutée, dont la Nouvelle-Guinée aurait l'originalité d'offrir une version physiologique, en lui donnant le corps individuel pour scène indéfiniment multipliée.

IV

MÉLANÉSIE (suite) ET POLYNÉSIE
(année 1979-1980)

Deux parties dans le cours de cette année. On est d'abord revenu sur la Nouvelle-Guinée, à laquelle le cours de l'an dernier avait été entièrement consacré, pour discuter des problèmes d'interprétation posés par quelques ouvrages récents. Celui de M. Raymond G. Kelly (*Etoro Social Structure*, 1977) présente comme une grande nouveauté une thèse selon laquelle l'essence de la structure sociale serait d'organiser les contradictions. Pourtant, l'auteur le reconnaît lui-même, tous ses prédécesseurs ont souligné que les organisations sociales néo-guinéennes reposent sur le jeu — parfois même appelé dialectique — de principes opposés ; et l'idée que les structures sociales ont pour fonction de concilier, de surmonter ou de voiler des contradictions n'est pas neuve. Une « théorie générale » des faits de cet ordre manquait-elle encore ? M. Kelly croit l'apporter en la fondant sur ce qu'il appelle la « relation de transitivité », c'est-à-dire, selon lui, une relation entre deux termes résultant de leur rapport identique à un troisième. On peut évidemment définir de cette façon la relation entre des germains, mais aussi n'importe quelle autre et pas seulement dans l'ordre de la parenté ; car elle exprime seulement le fait qu'envisagés sous un certain rapport, deux termes, deux individus ou deux positions dans un réseau de relation quelconque se ressemblent.

Une notion si vague et si élastique ne peut servir à fonder une théorie. Il ressort, d'ailleurs, d'un livre de M. E.L. Schieffelin (*The Sorrow of the Lonely and the Burning of the Dancers*, 1976) que si les Kaluli, voisins des Etoro, mettent eux aussi en opposition germanité (*siblingship*) et descendance, la « relation de transitivité » apparaît chez eux comme un procédé général pour instaurer toutes sortes de liens (d'amitié rituelle, de consubstantialité, d'homonymie, etc.). A supposer, donc, que la relation soit pertinente pour définir la structure sociale, il faudrait découvrir les raisons qui expliquent qu'elle ait une valeur heuristique dans le cas des germains pris en particulier, et atteindre la réalité concrète que recouvre cette expression formelle.

Or, les caractères dits « omaha » des nomenclatures de parenté de cette région du monde font ressortir, comme l'a bien vu Schieffelin, que la position des cousins croisés inverse celle des germains : il y a symétrie dans un cas, asymétrie dans l'autre. Selon les Kaluli, les cousins matrilatéraux « descendent » par leur père du clan de la mère d'Ego, et sont « mis bas » par un clan tiers (où est leur propre mère), tandis que les cousins patrilatéraux sont « mis bas » par une femme du clan d'Ego, et descendent d'un clan tiers ; pourtant, on est plus proche de ses matrilatéraux que de ses patrilatéraux, car, quand la fille du frère de la mère se marie et a des enfants, elle devient pour son cousin croisé une « mère », et ses enfants deviennent des « frères » ou des « sœurs ». La situation ainsi créée ressemble beaucoup à celle décrite chez les Etoro où la cousine croisée matrilatérale est, au départ, classée avec la mère, et ses enfants avec les germains. Telle que les Kaluli l'énoncent, la théorie du phénomène s'applique bien aux deux cas : on est, disent-ils, germain (frère ou sœur) de qui a été « mis bas » par le même clan maternel ; la cousine matrilatérale est ou devient donc une « mère » du fait que ses enfants, « mis bas » par une femme du même clan que la mère d'Ego, sont pour celui-ci des germains. Mieux qu'une interprétation formaliste, ce « substantialisme » indigène — qui, on l'a montré l'an dernier, repose en Nouvelle-Guinée sur l'opposition des sexes et sur une théorie très fermement articulée de la conception et de l'alliance — rend compte non seulement de l'opposition entre descendance et germanité, mais aussi de la fonction des systèmes partiellement ou faiblement omaha, si fréquents en Nouvelle-Guinée. Ces systèmes permettent et diffèrent tout à la fois le renouvellement des alliances matrimoniales avec le clan de la mère. La cousine croisée matrilatérale étant identifiée à une mère, ses enfants à des germains et leurs enfants à des enfants de germains, le mariage dans le clan de la mère ne redeviendra possible qu'à la génération des arrière-petits-enfants, soit deux générations plus tard que dans le clan du père. Les aspects «intransitifs» de ces systèmes ont donc une valeur explicative très supérieure à celle de leurs aspects «transitifs» (au sens que Kelly donne à ces termes). Mais cela n'apparaît qu'à la condition de ne pas oublier un précepte : au sens anthropologique du terme, la structure se définit comme un ensemble, formé des rapports entre les éléments d'un système *et de leurs transformations*. En isolant une population de ses voisines qui soulèvent pourtant des problèmes du même type, Kelly pose la notion de structure sans celle de transformation qui lui est pourtant inhérente. Au contraire, si l'on traitait les nomenclatures de parenté néo-guinéennes comme des transformations au sein d'un même ensemble, on arriverait probablement à surmonter l'hétérogénéité apparente des systèmes, les uns d'allure omaha, les autres d'allure iroquois qui coexistent dans cette partie du monde. Nous avons tenté de le faire en comparant entre eux les systèmes des Etoro, des Kaluli, et, à la lumière des travaux de Roy Wagner, ceux des Daribi et des Foraba.

L'ouvrage de A. Gell, *Metamorphosis of the Cassowaries* (1975) offre entre autres intérêts celui de décrire un système omaha rudimentaire, curieusement accompagné d'une nomenclature par niveaux de générations. Le système est rudimentaire puisque le même type de mariage redevient possible après deux générations seulement ; quant aux niveaux de générations, ils s'expliquent du fait que la société Umeda formule sa règle d'exogamie en termes de hameaux, non de lignages lesquels ne sont donc pas pertinents.

Au sujet des systèmes crow-omaha en général, l'auteur nous adresse deux singuliers reproches. C'est, selon lui, avec raison que nous avions placé ces systèmes à la charnière des systèmes élémentaires et des systèmes complexes ; mais, dans un second temps, nous aurions, prétend-il, renoncé à cette vue juste au bénéfice d'une opposition radicale entre les systèmes élémentaires et les systèmes crow-omaha. En outre, nous aurions échoué à traduire les règles négatives édictées par ces derniers systèmes en règles positives.

Sur ce dernier point, on se contentera de renvoyer l'auteur aux travaux de Mme Françoise Héritier qui, avec l'aide indispensable de l'ordinateur, a victorieusement rempli le programme que nous avions pu seulement énoncer. L'autre grief provient d'une confusion entre deux oppositions qu'il importe au contraire de distinguer : celle entre élémentaire et complexe, et celle entre échange généralisé conçu comme limite supérieure des systèmes élémentaires, et systèmes crow-omaha comme limite inférieure des systèmes complexes. Tout système élémentaire change des parents en alliés, et tout système complexe, y compris le nôtre, change des alliés en parents (en ce sens que le mariage est créateur d'empêchements). Les systèmes crow-omaha occupent ce point charnière où un mouvement de bascule se produit d'une forme à l'autre.

Dans la seconde partie du cours, on est passé de la Mélanésie à une région limitrophe : la Polynésie occidentale, pour examiner les systèmes de parenté et l'organisation sociale des îles Fidji, Tonga et Samoa.

L'organisation sociale des Fidji a été longtemps ramenée à la descendance patrilinéaire et au mariage des cousins croisés. En fait, et comme il ressort déjà des travaux de Hocart, une situation beaucoup plus complexe régnait.

Dans l'archipel Lau, à Vanua Levu, à Viti Levu même, des traits matrilinéaires ou indifférenciés coexistent avec les traits patrilinéaires (à Vanua Levu, ils les dominent); et le mariage, souvent interdit entre cousins croisés, est seulement possible entre leurs enfants ou des parents plus éloignés. Les travaux de Nayacakalou et de Groves démontrent cependant que le système de parenté appartient au type dravidien; autrement dit, il classe cognats et affins comme si tous les membres du groupe se distribuaient entre des patrilignages échangeant continûment sœurs ou filles. A l'appui de cette fiction, sitôt le mariage consommé les époux deviennent nominalement des cousins croisés, et une terminologie adéquate s'applique entre les proches parents de l'un et ceux de l'autre.

Par conséquent, à l'inverse des Kaluli dont il avait été question dans la première partie du cours, qui transforment une cousine en « mère », les Fidjiens transforment une étrangère (ou une petite parente) en « cousine ». Dans le premier cas, il s'agit de distancer les retours ; dans le second, il s'agit de faire comme si les retours n'étaient pas distancés. La transformation fidjienne des conjoints en cousins croisés s'opère aussi par le biais de la filiation cognatique, nonobstant les aspects patrilinéaires qui prévalent à Moala (Sahlins) ; à Vanua Levu, des traits obliques de type crow-omaha apparaissent dans la terminologie (Hocart, Quain).

A ces facteurs de complexité s'ajoutent ceux qui résultent d'une rigide stratification sociale et d'une division, parfois plus théorique que réelle, de la société en groupes fonctionnels : chefs, acolytes et exécutants, hérauts, prêtres, guerriers, serfs, pêcheurs, charpentiers. Enfin, il semble que l'effectif du village ait été aussi réparti en groupes de travail, pour mieux assurer la coopération économique à l'occasion des cérémonies et des fêtes. Mais, à quelque niveau qu'on se place pour chercher à les définir, tous ces types de groupement semblent résulter d'un alignement politique qui peut avoir lui-même pour origine une lointaine ascendance commune, la filiation cognatique, le désir de partager un même lieu de résidence, donc des motivations diverses au départ et légitimées par l'adoption subséquente d'une même structure fonctionnelle.

Dans la perspective où, depuis quatre ans, nous avons choisi de nous placer, il n'est pas indifférent qu'à plusieurs reprises et chacun de leur côté, Hocart et Quain aient employé le terme de « maison » pour caractériser des groupes relevant de tel ou tel niveau. L'existence entre les princes fidjiens de relations hiérarchiques intransitives, signalées par Williams et Calvert puis par Hocart, évoque des relations du même ordre dans l'ancienne France avant Philippe Auguste. Nous avons tenté de justifier ce rapprochement en appliquant aux faits fidjiens la distinction médiévale entre fiefs et offices, et en comparant, dans la ligne déjà tracée par Hocart pour l'Angleterre, les « sergenteries » fidjiennes avec les offices de la couronne et les charges de la maison du roi dans l'Ancien Régime français.

On ne pouvait quitter Fidji sans se pencher sur l'institution du *vasu*, exclusivement associée par tous les analystes, même les plus récents, à la descendance patrilinéaire. C'est négliger que les Fidjiens matrilinéaires de Vanua Levu, décrits par Quain, ont une institution qu'ils désignent par le même mot; il importe donc d'appréhender celle-ci dans toute son extension sémantique. Limitée aux lignées nobles ou royales, l'institution du *vasu* cherche, dans les deux cas, à surmonter des difficultés inhérentes à la structure sociale.

Dans la partie occidentale de Vanua Levu où la noblesse de sang se transmet en ligne maternelle, Ego s'identifie à ses maternels au titre de fils de sœur; mais il leur devient, non pas nécessairement inférieur, en tout cas aliéné comme agnat de preneurs de femme. En revanche, chez les patrilinéaires, la structure sociale est tout entière fondée sur deux paradigmes : le mariage fondateur d'un conquérant divin avec une autochtone « fille de la terre », et la supériorité reconnue du frère. Par conséquent, Ego, inférieur à ses maternels comme fils de sœur, leur est en même temps supérieur comme fils d'agnat noble et d'extraction divine.

Or, Quain souligne qu'à Vanua Levu les vrais droits de *vasu*, ceux qu'on proclame par excellence être tels, sont ceux qui s'exercent à l'encontre de la mère de la mère, plutôt que de l'oncle maternel. D'autre part, en régime matrilinéaire et en régime patrilinéaire les droits de *vasu* offrent des caractères opposés. Dans le premier cas ils portent sur un domaine territorial, dans le second exclusivement sur des produits consommables et des biens meubles. Enfin, le tabou entre frère et sœur, rigoureux ailleurs, n'existe pas chez les matrilinéaires de Vanua Levu où prévaut, en revanche, une division en moitiés. Ce que le droit de *vasu* permet à un individu de surmonter en régime matrilinéaire, c'est l'*éloignement* progressif où il se trouve, du fait de son ascendance patrilinéaire, vis-à-vis du domaine territorial de ses ancêtres maternels. Ce que le même droit permet de surmonter dans un régime patrilinéaire apparaît plutôt comme une *contradiction* : entre l'infériorité qui s'attache à la filiation par les femmes au sein du lignage maternel, et la supériorité des preneurs de femmes immigrés sur les autochtones qui les leur ont cédées. Soit, dans un cas, un écart quantitatif, un écart qualitatif dans l'autre.

Il est donc juste, comme l'a fait tout récemment Walter, d'interpréter l'institution du *vasu* par un équilibre instable entre lignée agnatique et lignée utérine. Mais cette instabilité est d'ordre structural ; on ne saurait ramener les droits du *vasu* à une simple compensation prélevée sur les utérins en contrepartie du devoir, parfois imposé au fils de la sœur, de retourner dans sa lignée maternelle pour la perpétuer au cas où elle manquerait d'héritier mâle et serait menacée d'extinction. Trop étroite, cette interprétation fait pendant à celle, trop large, avancée par Goody à propos de coutumes du même type en Afrique. Car la notion de « ligne submergée », à laquelle recourt cet auteur, apparaît inutilement abstraite et de nature presque métaphysique. Pour les agnats comme pour les utérins, l'autre ligne n'est pas submergée : elle a une existence ostensible et bien réelle.

Nos réflexions sur l'institution fidjienne nous conduisaient donc à prendre position dans un débat entre africanistes. Pour interpréter des faits comparables au *vasu*, Adler et Cartry n'ont pas eu tort de mettre l'accent sur la relation des germains de sexes opposés, résultant d'un « paradoxe » déjà souligné par S.F. Moore : l'alliance matrimoniale ne lie les groupes qu'autant que la femme, cédée comme épouse à l'un, conserve son allégeance à l'autre au titre de sœur. Dans la maison japonaise *(ie)*, le couple mari et femme prend le pas sur la paire formée du frère et de la sœur. Le gendre adopté, venu d'ailleurs mais qui perpétuera la maison, a plus d'importance que la sœur, mariée au-dehors, et que le frère qui partira pour fonder une autre maison *(bunke)*, à moins qu'il ne demeure auprès de son aîné, héritier de la maison mère *(honke)*, mais réduit alors à une condition servile. Comme le dit un proverbe cité par Nakane : « Le germain [frère ou sœur] est le commencement de l'étranger ».

Mais il est aussi vrai (de Heusch) que les institutions de ce type se situent à la frontière des structures élémentaires de parenté et des structures complexes. Non pas en conséquence des mariages obliques qui les accompagnent parfois, car de tels mariages se rencontrent dans des structures élémentaires, par exemple chez les Tupi et les Miwok, et ceux qu'on invoque à l'appui de cette thèse ont un caractère préférentiel, nullement aléatoire comme il faudrait pour les rattacher aux structures complexes. Cependant, il est clair qu'à Fidji, tout se passe comme si la société, avec son système de parenté dravidien (qui, on l'a vu, ne correspond pas à la réalité) trahissait la nostalgie d'une structure élémentaire.

Sahlins a montré qu'à la base de la société fidjienne on trouve des « relations fondatrices », qui consistent dans la double alliance, hypergamique dans un cas, hypogamique dans l'autre, d'une chefferie avec des sujets domestiques et des alliés étrangers. Cette double alliance est, en effet — les cours des années précédentes l'ont établi au moyen d'exemples américains et indonésiens —, constitutive de la forme institutionnelle que nous avons convenu d'appeler « maison ». Mais Fidji a pour originalité d'offrir un modèle mécanique des sociétés à maisons. C'est une société qui s'obstine, au moins sur le papier, à reproduire un modèle initial au lieu de s'en inspirer pour aller de l'avant et nouer des alliances originales. De façon idéologique sinon réelle, la société fidjienne s'oppose à celle du Japon à l'époque Heian dont la littérature dénigre systématiquement les mariages entre cousins au bénéfice d'unions plus risquées, alors que Fidji reste fidèle en imagination à un prototype pourtant démenti par la pratique réelle[1].

Dans le même sens va le fait qu'à Fidji, les veuves n'étaient pas destinées par leurs maisons respectives à de nouvelles spéculations matrimoniales. Leurs frères les immolaient, et on les enterrait sous le cadavre de leur mari. On utilisait donc les femmes une fois pour toutes, mais ce sacrifice appelait en contrepartie une cession de terre ; soit deux types de transferts irrévocables, exécutés au coup par coup, qui sont aussi la preuve d'une invention sociologique au souffle court et dépourvue de souplesse.

Sous des formes diverses, des institutions analogues au *vasu* existent à Tonga, Samoa, Uvea et Futuna, mais — à l'inverse de ce qu'on observe à Fidji — les droits appelés à Tonga de *fahu* vont de pair avec une prééminence de la sœur sur le frère. Ils s'inscri-

---

1. Cf. *Le Regard éloigné*, Paris, Plon, 1983, ch. V.

vent donc dans un ensemble caractérisé, selon les termes de Mabuchi, par la « prédominance spirituelle de la sœur », notable aussi dans les Ryûkyû, à Taiwan et dans certaines parties de l'Indonésie.

Avant l'époque coloniale, Tonga formait un véritable empire qui recevait tribut des îles voisines et étendait son influence jusque sur la partie orientale de Fidji. Plusieurs lignées princières et parfois rivales s'étaient constituées au cours des siècles soit à partir d'un cadet apanagiste, soit par usurpation d'un maire du palais : fait intéressant en raison de ses parallèles mérovingiens et japonais, et qu'éclaire peut-être, à Samoa, la condition particulière de la classe dite des hérauts *(talking chiefs)* : inférieurs en statut à la lignée royale, ils lui devenaient progressivement supérieurs en richesse et en pouvoir parce qu'au titre de preneurs de femmes, ils recevaient de leurs donneurs des biens précieux et durables *(toga)* en échange de biens périssables *(oloa)*. Le rang social était héréditaire en ligne maternelle, mais il se pourrait que, comme sur la côte nord-ouest de l'Amérique, la femme n'eût transmis à ses enfants que des droits tenus de son père, faisant ainsi, selon l'expression médiévale, « le pont et la planche ».

Les deux principes régulateurs de la structure sociale : prédominance de la sœur sur le frère et supériorité des aînés sur les cadets, empêchaient d'ailleurs la plupart des individus d'appartenir à une classe sociale autrement qu'à titre précaire. Pour chaque individu dont le rang s'élevait dans une hiérarchie où les titres de noblesse existaient en nombre limité, il y en avait plusieurs autres dont le rang baissait. On ne s'étonnera donc pas de rencontrer la locution « maison princière » sous la plume des observateurs, qui précisent que chaque maison rassemblait des nobles, des moins nobles, et même des roturiers : tous apparentés, mais de statut d'autant plus inégal qu'une distance généalogique croissante les séparait.

Formées autour d'un noyau patrilinéaire, ces maisons se perpétuaient aussi par l'adoption (très fréquente si la descendance faisait défaut) et par l'assimilation de lignées cognatiques ou même non parentes. L'endogamie était permise, sauf en cas de trop grande proximité. A Samoa, où le tabou entre le frère et la sœur excluait le mariage entre leurs enfants respectifs et tous les descendants de ceux-ci jusqu'à ce que l'origine commune soit oubliée, on comptait un nombre appréciable de maisons à résidence matrilocale, par exemple autour des familles haut placées ; en revanche, une femme mariée au-dessus de sa condition cherchait à incorporer des membres de sa parenté à la maison de son mari. En plus de parents du mari et de la femme, chaque maison comprenait des enfants adoptifs et, plus généralement, des personnes qui pouvaient revendiquer des liens de parenté et faire valoir des droits d'héritage dans des groupes disséminés (Mead). Aussi bien à Tonga qu'à Samoa, les maisons portaient des « noms de race » et des « noms de terre », ceux-ci tendant à l'emporter progressivement sur ceux-là.

Les plus anciens voyageurs, à commencer par Cook, avaient déjà noté que la sœur du souverain de Tonga, dite la *tamaha*, tenait le rang suprême de tout l'empire ; même son frère lui devait le respect. La position de *tamaha* ressemble donc à celle de *taupou* à Samoa : en théorie fille de la sœur ou de la sœur du père, mais parfois, en pratique, propre fille du chef choisie par lui dans sa maison.

La subordination du frère à la sœur, même dans la famille régnante, se complique à Tonga d'une subordination de la lignée maternelle à la lignée paternelle que semble contredire le principe d'hérédité de la noblesse dans la première de ces lignes. En discutant un article récent de Garth Rogers, nous avons proposé, pour résoudre la difficulté, de faire appel à trois paramètres : la classe sociale héritée en ligne maternelle, le titre particulier détenu par le père au sein de sa classe, enfin, le rang d'âge d'Ego dans son groupe de descendance.

A Tonga et à Samoa, un tabou très strict régnait entre le frère et la sœur, séparés dès l'enfance ; au point que Mead a pu noter à Samoa « une perte de relations intimes » entre jeunes gens des deux sexes. Enfin, dans les deux groupes d'îles, la sœur aînée du père exerçait une autorité suprême sur ses neveux et nièces. Elle pouvait même les maudire et les rendre stériles, les priver donc de descendance en compensation — serait-on tenté de dire par analogie avec le *vasu* fidjien — de son incapacité à succéder aux titres de son frère dans le groupe agnatique, et, une fois mariée et vivant avec son mari, à s'immiscer dans les affaires de sa famille de naissance. En effet, à Samoa, les *tamafafine* (descendants en ligne féminine) n'ont pas de droits sur la terre qui, comme à Tonga, sont hérités en ligne paternelle.

Pour finir, on s'est posé la question de savoir si, comme en Nouvelle-Guinée, ces variations institutionnelles autour d'un même thème ne sont pas en rapport avec les rôles respectifs dévolus aux deux sexes dans la conception. A Tonga, Rogers a recueilli à cet égard deux théories différentes. Selon certains informateurs, le sang viendrait de la mère et les os du père ; selon d'autres, tout viendrait de la mère, rien du père, de sorte que la « ligne de sang » se terminerait aux fils ; seules les filles la continueraient. Il est clair qu'en ce cas, chaque individu reçoit sa substance organique exclusivement de sa lignée maternelle, mais il ressort aussi des témoignages indigènes qu'en contrepartie, les paternels détiennent l'autorité familiale, le pouvoir politique et le contrôle social. Le naturel serait donc tout entier d'un côté, le culturel tout entier de l'autre.

Or, il est frappant que le paradigme fidjien d'un mariage entre un conquérant divin et une autochtone, générateur de la structure sociale, n'existe pas à Tonga où l'on s'accorde pour reconnaître à l'ensemble de la population une origine commune. Une opposition d'ordre extrinsèque (entre noble immigré et roturière) fait place à une opposition d'ordre intrinsèque (entre attributs culturels et attributs naturels), mais toujours accompagnée d'une distinction tranchée entre ces termes qui, dans les deux cas, relèvent exclusivement de l'un ou de l'autre sexe.

En passant de Fidji à Tonga, on observe donc une transformation du dehors au dedans, qu'il est tentant de mettre en rapport avec le statut inversé du frère et de la sœur, sans modification du tabou qui, ici et là, interdit ou restreint pareillement leur liberté réciproque.

Mais si, depuis la Nouvelle-Guinée jusqu'à la Polynésie occidentale, en dépit des formes variées sous lesquelles il se manifeste, prévaut à titre d'invariant le principe d'une dichotomie des fonctions et des rôles assignés aux deux sexes, on entrevoit la possibilité de consolider des coutumes de prime abord hétérogènes. Dans plusieurs tribus de la Nouvelle-Guinée, les paternels font aux maternels des paiements volontaires pour laver leurs fils de l'impureté communiquée par la mère, et assurer ainsi leur appartenance exclusive au clan du père. Cette pratique institutionnalisée pourrait être la converse de celle observée sous le nom de *vasu* ou de *fahu* en Polynésie occidentale. Car, si l'interprétation que nous avons donnée est exacte, il s'agirait cette fois d'imposer aux maternels des paiements involontaires attestant que, même s'il appartient par droit de naissance au clan paternel, le fils de la sœur conserve un lien organique avec le clan dont sa mère est issue. Cette substance maternelle, communiquée lors de la conception, confère en Polynésie un privilège dont se prévalent les nobles, au lieu, comme en Mélanésie, de représenter une tare qu'il est urgent d'effacer.

V

COMPARAISONS : NOUVELLE-ZÉLANDE, MADAGASCAR, MICRONÉSIE
(année 1980-1981)

L'an dernier, on avait passé en revue les systèmes de parenté et les formes d'organisation sociale de la Polynésie occidentale, principalement à Fidji, Tonga et Samoa. Le même type d'enquête fut poussé cette année jusqu'aux confins de l'aire linguistique austronésienne : Nouvelle-Zélande, Madagascar et Micronésie, trois régions du monde qui offrent des exemples caractéristiques de descendance cognatique. C'est, d'ailleurs, à propos du *hapû* maori qu'au cours des cinquante dernières années, la plupart des discussions relatives à ce système de descendance ont pris naissance et se sont développées.

A travers les travaux de Firth, Metge, Biggs, Scheffler, Webster, Oppenheim, Schwimmer, etc., la nature du *hapû* s'est progressivement dégagée. Non pas tant en multipliant, comme certains auteurs, les outils conceptuels pour cerner une matière qui se dérobe parce que mal ou incomplètement décrite, qu'en se penchant attentivement sur des cas d'espèce et en utilisant jusqu'aux observations les plus récentes. On se convainc alors que le *hapû* n'est strictement définissable ni comme groupe local, ni comme groupe de descendance, et que les liens maternels y jouent un rôle explicable surtout par des considérations politiques. Fédération d'éléments souvent hétérogènes, qui se fait et se défait au hasard des migrations et des guerres, le *hapû* se fabrique une généalogie pour des raisons d'opportunité plutôt qu'il n'est engendré par elle. C'est donc une formation dynamique qu'on ne peut définir en elle-même mais seulement par rapport à d'autres du même type, et en les situant dans leur contexte historique.

Firth a eu certainement raison d'affirmer que l'automatisme n'est pas un attribut nécessaire de la descendance : celle-ci peut avoir un caractère optatif sans que se brouillent ou s'effacent les limites entre les groupes. Pour déterminer leurs contours, il suffit de faire appel à d'autres critères, par exemple la résidence commune ou le droit reconnu à l'exploitation des terres collectives. Remarquons, toutefois, que ces derniers critères ne se réfèrent pas à un état de fait comme ce serait le cas pour la descendance obéissant à des règles ; ils traduisent ou reflètent des relations instables dans la durée entre les individus et les groupes, et mettent ainsi en lumière une difficulté inhérente à l'étude des sociétés cognatiques : ces sociétés accomplissent un saut dans l'histoire, mais dans une histoire que, par manque de documents écrits, nous ne connaissons presque pas.

Il y a, certes, aussi de l'histoire dans les sociétés unilinéaires. Cependant, chez elles, la descendance, autrement dit les liens généalogiques, ne sont pas des moyens au service de la création historique. Celle-ci se produit du dehors — par l'effet des guerres, migrations, épidémies, disettes, etc. — plutôt que du dedans. En ce sens, le cognatisme, quand il apparaît, offre à la société le moyen d'intérioriser l'histoire ; il lui permet de donner un fondement naturel à la culture. Jusqu'à présent, on a surtout discuté pour savoir si les systèmes bizarrement dits « non unilinéaires » sont ou non compatibles avec l'existence de groupes de descendance qui demeureraient distincts au sein de la société globale. Ces groupes peuvent exister dans tous les cas, mais c'est la notion de descendance qui change d'un type à l'autre : la descendance offre aux sociétés unilinéaires le moyen de se reproduire ; aux sociétés cognatiques, elle permet de se transformer.

Il est vrai que l'anthropologie contemporaine, surtout en Angleterre, affirme que toutes les sociétés, quelles que soient leurs règles de descendance, comportent une zone, ou un secteur d'indétermination relative, où les individus peuvent exercer des choix et tourner les règles officielles à leur avantage privé. Sous ce rapport, la distinction préconisée par Leach entre comportements réels, normes statistiques et règles idéales, fait écho à celle, moins aisément traduisible, due à Firth entre *structure of action*, *struc-*

ture of expectations et *structure of ideals*. Les théoriciens britanniques acceptent ainsi une sorte de compromis entre une conception traditionnelle faisant de la culture un ensemble de règles rigides qui s'imposent du dehors aux individus, et leur propre vision du social (opposé au culturel) entendu comme un système de relations plus souples entre des personnes. Dans la terminologie de Cambridge, la «descendance» serait d'un côté, et la «filiation» (en raison de son caractère optatif) de l'autre.

Pourtant, le seul fait qu'existent des «moyennes statistiques» (Leach) ou des «types de comportement probables» (Firth) suggère que la turbulence des initiatives individuelles — qu'on nous passe l'expression — n'est pas vierge : elle obéit à des contraintes, elle emprunte des canaux qui ne relèvent pas des «règles» ou «structures idéales», puisque celles-ci subissent leurs effets. Quant aux moyennes statistiques, elles ne font que répercuter en surface l'action de structures profondes qui ne correspondent à aucun des trois niveaux. De ces structures profondes, ces niveaux sont seulement les révélateurs, les indices, à moins qu'ils ne les travestissent ou en offrent des images falsifiées.

On ne peut pas non plus concevoir le devenir historique comme un simple résultat empirique, point d'aboutissement d'une multitude de motivations psychologiques. Ce serait ignorer que les sociétés cognatiques se donnent à elles-mêmes les mécanismes de leur devenir, et que ces mécanismes ne consistent pas en règles idéales, et par définition statiques. Ce sont plutôt des stratégies élaborées et mises en œuvre, non par des individus, mais par des personnes morales assurées d'une durée de vie plus longue que les individus qui les composent. Dans de tels cas (pas plus, d'ailleurs, qu'en aucun autre) il n'y a d'un côté la société, de l'autre des individus. La force efficiente appartient à des groupes ; et ces groupes poursuivent leurs fins propres en fonction de normes qui ne sont pas celles de la société en général, mais de corps intermédiaires qui, dans la société, s'opposent les uns aux autres et rivalisent entre eux.

Si, donc, Firth a justement défini le *hapû* comme un groupe de descendance «optatif», on comprend les raisons profondes, d'ordre presque philosophique, qui l'ont conduit à réserver ce terme aux seuls cas où l'individu choisit son groupe d'appartenance, et à exclure les cas inverses où c'est le groupe qui choisit ses membres. Pourtant, même en Nouvelle-Zélande (et en bien d'autres endroits aussi) des faits de divers ordres démontrent que le groupe choisit les individus plutôt que le contraire. C'est ce qui ressort des procédures du mariage et de l'adoption, et mieux encore des rites de funérailles au cours desquels les chefs de plusieurs *hapû* émettent des prétentions rivales sur le cadavre. La mort et les funérailles fournissent ainsi l'occasion de définir rétroactivement le *hapû* comme « maison » formée d'ancêtres défunts autant que de vivants, de cognats à côté d'agnats, et même, éventuellement, de non-parents.

En dépit de la distance géographique, et de l'origine différente de leurs peuplements respectifs, ce rôle stratégique dévolu au tombeau de famille rapproche de façon frappante les institutions maori de celles de Madagascar, et plus particulièrement, le *hapû* du type de groupement ici appelé *foko* ou *raza*.

Les traditions recueillies à Madagascar par le P. Callet et publiées dans son *Histoire des rois*, celles, parfois différentes, utilisées par Grandidier, le P. Malzac, Julien, éclairent un modèle généalogique dont on se gardera d'affirmer la stricte véracité, mais qui montre au moins comment, pendant la dernière période de la dynastie Merina, des mémorialistes reconstruisaient l'histoire ancienne pour la mettre en harmonie avec la plus récente. Or, le schéma qui s'en dégage offre pour l'ethnologue un aspect très classique : à l'origine, union de conquérants et d'autochtones, maîtres de la terre progressivement dépossédés et qui reçoivent en contrepartie des privilèges d'ordre religieux et spirituel. L'intérêt particulier de l'histoire plus récente (fin du XVIIIe et début du XIXe siècle) est de montrer comment l'unification de l'Imerina se fit, en quelque sorte, au prix d'une résurgence de l'alliance ancienne, entraînant, dans la seconde moitié du XIXe siècle, un complet retournement du système : la succession au trône s'établit en ligne maternelle et de femme en femme. Comme dans le Japon de l'époque de Heian mais selon des modalités différentes, les liens maternels l'emportent sur les liens paternels, de sorte que les descendants (ou qui prétendent l'être) des anciens oncles maternels maîtres de la terre s'assurent la réalité du pouvoir. Parallèlement à cette transformation, un ordre hiérarchique, d'abord fondé sur des préséances généalogiques, fait place à un autre système où les rangs se définissent en termes de répartition territoriale[1].

On retrouve ainsi cette dualité de la « race » et de la « terre » qui, au cours des années précédentes, était apparue typique des sociétés à « maisons », et dont des institutions royales indonésiennes (Bali) et africaines (Cameroun) allaient fournir d'autres exemples. Pour surmonter ce dualisme, les cultures malgaches assimilent, quant à elles, la résidence commune à la parenté, favorisant le mariage entre voisins qui devient, en retour, créateur de parenté réelle. Des travaux récents d'enquêteurs français et nord-américains (Faublée, Molet, Ottino, Lavondès, Vianès, Kœchlin, d'une part; Kent, Kottak, Wilson, Southall, Huntington, d'autre part) confirment la généralité de cette pratique dans d'autres sociétés de Madagascar : Bara, Betsileo, Tsimihety, Masikoro, Vezo, etc. Mais, en même temps, on a été frappé du fait que, travaillant sur le même terrain parfois, des chercheurs de formation semblable adoptent des points de vue opposés pour décrire des composantes de la structure sociale, ainsi les deux types de groupe appelés *foko* et *tariki*. Parmi les chercheurs français, les uns mettent le *foko* du côté de la « terre », le *tariki* du côté de la « race », tandis que d'autres prennent le parti inverse. On remarque une oscillation comparable chez les chercheurs américains, bien qu'elle se manifeste dans un domaine différent : celui de la descendance et de la filiation, respectivement patrilinéaire et matrilinéaire pour les uns, respectivement indifférenciée et patrilinéaire pour les autres.

Ces divergences qui se répondent, entre des observateurs de la plus haute qualité, achèvent de convaincre que pas plus à Madagascar que dans les autres sociétés cognatiques, l'opposition entre descendance et filiation, ou celle entre groupes de descendance et groupes locaux, ne sont vraiment pertinentes. Dans des sociétés de ce type, on évitera de confondre la règle de descen-

---

1. Cf. *Le Regard éloigné*, Paris, Plon, 1983, ch. V.

dance, qui peut être, selon les cas, patrilinéaire, matrilinéaire ou indifférenciée, avec la position des groupes de descendance ainsi définis dans une structure d'échange, c'est-à-dire leur position en tant que paternels ou maternels, ou mieux, en tant que preneurs ou donneurs de femmes. Comme preneur, un groupe se sert de ses hommes pour renforcer sa position, comme donneur il se sert de ses femmes, et cela, quel que soit le mode de descendance ou de filiation. Le rachat de l'enfant par les paternels, tel qu'on l'observe en Mélanésie, et à Madagascar chez les Masikoro et les Vezo, n'a donc rien à voir avec la descendance patrilinéaire. Il résulte plutôt d'une revendication des preneurs sur les donneurs, et de la position de force où se trouvent les premiers vis-à-vis des seconds. L'incorporation des enfants au groupe de descendance de la mère traduit le rapport inverse[1].

Après ce détour par d'autres sociétés malgaches, on est revenu au plateau central de l'Imerina, considéré non plus du point de vue de la dynastie royale, mais sous l'angle des communautés rurales telles que les ont décrites G. Condominas et M. Bloch. Parfois en désaccord, ces témoignages n'en confirment pas moins les analogies déjà relevées entre le *hapû* maori et le *foko* ou *raza* malgache. Dans les deux cas, il s'agit d'un groupe non exogamique et même à préférence endogame, fondé sur la descendance cognatique, propriétaire ancien ou actuel d'un domaine ancestral ; dans les deux cas aussi, l'accès consenti ou refusé au tombeau collectif permet en permanence au groupe de se définir ou de se redéfinir, que ce soit pour s'élargir ou pour se restreindre. En Nouvelle-Zélande comme à Madagascar, la « maison », au sens que nous avons donné à ce terme, se construit prospectivement par le mariage — occasion d'un choix entre la « race » (mariage dans la parentèle) et la « terre » (mariage dans le voisinage) — et rétrospectivement par les funérailles, c'est-à-dire le droit à la tombe, tout à la fois sol ancestral et chaîne généalogique où, pour s'y trouver réunis, les défunts auxquels on se rattache ont perdu leur individualité distincte en tant qu'agnats, cognats ou affins.

---

1. Cf. *Le Regard éloigné*, *l.c.*, ch. VI.

Un rapide coup d'œil sur les régions orientales de la Polynésie d'où les Maori tirent leur origine : Marquises, îles de la Société, Tuamotu, a suffi pour y reconnaître des structures sociales du même modèle et dont les caractères s'expliquent vraisemblablement, comme en Nouvelle-Zélande et à Madagascar, par des conjonctures historiques. Tantôt des conquérants se sont imposés à une population locale, tantôt la pression démographique, jouant sur un territoire exigu, a déclenché des rivalités au sein d'une population homogène. Dans les deux cas, on a affaire à des sociétés en déséquilibre externe ou interne, pour lesquelles un rêve d'immobilisme serait un luxe qu'elles ne peuvent pas ou plus se permettre.

La dernière partie du cours, consacrée à la Micronésie, a fortifié ces conclusions provisoires. Dans cette région du monde, des sociétés, parfois très denses mais occupant des espaces restreints, offrent maints exemples d'institutions exacerbées, ou comme diraient les zoologues, hypertéliques, tant en ce qui concerne les hiérarchies nobiliaires que le jeu dialectique extraordinairement complexe entre liens patrilinéaires et liens matrilinéaires, entre facteurs de filiation et facteurs de résidence. D'île en île, on a l'impression que les mêmes principes sont à l'œuvre, mais que chacune a élaboré une formule sociale originale en combinant à sa manière des éléments présents dans toutes. Des enquêtes allemandes, certaines datant de plus d'un siècle et regroupées pour la plupart dans les publications de la *Südsee Expedition*, permettent d'en retrouver l'image avant les grands bouleversements consécutifs aux deux guerres mondiales.

Plusieurs auteurs nord-américains (Mason, Alkire, Labby) ont cherché à mettre en corrélation ces formes institutionnelles et les conditions écologiques locales. Les correspondances les plus nettes apparaîtraient entre organisation sociale et mode d'exploitation du sol. D'où la thèse que, dans la formation des structures sociales, la division du travail entre les sexes a été le facteur déterminant. Plus précisément, l'importance du rôle dévolu aux femmes dans les travaux agricoles expliquerait que le clan matrilinéaire apparaisse comme la base des institutions micronésiennes.

Il semble, pourtant, que ce rôle ne soit pas partout le même et que la répartition des tâches entre hommes et femmes varie d'une île à l'autre ; en ce cas, l'interprétation économique serait insuffisante, et il faudrait prendre en considération d'autres facteurs, sociologiques (J. B. Thomas, Mac Marshall) et surtout historiques (Damas). Certaines sociétés micronésiennes ont vécu dans un isolement relatif ; ailleurs, des migrations, des guerres, des intermariages ont brassé les populations. Or, on constate dans les premières sociétés un recul des institutions matrilinéaires : laissées à elles-mêmes, ces institutions, en raison de leur instabilité bien connue, auraient tendance à évoluer spontanément vers d'autres formes. Au contraire, elles fourniraient aux sociétés du deuxième type une sorte de commun dénominateur et un moyen commode — les hommes étant plus mobiles que les femmes — de naturaliser les immigrants.

L'exemple de Palau va dans le même sens. Comme l'ont montré Barnett et Goodenough, cette société, dont les membres se vouaient à d'âpres compétitions économiques et politiques, possède des institutions qu'on ne saurait qualifier ni de patrilinéaires, ni de matrilinéaires : elles revêtent l'un ou l'autre aspect en fonction des rapports de force qui s'établissent entre maisons rivales. Ces conflits se déroulaient dans une atmosphère qui évoque curieusement l'Italie de la fin du Moyen Age ou du début de la Renaissance. Le rapprochement incite à prendre garde que la Micronésie, dont le peuplement remonte à plusieurs millénaires avant notre ère, eut un passé historique riche et complexe, et que certaines îles, comme Yap, exercèrent une influence politique et culturelle sur leurs voisines. D'un bout à l'autre de la Micronésie, les institutions ont, si l'on peut dire, un air de famille : des éléments différemment permutés proviennent d'un fond commun. Il serait trop simple de tenir pour nulle ou insignifiante cette épaisseur temporelle, et sans prendre un indispensable recul, de ramener toutes les complications de la structure sociale au remplacement d'une agriculture primitive, itinérante et diversifiée, par la culture semi-permanente du taro et autres Aroïdés.

Les ethnologues doutent avec bon sens avoir jamais rencontré des peuples que, dans la pleine acception du terme, on puisse appeler « primitifs ». Pour décrire les Micronésiens, les Malgaches et les Maori, le mot conviendrait moins encore. Faire directement dériver leur organisation sociale de conditions, non seulement primitives, mais restées si contemporaines qu'on prétend pouvoir toujours les observer, serait méconnaître que la dimension historique constitue une donnée incontournable des problèmes posés par les sociétés à maisons.

VI

CONSIDÉRATIONS SUR L'AFRIQUE
(année 1981-1982)

Ce cours, le dernier d'un cycle de six années consacré aux sociétés cognatiques (1976-1982)[1], pouvait d'autant moins éluder l'Afrique que les ethnologues tiennent généralement celle-ci pour la terre de prédilection des institutions unilinéaires. L'étendue du domaine interdisait une enquête exhaustive ; on s'est donc limité à trois sondages : dans les États qui bordent le golfe de Guinée, chez les Bantous centraux, enfin chez les peuples nilotiques.

Du point de vue où nous nous placions, le Nigeria méridional, entre Cross River et le delta du Niger, offrait un intérêt tout spécial ; car, partie intégrante d'un continent qu'on dit illustrer mieux qu'aucun autre la réalité du lignage, cette région comprend des sociétés dont l'unité de base paraît être la « maison », qui y existe sous deux formes : la maison proprement dite, ainsi dénommée dans les langues locales, et la « maison de bateau », *canoe house* des ethnologues britanniques (D. Forde, G. I. Jones).

Or, dans les deux cas, il s'agit de groupes théoriquement constitués autour d'un lignage patrilinéaire, mais incluant, parfois en majorité, des non-agnats. Aussi les tentatives des observateurs pour analyser ces sociétés sur le modèle segmentaire échouent-elles vite. Le problème de leur nature véritable se complique encore du fait qu'on a du mal à distinguer la « maison », définie par des critères généalogiques, du « quartier » de ville ou de village. Cette unité résidentielle se confond souvent elle-même

---

1. Et le dernier de mon enseignement.

avec la cité, au sens de « réunion de maisons qui forment un groupe à part », admis par les bons dictionnaires ; le terme nous a semblé préférable à « concession », passé dans l'usage mais qui ne veut rien dire, ou à quelque traduction inévitablement malheureuse de l'anglais *compound*. Quartier et cité apparaissent comme les aspects territoriaux de groupes qui, sous l'angle de la parenté, constitueraient plutôt des lignages nucléaires flanqués de cognats et de non-parents. Il résulte de cette ambiguïté, où nous avons vu un trait caractéristique des sociétés africaines, que la distinction qu'on voudrait introduire entre des niveaux de segmentation s'efface : en présence de situations concrètes, on constate souvent que les termes « maison », « cité », « quartier », « village » deviennent interchangeables. Au cours des années précédentes, des faits polynésiens nous avaient inspiré des remarques analogues.

Des lignages unilinéaires vrais ont-ils évolué vers la forme « maison » quand d'anciens chefs promus « rois » fondèrent leur pouvoir, non plus sur les liens de descendance mais sur les succès militaires et économiques dont, à partir du XVIIIe siècle, la traite des esclaves et le commerce de l'huile de palme fournissaient l'occasion ? Les spécialistes de ces sociétés hésitent ; tantôt la maison leur paraît être une forme sociale aberrante, le produit de circonstances historiques et locales particulières ; tantôt ils la tiennent pour un aboutissement normal d'institutions anciennes, solidement ancrées dans les traditions africaines : deux types de mariage donnant respectivement la primauté à la famille du mari ou à celle de la femme ; droits successoraux des fils sur certains biens, des filles sur certains autres ; hérédité de la couronne fréquemment reconnue aux fils de filles dans la lignée royale. Tous ces traits suggèrent l'opération latente, parfois même explicite, d'une règle de filiation indifférenciée.

Il est de fait qu'à l'ouest du delta du Niger, chez les Itsekiri (P. C. Lloyd), la réalité du patrilignage tend à s'oblitérer, et que la maison, souvent indiscernable du village ou du quartier de village, émerge au premier plan de la structure sociale. Ces maisons entrent en concurrence les unes avec les autres pour recruter des membres, car chaque individu peut théoriquement se réclamer des maisons de tous ses ascendants jusques et y compris la septième génération, ou être sollicité par elles. Ces particularités conduisent à élargir l'enquête au-delà de l'aire principale du commerce de l'huile et des esclaves ; en effet, les Itsekiri sont originaires du Benin et leur langue invite à regarder plus loin encore vert l'ouest, car ils parlent un dialecte yoruba.

Or, mieux encore que dans les cas précédemment examinés, on voit s'affirmer au Benin la prééminence du quartier comme unité de base de la société, mais offrant les deux mêmes caractères inséparables : groupe de descendance dont les membres se rattachent à un ancêtre commun, et rassemblement local de corésidents régis par un chef à fonctions politiques. En outre, les mythes d'origine dévoilent à l'analyse un schème qu'on retouvera chez les Nupe, les Bantous centraux et jusque chez les Nilotiques ; selon ce schème, la société serait issue du mariage entre un étranger de haute naissance, et la fille ou la sœur d'autochtones ou prétendus tels qui lui apporte en dot la terre et la souveraineté sur celle-ci : application imprévue de la distinction médiévale entre la « race » et la « terre ».

Les variations de la règle de filiation ou de descendance qu'on observe chez les Yoruba (W. Bascom, P. C. Lloyd), jointes à des faits du même ordre recueillis encore plus à l'ouest chez les Gonja et les Lowiili (E. et J. Goody), au nord chez les Nupe (S. F. Nadel), enfin, à l'est de la zone où notre enquête avait débuté, par-delà Cross River chez les Yakö (D. Forde) et chez les Mambila du Cameroun occidental (F. Rehfisch), mettent en évidence des traits communs à une aire très vaste, et qui réapparaissent même au Soudan, dans la région des monts Nuba (S. F. Nadel) : rotation des offices — chefferies ou royauté — entre des lignées collatérales, principe selon lequel, on l'avait remarqué dès le XVIIIe siècle à propos des pays du golfe de Guinée, « les hommes héritent des hommes et les femmes, des femmes » (Bosman), fonctions essentiellement magiques et religieuses des groupes matrilinéaires à effectif dispersé, gardiens jaloux de leur identité sociale et des valeurs traditionnelles, fonctions politiques des groupes patrilinéaires localisés, plutôt portés à se diversifier et à s'élargir grâce à des alliances nouvelles ou en recrutant au-dehors.

On s'est donc demandé si, quand ils multiplient les étiquettes pour distinguer chaque nuance de systèmes baptisés patrilinéaires (mais avec des aspects matrilinéaires), matrilinéaires (mais avec des aspects patrilinéaires), bilinéaires, à double descendance, cognatiques, etc., les ethnologues ne sont pas dupes d'une illusion. Ces qualificatifs subtils tiennent souvent plus à l'optique particulière de chaque observateur qu'aux propriétés intrinsèques des sociétés elles-mêmes.

Au cours de ses recherches chez les Bantous centraux, Audrey I. Richards avait compris il y a longtemps que des populations qui présentent des traits matrilinéaires inégalement accusés au sein d'une même aire géographique, ne diffèrent pas entre elles par des modes spécifiques de filiation ou de descendance, mais par le pouvoir plus ou moins grand que, dans chacune, les preneurs et les donneurs de femmes exercent les uns sur les autres. On peut, en effet, trouver dans ce type de relations la clef de plusieurs problèmes posés par la sociologie africaine. En les abordant sous cet angle, on n'espère pas découvrir la maison dans sa forme définitive. Mais on aperçoit mieux comment la préfigurent des unités sociales tout à la fois fondées sur la descendance généalogique et sur une relation au sol, éléments au moyen desquels sont construites la plupart des sociétés africaines. Enfin, cette approche vérifie à sa façon une formule non universelle, certes, mais dont le champ d'application est plus vaste par le monde qu'on eût pu croire : formule selon laquelle les preneurs de femmes, prestigieux par la naissance ou la puissance, détiennent au départ une autorité sociale ou politique, tandis que les donneurs apportent la terre, mais conservent par-devers eux des pouvoirs magiques ou religieux.

Autour d'un domaine réel, légendaire ou mythique, ces unités sociales hybrides rassemblent soit des cognats et des agnats, soit des cognats et des utérins, moins en fonction de modes de filiation différents que des rivalités opposant les maisons (ou ce qui en tient lieu) les unes aux autres. Deux types de mariage avantageant qui les preneurs, qui les donneurs, sont en Afrique les moyens normaux permettant à ces rivalités de s'exercer, tandis que d'autres mécanismes — médiocrement efficaces, semble-t-il — paraissent avoir pour but de les neutraliser : ainsi le rôle compensateur des « faiseurs de rois », reconnu par les États monarchiques à celui des deux groupes, paternel ou maternel, que la règle dynastique exclut de la succession.

Dans l'ensemble Bemba, l'organisation sociale des Yao (J.C. Mitchell) met bien l'antagonisme des paternels et des maternels en lumière. Le chef suspecte ses frères et ses neveux utérins, qui représentent pour lui les rivaux potentiels ; sa confiance va à ses fils que la règle de descendance exclut de sa succession. On avait déjà rencontré ce système d'attitudes chez les Ashanti (M. Fortes) ; il inverse de façon révélatrice celui qu'illustrent les chansons de geste du Moyen Age européen. Un historien de cette période (K. Schmid) a défini la maison comme un système hiérarchique de rangs et de titres transmis en ligne théoriquement héréditaire à des tenants successifs : des « sièges », disent souvent les peuples dotés d'une organisation comparable qu'étudient les ethnologues. En Afrique, notamment chez les Yao et les Lunda (I. Cunnison, D. Biebuyck), le principe de la succession perpétuelle atteste l'existence du même système ; il est important de noter que la position respective des paternels et des maternels, des preneurs et des donneurs, y prend valeur d'archétype. Aussi J.C. Mitchell, observateur des Yao, est-il conduit à appeler « maisons », respectivement aînées et cadettes, les « groupes sororaux » *mbumba* engagés dans des rivalités politiques ; ces maisons regroupent un ou plusieurs patrilignages autour d'un matrilignage dominant : soit, en termes de droit maternel, une configuration plusieurs fois rencontrée au cours des années précédentes, mais formulée dans l'idiome de la filiation patrilinéaire.

Aux confins de la Zambie et du Zaïre, les Lunda illustrent les mêmes aspects. Ils reconnaissent les liens masculins bien que, dans leur société, sauf pour les lignages royal ou nobles, la descendance matrilinéaire soit la règle : système symétrique, donc, avec ceux où, selon la locution médiévale, les femmes (mais ici les hommes) font « le pont et la planche ». Chez les Lunda aussi, la rotation des offices se double d'une autre : celle des clans habilités à produire des épouses royales et donc des héritiers au trône. On a souligné l'analogie fonctionnelle que ces systèmes offrent avec la succession perpétuelle. Ils visent tous (ce qui ne veut pas dire qu'ils y parviennent) à neutraliser les hasards de l'histoire en ménageant des retours réguliers à période $n \leqslant 1$ (correspondant à l'intervalle d'une génération dans le cas de la succession perpétuelle) ou à période $n \geqslant 2$, selon le nombre des lignées appelées à régner en alternance, ou celui des clans fournisseurs d'épouses royales (environ quinze sur quarante chez les Baganda, qui ont le même système). On dirait que ces sociétés africaines ont, vainement sans doute, cherché à faire une cote mal taillée, pour concilier les aléas du devenir historique — auquel, leur passé ancien et récent le prouve, elles s'étaient largement ouvertes — et l'assurance illusoire qu'en dépit des risques encourus, le jeu se soldera sans gain ni perte. En ce sens, les maisons africaines, s'il fallait les définir d'après les règles neutralisant théoriquement leurs rivalités et garantissant à chacun qu'elle aura son tour, apparaîtraient plutôt comme des « anti-maisons ».

On perçoit, en effet, chez ces peuples le souci de surmonter l'antagonisme des paternels et des maternels. Quand il accède au trône, le roi Lunda abandonne son clan maternel, mais il fait auprès de sa personne une place importante à ses parents d'origine : à l'inverse de ce qu'on observe chez les Yao et les Ashanti, ce sont ses enfants et petits-enfants — les chroniques royales l'attestent — qui constituent pour lui un danger.

Les mythes d'origine des Bantous centraux ont particulièrement retenu l'attention. Non pour y trouver des témoignages historiques, mais parce qu'ils révèlent comment ces peuples conceptualisaient leur ordre social et sa genèse. Un schème les sous-tend, comparable à celui déjà dégagé à partir des mythes du Benin et du royaume Nupe : un ou plusieurs conquérants nouent des liens conjugaux successifs avec les actuels occupants du pays chez qui ils prennent femme et dont ils reçoivent, en même temps qu'une sœur ou une fille, des droits souverains sur la terre ; de sorte que, par une série de promotions successives, celle-ci passe de brousse sauvage à l'état de terre habitée ; devenue terre habitée, de l'état de sol cultivé à celui de domaine royal, enfin, de terre conçue comme moyen de production aux produits récoltés eux-mêmes, emmagasinés dans des greniers à la disposition du monarque.

Il est enfin apparu que l'opposition des paternels et des

maternels, ainsi que les moyens institutionnels destinés à la surmonter de façon toujours précaire, peut éclairer un vieux problème : celui de la mise à mort du roi, coutume rendue célèbre par l'œuvre de Frazer. Attribuée avec plus ou moins de vraisemblance à une quinzaine de sociétés africaines, elle serait avérée dans quelques-unes. Or, la règle selon laquelle des parents ou des rivaux du roi le contraignent au suicide ou le font périr par strangulation, étouffement, ou encore en l'enterrant vivant, quand ils jugent que ses forces déclinent, offre un rapport de symétrie frappant avec d'autres usages naguère pratiqués au Vieux-Calabar : dans cette région de l'estuaire de Cross River, quand le roi mourait, ses frères et neveux massacraient tous ceux contre lesquels ils nourrissaient des griefs ou qu'ils soupçonnaient de vouloir s'emparer du pouvoir. Au meurtre du roi vivant, par des proches qui sont en même temps des rivaux, fait donc pendant le meurtre, par ses proches, des rivaux ou adversaires du roi mort[1].

Dans une conférence à la mémoire de Frazer prononcée en 1948, Evans-Pritchard avait le premier mis en doute que le roi fût immolé pour des raisons religieuses ou mystiques. Il fallait, selon lui, dégager les soubassements sociologiques d'une coutume mieux explicable par les tensions inhérentes à la structure sociale : ainsi, chez les Shilluk, ces tensions se manifestaient entre paternels et maternels quand il était question de désigner un héritier au trône. Comme d'autres peuples africains (nous avons joint le cas des Yoruba et des Swazi), les Shilluk disposaient de moyens institutionnels pour élaguer le lignage royal, faire tomber en roture des collatéraux dont le roi pouvait épouser les filles — auxquelles incombait le devoir de faire périr leur époux royal par suffocation.

Une douzaine d'années plus tard, M. W. Young a contesté cette interprétation sociologique en se fondant sur ses propres recherches chez les Jukun du Nigeria septentrional. Là, en effet, les agnats et les utérins sont solidairement responsables de la mort du roi : les premiers la décident, les seconds y procèdent. De plus,

---

1. Autre application de la « formule canonique » déjà illustrée, p. 145-146. Cf. à ce sujet Préface, p. 13.

une règle d'alternance entre deux lignées dynastiques fait que la mort du roi profite à une lignée dont ni les uns, ni les autres ne sont membres, et qui donc les tiendra écartés du pouvoir. Pour discuter utilement ce cas, il serait nécessaire de savoir — car on l'ignore généralement, Evans-Pritchard le soulignait déjà à propos des Shilluk — si des alliances matrimoniales se nouent entre les lignées qui alternent sur le trône et, dans l'affirmative, lesquelles. Un examen attentif des faits rapportés pour les Jukun suggère que de telles relations furent réelles.

    Un livre et deux articles de G. Lienhardt, consacrés aux Dinka, Shilluk et Anuak, éclairent jusqu'à un certain point ces problèmes d'interprétation. Les Dinka enterraient vivants non des rois — ils n'en possédaient pas — mais des prêtres, maîtres d'une lance sacrée. D'autre part, ils concevaient la relation entre leurs clans, les uns « prêtres » les autres « guerriers », sur le modèle de celle entre des frères de mère et des neveux utérins, ce qui va dans le sens de la thèse d'Evans-Pritchard. En revanche, il résulte du récit de témoins indigènes que, comme chez les Jukun, les deux clans, paternel et maternel, participaient à l'exécution du prêtre ou du monarque. Pour échapper à la contradiction, il faut se reporter aux schèmes conceptuels qui sous-tendent, chez les Nilotiques, des mythes d'origine semblables jusque dans les détails à ceux des Bantous centraux. Ici et là, l'ordre social présuppose qu'un conflit initial entre paternels et maternels, entre preneurs et donneurs de femmes, a été surmonté. Une relation objectivée entre preneurs et donneurs, nobles et gens du commun, conquérants et autochtones, peut donc fournir le modèle de la société quand on la pense dans l'absolu ; en même temps, au sein de chaque village, la pratique sociale exploite cette relation, pensée alors en termes relatifs : tout guerrier a l'ambition d'épouser une femme provenant de clans prêtres, pour capter la vitalité que ceux-ci détiennent au profit des enfants à naître. Enfin, le cas des Nilotiques montre bien (comme aussi celui de l'ancien Japon où, au XIe siècle, des conflits surgirent entre lignées collatérales du clan Fujiwara, donneur presque exclusif de femmes à la dynastie impériale), de quelle façon la maison peut acquérir ses contours : à l'occasion de crises entre lignées collatérales, les alliés les plus proches font cause commune avec leur gendre ; le clivage qui passait entre paternels et maternels s'oblitère, tandis qu'ici et là un écart naît ou augmente entre les collatéraux.

De telles considérations aident à dissiper les obscurités qui, chez de nombreux auteurs, entourent encore la notion de parentèle (anglais *kindred*). On essaye de définir celle-ci comme un groupe d'un type particulier, ayant la même réalité objective que, disons, le clan, le lignage, la famille étendue ou la famille nucléaire ; et on s'aperçoit très vite qu'on peut seulement la différencier par des caractères négatifs : en énumérant tout ce qu'elle n'est pas. Mais, à la vérité, il ne faut pas voir dans la *kindred* des ethnologues de langue anglaise une formation sociale distinctive ; plutôt un *schème opératoire* permettant de découper des configurations *ad hoc* dans la masse confuse de tous ceux avec lesquels on possède, ou on se découvre pour les besoins de la cause des liens de parenté.

Si l'on excepte quelques peuples du Nigeria méridional, l'Afrique n'offre sans doute que des formes embryonnaires de la maison. Néanmoins, on s'est convaincu de la présence, dans toutes les régions passées en revue cette année, d'un véritable invariant. Cet invariant consiste dans le dualisme des paternels et des maternels qui fournissent, au niveau dynastique, la ou les lignées royales et les « faiseurs de roi » : rôles attribués soit aux uns, soit aux autres en fonction de la prééminence locale des preneurs ou des donneurs. Divers faits provenant de royaumes interlacustres, Rwanda et Buganda, le confirment à la lumière des travaux de Roscoe, Vansina, Fallers, Low, Southwold, Maquet, L. de Heusch.

Or, c'est bien du côté de la filiation indifférenciée et de la maison comme forme institutionnelle qu'il faut regarder, si l'on veut éclaircir les doutes de maints africanistes au sujet d'éléments de la structure sociale jugés par eux fondamentaux, et qu'ils sont néanmoins embarrassés pour décrire : groupes résidentiels traités comme des lignées, lignages agnatiques transformés en groupes de cognats, qu'Evans-Pritchard, par exemple, s'avouait incapable de ranger dans une catégorie quelconque de la nomenclature ethnologique ; on note la même perplexité chez d'autres auteurs à propos des Yoruba (W. Bascom) et des Lovedu (E. Krige). Nous avons également relevé les incertitudes qui planent sur la nature du *nganda* des Bemba : matrilignage selon A. Richards, mais irréductible aux critères tirés de la résidence commune, de la propriété foncière ou du commandement ; ligne de descendance d'un genre laissé dans le vague par Cunnison ; tandis que Biebuyck, cherchant à définir le *ngaand* des Lunda, propose finalement d'y voir un groupe *local* ressemblant à une *lignée*, disposant d'un *domaine*, et formant une unité (qu'A. Richards estime fondée seulement sur le principe de la *succession perpétuelle*). Nous soulignons les termes correspondant aux quatre dimensions caractéristiques de la maison.

Même en Afrique, par conséquent, on voit émerger un type d'institution qui transcende les catégories traditionnelles de la théorie ethnologique en intégrant descendance et résidence, exogamie et endogamie, filiation et alliance, droit paternel et droit maternel, en même temps qu'hérédité et élection, antiquité et puissance et — pour s'exprimer en termes encore plus généraux — compréhension (ensemble des vertus connotées par la « race ») et extension (totalité des biens-fonds dénotés par la « terre »).

Toutefois, l'intégration n'est jamais complète. Mieux peut-être qu'ailleurs, des régions où l'on observe une transition entre régime patrilinéaire et régime matrilinéaire, ou bien entre des modalités plus ou moins marquées de l'un ou de l'autre, montrent qu'au regard de la maison, entre les deux régimes la parité est absente. Si, comme le plus souvent, les hommes participant au grand jeu des alliances sont des agents tandis que les femmes sont agies par eux, il faut reconnaître que les donneurs jouissent d'un avantage initial : chez les donneurs, derrière les femmes se tiennent des hommes. La situation inverse prévaut de l'autre côté : les preneurs n'ont derrière eux que des femmes[1]. D'où, pour les

1. On en avait très bien conscience dans une société à maisons comme la France l'était encore aux XVIIe-XVIIIe siècles : « [...] il faut convenir qu'en Angleterre les reines gouvernent mieux que les rois, et savez-vous bien pourquoi, ma tante ? » dit un jour, en présence de Louis XIV, la duchesse de Bourgogne à Mme de Maintenon, « c'est que sous les rois ce sont les femmes qui gouvernent, et ce sont les hommes sous les reines. » Saint-Simon, *Mémoires*, III, xliv.

paternels, le besoin de faire remplir à leurs agnates le rôle d'agents — c'est-à-dire d'hommes — pour améliorer leurs cartes au regard de l'enjeu de toute alliance matrimoniale que constituent les enfants.

Peut-être faut-il voir là la raison profonde — en tout cas, une des raisons — du pouvoir mystique sur ses neveux et nièces ou sur ses germains, attribué à la sœur du père ou à la sœur, comme si, malgré sa nature idéologique, ce pouvoir contrebalançait les empiètements toujours à craindre, de la part des maternels, sur une lignée agnatique où se trouvent leurs utérins. Pendant les dernières années, ce pouvoir spirituel reconnu aux agnates nous avait paru occuper une aire presque coextensive à celles des sociétés à maisons, notamment en Polynésie et en Micronésie, et nous le retrouvons à présent en Afrique : entre autres, chez les Nyakyusa, les Lovedu, les Swazi, et au Rwanda.

Mais si, comme ce cycle de six années de cours a tenté de le démontrer, il convient de faire une place à la maison dans la typologie ethnographique, une conclusion de portée plus générale en découle. Car il eût été impossible, ou à tout le moins difficile, de dégager les caractères distinctifs de la maison à partir des seules sociétés sans écriture. Ces caractères sont rendus mieux perceptibles à travers les documents d'archives et les œuvres littéraires qu'ont laissés le Moyen Age européen, ainsi que les périodes correspondantes ou postérieures en Orient et en Extrême-Orient. Plus près de nous, la problématique de la maison reste vivante chez des auteurs qui vont de Saint-Simon jusqu'à la comtesse de Boigne et même au-delà ; et dans les usages successoraux du monde paysan en plusieurs régions.

Le temps n'est plus où l'on se tournait vers l'ethnologie de façon presque automatique pour interpréter des coutumes anciennes ou récentes, dont la signification échappait, comme des survivances ou des vestiges d'un état social toujours illustré par les peuples sauvages. A l'encontre de ce « primitivisme » désuet, nous comprenons mieux que des modes de vie sociale et des types d'organisation bien attestés dans notre histoire peuvent éclairer ceux de sociétés différentes, où ils nous apparaissent peu distincts et comme brouillés parce que mal documentés et observés sur des périodes trop courtes. Entre les sociétés dites « complexes » et celles appelées à tort « primitives » ou « archaïques », la distance est moins grande qu'on ne pouvait le croire. Pour la franchir, il convient aussi bien de remonter de celles-là à celles-ci que de descendre de celles-ci à celles-là.

L'ethnologie aura longtemps pour mission principale de recueillir tout ce qu'il est encore possible d'apprendre sur des croyances, des coutumes et des institutions qui constituent autant de témoignages irremplaçables de la richesse et de la diversité humaines. Mais il est bon que les ethnologues, sans faillir à leur obligation première, se penchent aussi sur ces franges d'interférence où les informations provenant de sociétés les unes très proches, les autres très lointaines, s'annulent parfois et plus fréquemment se renforcent. C'est une des tâches de l'anthropologie d'aujourd'hui ; ce sera, davantage encore, une de celles de l'anthropologie de demain.

SIXIÈME PARTIE

ANNEXE :
NEUF RÉSUMÉS DE COURS

DONNÉS A L'ÉCOLE PRATIQUE DES HAUTES ÉTUDES,
SECTION DES SCIENCES RELIGIEUSES,
Direction d'études :
« Religions comparées des peuples sans écriture »

I
LA VISITE DES ÂMES
(année 1951-1952)

On a cherché à mettre en corrélation deux types d'attitudes assumées par les vivants envers les morts. Le premier, qui trouve son illustration dans le thème folklorique du *mort reconnaissant*, semble reposer sur l'idée d'un contrat entre les deux parties : moyennant le respect et les hommages périodiques des vivants, les morts renoncent à leurs conduites persécutrices. Ils laisseront les vivants en paix ; mieux encore, ils leur garantiront le retour régulier des saisons, la fécondité des jardins et des femmes, et la longue vie pour ceux qui resteront fidèles aux engagements pris.

A l'opposé de ce *modus vivendi*, on en rencontre un deuxième qui s'exprime dans un autre thème folklorique : celui du *chevalier entreprenant* ; là, morts et vivants semblent engagés sans fin dans une lutte d'influence. Les vivants refusent aux morts le repos auquel ils aspirent ; ils les tiennent mobilisés au service de leurs ambitions et de leur vanité, qu'elles se fondent sur la domination magique des fantômes ou sur celle, plus sociologique, d'une lignée d'ancêtres. Par la peur qu'ils inspirent, le prestige qu'ils conservent, les maléfices dont on leur reconnaît le pouvoir, les morts font payer chèrement aux vivants ce refus d'un dernier sommeil. Dans un cas, par conséquent, morts et vivants ont fait leur paix que sanctionne un *partage équitable*. Dans l'autre, les vivants se réservent les chances d'une *spéculation effrénée* aux dépens des morts ; mais sans pouvoir se dégager de la mystification dont ils sont les auteurs, et qui les oblige à concéder aux morts une puissance égale à celle dont ils se voudraient les seuls possesseurs.

En apparence, les deux attitudes sont incompatibles et il est certain que de nombreuses sociétés n'en retiennent qu'une seule. Mais, dans plusieurs régions du monde, elles sont données en corrélation, comme si l'une ne pouvait être pensée qu'en fonction de l'autre et réciproquement. L'Amérique, du Nord et du Sud, offre des exemples de cette formule complexe. On en a étudié quelques-uns.

Chez les Bororo du Brésil central, les deux attitudes se rattachent respectivement au culte collectif des *aroe*, véritable « société des âmes » représentée à titre permanent dans le village par la maison des hommes, et à laquelle est voué un prêtre spécial, le « maître du chemin des âmes » ou *aroettawaraare* ; et par la sorcellerie individuelle des *baire* (sing. *bari*) chacun uni par un contrat personnel avec un esprit singulier, sans qu'on sache jamais lequel des deux est le maître ou le serviteur.

L'articulation de ces deux systèmes, incluant des croyances et des pratiques, se fait dans le rituel des funérailles : tout à la fois célébration respectueuse pour marquer le moment où le défunt s'incorpore à la société des âmes, protectrice de la tribu ; et vengeance, exercée par la société des hommes, sur l'esprit particulier tenu pour responsable du décès. L'arbitrage entre les deux formules s'opère dans et par la notion de *mori* ou dette, tantôt de vivant à vivant, tantôt de vivant à mort, tantôt de mort à vivant. De nombreux détails confirment que les deux ensembles de croyances et de coutumes forment, dans la vie et la pensée indigènes, un système d'oppositions : l'un en rapport avec le jour, les cours d'eau, la direction est-ouest, les normes collectives ; l'autre avec la nuit, les astres, la direction verticale, les vocations individuelles, etc.

Un système analogue se retrouve en Amérique du Nord, chez les Algonkin centraux et orientaux. Mais, alors que chez les Bororo, on voyait une société masculine de vivants jouant à des non initiés la comédie des âmes visiteuses et bienfaitrices, la société algonkine du *midewiwin* ou *mitawin* (termes respectivement ojibwa et menomini), ouverte aux deux sexes, est composée de vivants qui se jouent à eux-mêmes le drame de leur propre mort, afin d'éviter que les âmes ne reviennent visiter les vivants.

Les deux formules sont donc complémentaires et opposées. Il s'agit toujours d'une société de vivants, mais qui, dans un cas, facilite, et dans l'autre prévient un retour des morts tantôt désiré et tantôt redouté. Ici et là, la méthode employée est la même : une confrérie prétend représenter les morts pour donner aux vivants l'illusion de la visite des âmes, ou bien pour persuader celles-ci que les vivants jouent si avantageusement leur rôle qu'il serait superflu de les inquiéter par trop de sollicitude. Chez les Algonkin aussi, on trouve dans les chamans appelés *jessakid* et *wabeno* un équivalent des *baire* bororo, et qui remplissent les mêmes fonctions.

En poussant l'enquête jusqu'aux tribus de langue sioux, surtout les Winnebago et les Omaha, on a observé la réorganisation des mêmes thèmes dans un système cosmologique soit binaire (avec opposition de l'ouest et de l'est, du nord et du sud, ou encore du haut et du bas), soit ternaire (ciel, terre, eau), ou même élaboré en système quinaire (la terre s'oppose alors, d'une part à un couple : eau et monde subaquatique, de l'autre, à un second couple : ciel atmosphérique et ciel empyrée). Il devient ainsi possible d'établir une série de congruences entre des systèmes cosmologiques fondés dans chaque groupe sur la cosmologie, les directions de l'espace, les couleurs, les familles animales et végétales, et les symboles récurrents dans le rituel : étoile pour le ciel, caillou roulé pour la terre, coquillage pour l'eau.

Si l'on traite ces symboles à la manière d'une algèbre, on parvient à simplifier graduellement les équations et à réduire des systèmes compliqués de croyances et de rites pour faire ressortir une opposition plus fondamentale d'ordre formel entre un système à deux termes et un système à trois termes. Or, des recherches antérieures, dont on a présenté les résultats en 1948-1949 à la 6ᵉ Section de cette École, avaient permis de montrer que les organisations dualistes, caractéristiques des sociétés ici considérées, offrent par rapport au type classique des anomalies qui se reproduisent d'une société à l'autre et qui semblent l'indice d'une organisation tripartite sous-jacente ou plus ancienne[1].

1. Cf. *Anthropologie structurale*, Paris, Plon, 1958, ch. VIII.

En décelant les mêmes anomalies dans les idées métaphysiques et les croyances religieuses, on n'approfondit pas seulement celles-ci : on contribue à montrer qu'on ne peut les isoler des autres aspects de la vie sociale, et que la représentation que ces sociétés se font du rapport entre les vivants et les morts n'est que la projection, sur l'écran de la pensée religieuse, des relations réelles qui prévalent entre les vivants.

II
RECHERCHES
DE MYTHOLOGIE AMÉRICAINE
(année 1952-1953)

La conférence a été entièrement consacrée à une étude comparative des différentes versions connues du mythe d'émergence chez les Indiens Pueblo occidentaux et centraux (Hopi, Zuni et Acoma). On a analysé et commenté une trentaine de versions avec l'espoir d'en dégager quelques principes généraux.

En premier lieu, on a convenu de traiter tout discours mythique comme une sorte de métalangage, dont les unités constitutives seraient des *thèmes* ou des *séquences* en eux-mêmes privés de signification, à la façon des phonèmes de la langue, et ne prenant un sens que par leur articulation en système.

En second lieu, on a résolu par la négative la question de savoir si, entre plusieurs versions du même mythe, certaines méritent un crédit particulier parce que plus anciennes, plus complètes ou plus cohérentes. Le mythe consiste en l'ensemble de ses versions, et cet ensemble étant par définition toujours incomplet, donc ouvert, on est amené à considérer le mythe comme un ensemble non dénombrable qu'on peut seulement connaître par approximation. Cette structure du mythe, feuilletée, si l'on peut dire, *ad infinitum*, se reproduit au sein de chaque version dont les épisodes, en apparence successifs, ne se rangent pas dans un ordre irréversible à la manière d'événements historiques : ce sont plutôt des reproductions d'un modèle fondamental présenté sous autant de perspectives différentes.

Dans ces conditions, pour résoudre le problème posé par l'étude des mythes, il faut élaborer des méthodes propres à isoler les éléments qui les composent, en suivant une démarche plus rigoureuse et visant davantage à l'objectivité que celle pratiquée par les folkloristes, quand ils découpent arbitrairement des « thèmes » ou des « motifs » en fonction de considérations étrangères à la nature des documents utilisés.

Les remarques qui précèdent permettent, semble-t-il, d'élaborer ces méthodes rigoureuses, et cela de plusieurs façons :

1. — On peut d'abord analyser un mythe en fonction du caractère réversible ou irréversible des séquences qu'on y relève. Le repérage des transitions irréversibles, par l'intermédiaire desquelles sont reliées des séquences elles-mêmes réversibles, permet d'isoler celles-ci et de reconnaître leur individualité.

2. — On peut ensuite appliquer au mythe les épreuves de *commutabilité* qui, dans la glossématique de M. Hjelmslev, se sont montrées si fécondes pour déterminer les unités constitutives de la langue. Si, dans une version donnée d'un mythe, une séquence A est accompagnée d'une séquence B, et si cet ensemble se retrouve sous une forme A'B' dans une deuxième version, A''B'' dans une troisième, etc., on peut définir A par l'ensemble de ses relations à B, B', B'', et ainsi de suite. Plusieurs exemples ont été donnés de ce procédé d'analyse.

3. — Enfin, on soumettra le mythe, considéré comme un *rite pensé*, au découpage en quelque sorte naturel qui ressort de l'analyse du rituel considéré comme un *mythe agi*. Cette troisième méthode fournit une précieuse vérification des résultats obtenus par les deux autres.

En appliquant ces méthodes à l'étude des mythes d'émergence chez les Pueblo occidentaux et centraux, on espère être parvenu à élucider plusieurs problèmes. La fonction du clown cérémoniel a été associée à toutes les démarches considérées comme antinaturelles par la pensée indigène ; au moyen d'une série de commutations portant sur la mort et l'agriculture, l'agriculture et la chasse, la chasse et la guerre, enfin la guerre et la mort, on a pu démontrer que les clowns cérémoniels, les dieux de la guerre et les messagers divins constituent des variantes combinatoires d'un même type, et donc expliquer le rôle resté jusqu'à présent obscur des clowns cérémoniels dans les occupations guerrières. On a enfin décelé, dans les différentes versions, des variations de structure offrant une grande régularité et des caractères hautement systématiques, qui correspondent aux conditions économiques et sociologiques dans lesquelles chaque groupe indigène vit et s'est développé.

III
RECHERCHES DE MYTHOLOGIE AMÉRICAINE (suite)
(année 1953-1954)

Poursuivant les recherches de l'an dernier consacrées au mythe d'émergence chez les Pueblo occidentaux et centraux, on s'est attaché cette année à l'étude des versions connues du même mythe dans les groupes orientaux (Keres, Tiwa et Tewa), et à des comparaisons d'ensemble.

On avait constaté que les versions occidentales essayent d'effectuer un passage continu de la vie à la croissance mécanique des plantes, puis à la valeur alimentaire des plantes sauvages, ensuite à celle des plantes cultivées ; de là, à la chasse, puis à la guerre, pour introduire enfin la mort. La rencontre avec la chasse au centre même de cette dialectique confrontait la pensée indigène à une contradiction imprévue : la chasse est, à la fois et simultanément, vie (parce que nourriture) et mort. Cette dualité inhérente à une notion intermédiaire se traduit sur le plan du mythe, par la prolifération de couples dioscuriques qui ont pour fonction d'assurer une médiation entre des termes extrêmes, isolés chacun pour son compte et opposés entre eux.

En revanche, la mythologie orientale pose, dans sa démarche initiale, qu'une identité de nature existe entre l'agriculture et la chasse ; elle essaye de déduire la vie et la mort à partir de ce concept global. Mais, comme cette unité n'est pas moins illusoire que dans le cas précédent, on se trouve en présence d'une structure symétrique et inverse de celle qui caractérise la mythologie occidentale : ce sont les termes extrêmes qui se dédoublent (ainsi les deux sœurs de la mythologie keresane), tandis qu'un personnage unique, mais aux attributions ambiguës (le Poshaiyanne des Sia) reçoit la charge d'assurer une médiation impossible.

Pour parvenir à interpréter ces renversements, on est amené à poser dans ses termes les plus généraux le *problème de la médiation*. Un traitement formel conduit à constater que la formule des dioscures (les dieux de la guerre des Pueblo) et celle du messie (Poshaiyanne) en épuisent les solutions. Mais il est possible d'aller plus loin : une rapide exploration de la mythologie des Indiens des Plaines, comparée à celle des Pueblo, permet d'isoler une série de variantes dont l'analyse montre comment le passage se fait de l'une à l'autre formule. La « fiancée du soleil », messie virtuel et inopérant, dans le cycle de « la grand-mère et le petit-fils » se segmente en paire non dioscurique dotée d'attributs antithétiques. Avec le cycle de « l'enfant-de-la-hutte et de l'enfant-du-torrent », la paire non dioscurique bascule, si l'on peut dire, et fait place à des dioscures vrais. La publication en cours d'année de *la Saga de Hadingus* de M. Dumézil venait indirectement, et de manière imprévue, à l'appui de notre démonstration, car le couple du noyé et du pendu, qu'il a réussi à isoler dans la pensée mythique scandinave, apparaît symétrique avec celui qui domine les spéculations américaines.

Fort de ces considérations théoriques, on a pu revenir au personnage du messie dans la mythologie pueblo, et établir, contrairement à l'opinion de la plupart des commentateurs, son caractère précolombien ; une comparaison entre les traditions pueblo, certains chapitres du *Popol Vuh* et divers documents mexicains s'est montrée décisive à cet égard. En deuxième lieu, on a montré l'universalité du personnage dans la mythologie pueblo, et expliqué en fonction de la structure de chaque mythe son rôle primordial ou secondaire, son intervention précoce ou tardive dans le récit, sa fonction bienfaitrice, punitive, ou mixte.

En analysant, classant et intégrant tous ces aspects, on est enfin parvenu à isoler une figure capitale de la pensée religieuse américaine, restée jusqu'à présent confuse parce qu'elle constitue une sorte de commun dénominateur aux innombrables « dieux trompeurs » *(trickster)* qui y pullulent : dieu de la rosée, du sang et de la cendre personnifié sur le plan zoologique par le coyote et le corbeau, sur le plan botanique par la nielle. Les contes indigènes de la région le désignent comme un « garçon-de-cendre »,

« garçon-au-tisonnier », « garçon-au-trognon-de-maïs » *(corncob boy)*.

Une comparaison finale de ce héros des récits populaires avec le personnage de Cendrillon a complété la démonstration de l'origine précolombienne du premier, en même temps qu'elle a permis de poser certains problèmes de principe et de méthode de la mythologie comparée, et d'illustrer par de nouveaux exemples une logique mythique qui, pour être qualitative, n'en offre pas moins que l'autre (dont il n'est pas certain qu'elle diffère) un caractère de nécessité et d'universalité.

IV

RAPPORTS ENTRE LA MYTHOLOGIE ET LE RITUEL
(année 1954-1955)

On s'est proposé de reprendre sur un exemple précis l'étude de ce vieux problème si controversé. Comme document de base, on a choisi la monographie classique de A.C. Fletcher : *The Hako, a Pawnee Ceremony* (22nd Annual Report of the Bureau of American Ethnology, 1904), qui est l'une des rares analyses exhaustives d'un rituel complet que l'on possède, et qui est accompagnée d'un précieux commentaire indigène.

Après avoir rappelé le rôle de ce document dans le développement des idées théoriques de A.-M. Hocart et discuté ses conclusions à ce sujet, on s'est efforcé de démonter, si l'on peut dire, pièce par pièce, le mécanisme de la cérémonie. Ce travail a permis un classement préliminaire des symboles, des conduites significatives et des idées motrices, pour aboutir à la restitution d'une sorte de « plan de montage » dont la réalité ne pourrait être qu'inconsciente, mais qui a en tout cas une valeur heuristique.

Dans une deuxième partie, on a ensuite entrepris de confronter méthodiquement les éléments de divers ordres ainsi dégagés, avec ceux du même type que révèle un dépouillement systématique du vaste corpus de la mythologie pawnee formé par les recueils de Dorsey, Grinnell, Dunbar, Weltfish, etc.

Il est apparu que, dans ce cas particulier au moins, les vues théoriques fréquemment exprimées sur les rapports étroits entre la mythologie et le rituel ne se confirmaient en aucune façon. Il n'y a pas de mythe fondant le rituel dans son ensemble, et quand des mythes fondateurs existent, ils portent généralement sur des détails du rituel qui paraissent secondaires ou surajoutés. Par contre, si mythe et rite ne se redoublent pas, ils se complètent souvent, et seul leur rapprochement permet de formuler des hypothèses sur la nature de certaines démarches intellectuelles, typiques de la culture considérée. Chez les Pawnee, cette complémentarité entre mythe et rituel se manifeste de façon saisissante ; ainsi dans le cas des coutumes initiatiques : les mythes et les rites qui touchent à l'initiation dans les confréries de sorciers-guérisseurs offrent des structures rigoureusement identiques, mais inversées. On est donc amené à postuler l'existence d'un système psycho-sociologique sous-jacent, dont la mythologie et le rituel constitueraient des facettes.

Ainsi, l'exceptionnelle complexité de la pensée religieuse et de la cosmologie pawnee, jointe à l'élaboration très poussée de leur rituel, ont été mises en rapport avec un trait dominant de leur logique : par un curieux paradoxe dont leur histoire offre peut-être la clé, les penseurs indigènes semblent particulièrement sensibles à l'opposition et à la contradiction, qu'ils éprouvent beaucoup de difficulté à surmonter.

Pourtant, les termes mêmes entre lesquels ces oppositions s'établissent sont toujours ambivalents ; ce ne sont jamais des termes simples, mais des synthèses anticipées de ces mêmes oppositions que l'analyse découvre comme difficilement réductibles. Par exemple, le rituel du Hako a pour objet la médiation (conçue par la pensée indigène comme très périlleuse) entre tout une série de couples : père-fils, concitoyens-étrangers, alliés-ennemis, hommes-femmes, ciel-terre, jour-nuit, etc. Or, les agents de cette médiation sont des objets sacrés dont chacun figure un terme de l'opposition, tout en étant constitué d'éléments empruntés pour parties égales aux deux séries de couples.

Seule l'étude parallèle de la mythologie et du rituel devait permettre de dégager cette dialectique dont les fragments complémentaires ont pu être juxtaposés en prélevant dans les deux domaines : d'une part, l'identification rituelle d'un enfant à Tirawa, l'Être suprême, et sa manipulation subséquente au cours de cérémonies secrètes en elles-mêmes inintelligibles ; de l'autre, la théorie, que recèlent implicitement les mythes, de la bi-sexualité du non initié : théorie suggérée par les aspects les plus obscurs du rituel et qui les éclaire en retour.

Enfin, on a cru constater que la valeur signifiante du rituel est entièrement cantonnée dans les instruments et dans les gestes. Les paroles — prières, incantations, formules — ont paru vides, ou tout au plus dotées d'un rendement fonctionnel extrêmement faible. De ce point de vue, une véritable opposition apparaît entre le mythe et le rite. Tandis que le premier est langage, mais tire sa signification d'un usage de la langue qui lui est propre, le rite fait de la langue un usage commun, et il choisit de signifier sur un autre terrain. Les termes de *métalangage* et de *paralangage* ont été proposés pour traduire cette différence.

C'est à la linguistique que le mythologue peut le mieux s'adresser pour élaborer ses modèles d'explication ; pour étudier le rituel, on ira plutôt les chercher du côté de la théorie des jeux. Mais si un jeu se définit par l'ensemble de ses règles qui rendent possible un nombre illimité de parties, le rite ressemble à une partie privilégiée, seule retenue entre toutes les parties possibles parce qu'un certain type d'équilibre entre les deux camps en résulte. Le jeu apparaît donc *disjonctif* : il crée un écart différentiel entre des joueurs ou des camps qui n'étaient pas ainsi marqués au départ. De façon symétrique et inverse, le rituel est, lui, *conjonctif*, car il établit une union (on peut dire ici une communion), ou, au moins, une relation organique entre deux groupes (qui peuvent, à la limite, se confondre l'un avec la personne du prêtre, l'autre avec la collectivité des fidèles) donnés comme dissociés au départ. On s'est, enfin, posé la question de savoir si les notions de stratégie et de tactique, telles que la théorie des jeux les entend, ne peuvent être mises à profit pour approfondir les relations qui prévalent entre l'ordre du mythe et l'ordre du rituel.

V
LES PROHIBITIONS DU MARIAGE
(année 1955-1956)

Vaste problème, qui n'a pu être abordé que sous un angle limité : on s'est posé la question de savoir jusqu'à quel point et dans quelle mesure un système de parenté, et les règles du mariage qui l'accompagnent, peuvent être traités comme un ensemble indépendant des autres aspects de la réalité sociale.

La question offre un double intérêt. D'abord, elle est impliquée par certains développements récents de la pensée de M. Talcott Parsons. L'éminent sociologue de Harvard s'attache, en effet, dans des travaux inédits mais rendus par lui accessibles à cette conférence[1], à élaborer une sorte de parallélisme psycho-sociologique qui prétend intégrer les conclusions des recherches structuralistes contemporaines, dans les trois domaines de l'anthropologie, de la linguistique et de la psychanalyse. Cette théorie nouvelle, qui propose une interprétation de l'origine et de

---

1. Vers la fin de 1953 si mes souvenirs sont exacts, dans les couloirs de l'Unesco où il m'avait fixé rendez-vous, Talcott Parsons, de passage à Paris, tira de sa serviette et me présenta un contrat de *Full Professor* à l'université Harvard avec *tenure*, où ne manquait plus que ma signature. Il comptait, l'effet de surprise aidant, que je la donnerais sur-le-champ. Au simple directeur d'études à l'École pratique des hautes études que j'étais alors, l'offre pouvait paraître inespérée. Je la déclinai cependant, car, malgré les années fécondes passées à New York (et somme toute heureuses, autant que le permettaient les circonstances), je ne pouvais me résoudre à l'idée de mener jusqu'à la fin de ma carrière une vie d'expatrié. Parsons ne me tint pas rigueur de ce refus. Les échanges intellectuels entre nous continuèrent, et il me communiqua avant publication certains de ses travaux.

la fonction des prohibitions du mariage, a fait l'objet d'une analyse et d'une discussion approfondies.

En second lieu, le problème du rapport entre règles du mariage et structure sociale a été envisagé récemment, sur un terrain concret, par E.R. Leach dans plusieurs publications et un livre relatifs à diverses sociétés de l'Asie du Sud-Est. A cette occasion, on a passé en revue la documentation concernant cette partie du monde, plus particulièrement des travaux hollandais nouveaux portant sur l'Indonésie. De plus en plus, cette région du monde apparaît comme un terrain privilégié pour l'étude des rapports entre les représentations religieuses et l'organisation sociale, dont on peut observer des modalités diverses côte à côte, les formes extrêmes étant reliées par tout une série de formes intermédiaires. L'examen d'un certain nombre de cas précis a permis de conclure que l'ethnologue a tout intérêt à traiter les faits de parenté comme s'ils constituaient un système autonome, et à réserver pour une étape ultérieure la recherche des corrélations entre les différents ordres.

VI

RECHERCHES RÉCENTES SUR LA NOTION D'ÂME
(année 1956-1957)

On s'est d'abord efforcé, par un retour aux textes, de préciser et de dégager les lignes essentielles de la pensée de Tylor, qu'on peut considérer comme le fondateur de la théorie ethnologique de l'âme. Cette théorie a paru toujours recevable dans la mesure où elle pose le problème en termes de psychologie de l'intelligence, et où elle fait appel à deux manières, corrélatives et opposées, de concevoir l'âme. Ces deux aspects sont toujours donnés simultanément, et la nature de leur opposition s'éclaire à la lumière de travaux linguistiques récents, notamment ceux de M. Roman Jakobson qui distingue deux modes fondamentaux de la pensée logique respectivement associés à la métonymie et à la métaphore.

La notion d'âme est ainsi apparue comme le produit immédiat d'une opération logique primitive, c'est-à-dire conditionnant toutes les autres. Afin de parvenir à intégrer des éléments dans un système, elle consiste à élaborer, pour chaque élément, une sorte de *duplicatum* reproduisant tous les caractères de l'élément, mais possédant en plus la qualité d'être permutable, et donc d'entrer en combinaison avec n'importe quel *duplicatum* d'un autre élément. On aboutit ainsi à la conception d'un « monde des âmes » analogue au monde de l'expérience, à ceci près qu'il apparaît souvent comme un « monde renversé ».

Cette interprétation a été alors confrontée à celle de l'école sociologique française, principalement chez Durkheim, Mauss et Hertz. On a reconnu une démarche comparable dans l'œuvre de Mauss, ainsi quand il met en contraste le totémisme et le sacrifice.

Une attention particulière a été portée aux recherches de Robert Hertz, dont le dossier indonésien doit sans doute être réévalué à la lumière des enquêtes postérieures à 1909, mais dans un sens qui conserve toute sa valeur à la distinction mise en évidence par Hertz entre *âme de la chair* et *âme des os*.

Un inventaire de la documentation indonésienne et mélanésienne a permis de préciser cette opposition en même temps qu'une autre, non moins essentielle, entre la « société des âmes » et le groupement organique des âmes fonctionnelles tenue pour constitutive de l'individualité de chaque être humain.

En suivant la voie tracée par Hertz, on a enfin cherché à mettre en relation la dualité des âmes avec la coutume de la double inhumation. Celle-ci a fait l'objet d'une étude détaillée, à partir de la mythologie et du rituel des Indiens de la Californie du Sud qui offrent un intérêt particulier pour cette recherche. En effet, à l'inverse de ce qu'on observe le plus souvent, leur culte vise à abolir plutôt qu'à préserver la mémoire des ancêtres : on trouve ainsi chez eux une tentative méthodique et réfléchie pour liquider — si l'on ose dire — l'âme avec toutes les notions qui s'y rattachent.

VII

LE DUALISME DANS L'ORGANISATION SOCIALE ET LES REPRÉSENTATIONS RELIGIEUSES
(année 1957-1958)

Ce problème, abordé seulement en 1956-1957, continuera d'être l'objet de nos recherches l'année prochaine. Au cours de cette année, nous nous sommes proposé deux tâches distinctes : retracer l'histoire du dualisme dans la pensée ethnologique ; dépouiller et commenter une première tranche de documents.

On entend par organisation dualiste une division de la société en deux groupes, non exclusive d'autres divisions en groupes plus nombreux, mais dont le rôle se situe à d'autres niveaux de la vie sociale. C'est Lewis H. Morgan qui, le premier, à l'occasion de ses recherches sur les Iroquois, s'est appliqué à faire la théorie de cette structure bipartite.

Or, dans les analyses de Morgan, on discerne les linéaments d'un problème qui n'a cessé de préoccuper les ethnologues. Les organisations dualistes peuvent être interprétées en extension ou en compréhension ; mais ce choix conduit à des hypothèses très différentes sur leur genèse. Les structures dualistes résultent-elles de la fusion incomplète de deux populations, ou d'un besoin élémentaire de diversification interne que tout groupe social est amené à ressentir ? Et si l'on doit invoquer des origines différentes selon les cas, comment se fait-il qu'à travers le monde, le schème dualiste, inégalement élaboré, certes, témoigne partout d'une si grande homogénéité fonctionnelle ?

Ce problème, déjà présent à la pensée de Morgan, passe au premier plan chez plusieurs de ses contemporains. On peut voir ainsi en McLennan le fondateur d'une conception mécanique et statique du dualisme, tandis que Tylor est l'inventeur de la conception dynamique et fonctionnelle.

Avec un demi-siècle d'écart ou presque, l'opposition se retrouve en Allemagne avec les théories diffusionnistes de Graebner, d'une part, le fonctionnalisme de Thurnwald, d'autre part. Mais c'est à W.H.R. Rivers que revient au début du XXe siècle, le mérite d'avoir développé la théorie dualiste.

Une analyse détaillée de *The History of Melanesian Society* (1914) a permis de rendre justice au maître anglais, dont on a tendance aujourd'hui à sous-estimer l'œuvre théorique. En dépit d'une conception syncrétique du dualisme qui rappelle, en un sens, celle de Morgan, Rivers annonce et prépare tous les développements de la pensée ethnologique contemporaine, particulièrement ceux auxquels on associe les noms de Mauss et de Malinowski. Et pourtant, cette puissante vision synthétique ne lui survit pas, car son héritage spirituel se partage, selon une ligne de clivage nettement accusée, entre l'école diffusionniste anglaise (Elliot Smith, Perry) et la pensée déjà structuraliste de Hocart. Ainsi réapparaît, en plein XXe siècle, le conflit théorique qui, dès l'origine de la réflexion ethnologique, avait opposé Morgan et McLennan.

Seuls les matériaux africains et océaniens ont été inventoriés au cours de l'année 1957-1958, et certains de façon très sommaire. Menée à partir des travaux de Hocart, l'étude des documents fidjiens devait permettre de dégager une forme instable de dualisme et d'en offrir une interprétation théorique : forme où la réciprocité se désintègre, si l'on peut dire, en deux modalités, symétriques et inverses, de la concurrence entre groupes alliés. Dans un cas les donneurs de femmes, dans l'autre les preneurs occupent la position dominante. On a montré comment cette fission des alliés provoque en s'aggravant une fission des lignées collatérales, laquelle aboutit finalement à rendre impossibles les échanges matrimoniaux et convertir un système exogamique en système endogamique.

En analysant le système des attitudes prévalant entre l'oncle maternel et le neveu utérin dans différentes sociétés, on a pu proposer une typologie qui rassemble en un seul tableau des institutions jusqu'à présent jugées difficilement comparables : depuis le dualisme exogamique et matrilinéaire des Banaro de la Nouvelle-

Guinée jusqu'aux institutions arabes, patrilinéaires, endogamiques et exclusives de tout dualisme, en passant par les institutions intermédiaires des *tauvu* à Fidji et par les différentes formes — européenne médiévale, mélanésienne, américaine — du *vasu*, c'est-à-dire l'existence de relations fortement marquées, comme disent les linguistes, entre l'oncle maternel et le neveu.

Enfin, l'analyse de certains faits africains, notamment ceux relatifs aux Galla d'Éthiopie, aux Ibo du Nigeria, et à diverses autres populations, a permis de poser à nouveau, dans un autre contexte, le problème du rapport entre deux formes de dualisme : la bipartition territoriale et religieuse telle qu'elle s'exprime, par exemple au Dahomey, dans la structure urbaine et administrative, et le dualisme organique et fonctionnel qui se manifeste aussi bien chez les Soudanais que chez les Bantous, dans l'appariement des clans ou sous-clans en couples unis par des réseaux de privilèges et d'obligations.

VIII

LE DUALISME DANS L'ORGANISATION SOCIALE ET LES REPRÉSENTATIONS RELIGIEUSES
(suite)
(année 1958-1959)

On s'était posé l'an dernier la question de savoir comment les ethnologues ont considéré, consciemment et historiquement, l'organisation dualiste.

Cette année, on s'est placé dans une perspective complémentaire : comment les participants la considèrent-ils eux-mêmes, inconsciemment et mythiquement ?

Le problème est vaste. Plutôt que de juxtaposer arbitrairement des faits hétérogènes, on a préféré s'en tenir à un échantillon et faire son étude exhaustive. Cette étude a porté sur les sociétés indigènes de l'Amérique tropicale qui possèdent une organisation dualiste, et celle-ci a été examinée sous un triple aspect : la structure sociale, le système de parenté, les représentations mythiques.

Allant du nord vers le sud, on a successivement considéré plusieurs cas : certaines sociétés mal connues de l'Amérique centrale, Bribri, Guaymi, Talamanca ; puis les Yaruro, Guahibo du Venezuela ; dans le bassin amazonien, les Tukuna et les Munduruku ; enfin, dans le Brésil central, les Bororo et les divers représentants du groupe Gé, Apinayé, Sherenté, Timbira.

Les Tukuna ont particulièrement retenu l'attention. Ces Indiens sont organisés en clans patrilinéaires répartis en deux moitiés, l'une associée à l'est et à la végétation, l'autre à l'ouest et aux oiseaux.

La mythologie est, elle aussi, imprégnée de dualisme, avec pour protagonistes les deux frères Dyoi et Epi, associés respectivement à la pêche et à la chasse, au lisse et à l'épineux, au singe nocturne et à l'opossum. On s'est cependant convaincu de l'origine tupi de ces mythes, et la discussion a surtout porté sur la façon dont des motifs très répandus en Amérique du Sud se sont transformés au contact d'institutions dualistes développées.

On s'est alors aperçu que loin de s'épanouir parallèlement dans l'ordre du mythe et dans celui de la société, les représentations dualistes semblent devenir moins nettes et moins persistantes sur le plan du mythe, dans la mesure même où l'organisation sociale leur fait une plus grande place. Chez les anciens Tupi où le système des moitiés, s'il a existé, n'a certainement pas joué un grand rôle, le dualisme s'affirme dans la pensée mythique à travers une série généalogique de paires dioscuriques dont le rendement logique, si l'on peut dire, ne s'épuise pas ou très peu en passant d'une génération à la suivante. Chez les Tukuna, ce dioscurisme apparaît plus diffus, puisqu'on le trouve dédoublé au départ (deux frères et deux sœurs), mais que, dès la troisième génération, il se résorbe en la personne d'un descendant unique à la conception duquel les deux frères ont dû se résoudre à collaborer.

Les Munduruku de la rive droite de l'Amazone offrent un des rares exemples connus de société patrilinéaire et matrilocale. Eux aussi sont répartis en clans et en moitiés, ici respectivement « blanche » et « rouge ». On retrouve chez ces Indiens des thèmes mythiques analogues à ceux déjà rencontrés chez les Tukuna, mais, dans ce nouveau cas, la discussion a surtout porté sur les rapports entre l'organisation dualiste et le système de parenté.

Or, on a constaté que là aussi, les divers « codes » utilisés par la société sont « redondants » seulement en partie. Analysé d'après les travaux récemment publiés de Robert F. Murphy, le système de parenté munduruku n'est formalisable qu'en invoquant un type de dualisme différent de celui donné à l'observation ethnographique et à la conscience indigène, fondé sur une dichotomie des lignées collatérales en « aînées » et en « cadettes » (directement observée par nous-même chez les Tupi-Kawahib, parents des Munduruku).

La discussion qu'on vient de résumer conduit à réinterpréter l'institution sud-américaine bien connue du mariage préférentiel de l'oncle maternel avec la fille de sa sœur. On espère avoir montré qu'il s'agit là, non pas d'un privilège arbitraire exercé par un certain type de parent, mais d'un phénomène lié par une connexion nécessaire à la structure sociale des peuples en cause.

Enfin, l'épreuve comparative de la mythologie et de l'organisation sociale des Bororo, d'une part, de l'ensemble des tribus du groupe Gé, de l'autre, a permis de poser un dernier problème : celui de l'inversion de certains thèmes mythiques possédés en commun par deux populations éloignées l'une de l'autre, mais offrant entre elles des affinités indiscutables et possédant aussi des formes très semblables d'organisation sociale. Tel est, en effet, le cas pour plusieurs mythes des Bororo et des tribus Gé.

Pour surmonter cette difficulté, il a fallu introduire une distinction entre deux formes d'inversion mythologique (tous les rapports de symétrie étant conservés) : à côté de l'inversion fonctionnelle, explicable par des différences corrélatives dans l'organisation sociale des populations considérées (l'une ayant, par exemple, la filiation patrilinéaire, l'autre la filiation matrilinéaire), on doit admettre qu'il existe une inversion d'un autre type, liée non à des changements de structure, mais à l'élévation du seuil par lequel la communication se fait entre les deux sociétés, en raison de leur éloignement géographique ou de difficultés linguistiques. Dans les deux cas, et en dépit de la différence fondamentale entre les phénomènes invoqués, les mythes se transforment de la même façon. On a suggéré, en guise de conclusion, qu'il pouvait y avoir là une manière presque expérimentale de démontrer le caractère structural de la pensée mythique.

IX

LA CHASSE RITUELLE AUX AIGLES
(année 1959-1960)

On a pris pour texte de référence le récit indigène de deux expéditions de chasse aux aigles, recueilli et publié par G.I. Wilson sous le titre : *Hidatsa Eagle Trapping* (Anthropological Papers of the American Museum of Natural History, vol. XXX, Part iv, New York, 1928).

La chasse aux aigles a un caractère cérémoniel dans presque tout le continent américain. Se limitant ici à l'Amérique du Nord, on a commencé par décrire et distinguer les diverses techniques de chasse. L'aigle capturé peut être mis à mort (Californie, Plaines, est des États-Unis), libéré (Colombie britannique) ou tenu en captivité (Pueblo). On emploie une cage dans l'ouest, non dans l'est. L'aigle est pris, tantôt encore au nid (Californie et sud-ouest des États-Unis), tantôt adulte, par un chasseur dissimulé dans une fosse, technique caractéristique des Indiens des Plaines, particulièrement dans la région du haut Missouri habitée par les Pawnee, les Mandan et les Hidatsa.

On a essayé ensuite de définir le symbolisme des plumes d'aigle, surtout chez les Indiens des Plaines, et d'expliquer ainsi l'importance de la chasse servant à les obtenir. La coiffure de plumes d'aigle sanctionne et commémore les actions guerrières. Or, les Indiens des Plaines mettent la guerre sous le contrôle magique des paquets sacrés, dits « choses écorchées » parce qu'ils contiennent surtout des dépouilles d'oiseaux. On voit en ceux-ci les éclaireurs du combat, les destructeurs des ennemis, enfin — pour ce qui est des oiseaux charognards — les purificateurs du champ de bataille. A tous ces titres, les oiseaux « possèdent » les actions d'éclat jusqu'à ce qu'elles aient été redistribuées entre leurs auteurs humains grâce à un rituel approprié au cours duquel les oiseaux sont pris à témoin des prétentions émises par les guerriers.

La coiffure de plumes d'aigle offre ainsi un double aspect : elle atteste la *relation avec le surnaturel* qu'implique toute action guerrière, et elle exprime aussi le *consentement collectif* indispensable à sa reconnaissance, c'est-à-dire son aspect sociologique. En effet, la coiffure de plumes est conférée au guerrier par ses compagnons d'armes qui se désaisissent en sa faveur, non seulement des plumes qu'ils possèdent, mais des hauts faits dont chacune était la preuve tangible. Les plumes d'aigle symbolisent donc le double système de référence — sociologique et religieux — hors duquel aucune action guerrière ne peut être tenue pour légitime, et sans le respect duquel le promoteur d'une expédition serait jugé responsable de la mort de ses compagnons : traité non en guerrier malheureux, mais en assassin.

Après ces considérations générales, on a passé à l'analyse de la chasse aux aigles des Hidatsa, tant sur le plan des rites que sur celui des mythes. Du point de vue du rituel, on s'est particulièrement attaché à l'interdiction de répandre le sang de l'aigle, qu'on doit mettre à mort en l'étouffant. On a rapproché ce trait, d'une part de la théorie indigène des maladies qui associe l'aigle aux hémorragies ; d'autre part, de la remarquable affinité, impliquée par le rituel, entre les aigles et les règles féminines : celles-ci exercent sur la chasse une influence bénéfique, contrairement aux idées que la plupart des sociétés sans écriture (et les Hidatsa eux-mêmes en d'autres circonstances) entretiennent au sujet de ce phénomène physiologique.

Pour interpréter cette singularité, il a fallu étudier les mythes fondateurs de la chasse aux aigles et les comparer avec les récits parallèles d'autres populations américaines. On a dû, d'abord, se prononcer sur l'identité des animaux surnaturels dont les mythes hidatsa font les inventeurs de cette chasse, et en qui les ethnologues nord-américains voient soit des ours, soit des carcajous *(Gulo luscus)*. Une rapide enquête sur la place du carcajou dans les croyances indigènes a permis de trancher en faveur de cet animal, généralement tenu pour « maître des pièges », et particulièrement des fosses où les chasseurs Hidatsa se dissimulent pour capturer les aigles. Les carcajous sont donc des chasseurs « infra-terrestres », et l'Indien creusant une fosse pour s'y cacher s'identifie au carcajou.

Mais l'aigle est lui-même associé au ciel empyrée. L'opposition de l'aigle et du carcajou est donc celle d'une proie céleste à un chasseur chthonien, c'est-à-dire l'opposition la plus forte concevable, sous le rapport de la chasse, entre le haut et le bas. Cette hypothèse a été confirmée par une analyse des références à la chasse aux aigles dans les mythes hidatsa relatifs à deux héros culturels, capables de se transformer en flèche et maîtres de la chasse à l'arc ; celle-ci apparaît, en effet, comme une technique intéressant la région située immédiatement au-dessus du sol : le ciel atmosphérique ou moyen, dans lequel se meuvent les flèches. De ce point de vue, la qualification religieuse de la chasse aux aigles et l'extraordinaire minutie du rituel dont elle s'entoure peuvent être envisagées comme une contrepartie de sa position extrême au sein d'une typologie mythique caractéristique de l'aire considérée, dans laquelle cette chasse établit un *écart maximum* entre le chasseur et son gibier.

Cette position en quelque sorte « excentrique » de la chasse aux aigles ne lui est pas propre seulement sur le plan du mythe ; elle relève aussi du genre de vie et du milieu. Les Hidatsa se partagent entre l'agriculture villageoise — tâche féminine —, et la chasse masculine au bison qui se déroule dans les plaines. Or, la chasse aux aigles se déroule, elle, dans les « mauvaises terres », qui sont aussi un *no man's land*, et où — s'opposant à la vie sédentaire dans des villages fortifiés, et aux grands déplacements en force à la poursuite des troupeaux de bisons — une très petite équipe de chasseurs s'expose au risque des embuscades et des attaques par surprise. De ce fait aussi, la chasse aux aigles acquiert un caractère extrême, non plus mythique mais sociologique : c'est la forme de chasse la plus directement en contact avec la guerre sous ses couleurs les plus hasardeuses. Ainsi s'explique, du point de vue religieux, que les aigles capturés soient rituellement identifiés à des ennemis, et, du point de vue sociologique, que des tribus mutuellement hostiles observent des trêves tacites pendant la période de chasse qui débute à l'automne et dure jusqu'à ce que les froids gèlent le sol.

Si le caractère religieux de la chasse aux aigles s'explique parce qu'on se la représente sous forme d'un écart maximisé, les rites qui l'accompagnent doivent avoir pour objet principal d'assurer une médiation entre des termes polaires d'abord donnés à l'état dissocié. Sur le plan technique, l'appât (morceau de viande ou animal empaillé) joue le rôle d'intermédiaire entre l'homme et l'oiseau. Or, les mythes et la langue elle-même attestent que l'appât est conçu comme un terme féminin : le même verbe qui signifie « étreindre une femme » dans le langage courant, dans celui, rituel, des chasseurs exprime l'action de l'aigle se posant sur l'appât. Le symbolisme de la chasse aux aigles s'insère donc dans un système de catégories très répandu chez les Indiens des Plaines, où la femme apparaît comme un terme médiateur entre deux hommes. Les prestations de femmes, lors de la transmission des grades au sein des confréries masculines, en constituent l'exemple le plus frappant.

Dans ces conditions, il était intéressant de comparer les mythes hidatsa de la chasse aux aigles avec ceux d'autres populations où, toutes choses restant égales, le personnage de l'aigle se trouve permuté en position féminine. L'analyse d'une série de mythes a permis d'isoler un élément invariant : l'apparente souillure du sang menstruel, sanctifiant la chasse aux aigles chez les Hidatsa, constitue le terme faible d'une série dont le terme fort est fourni par la « fiancée-fantôme » ou la « femme-cadavre » de la mythologie pueblo, séductrice du mari terrestre de la princesse-aigle, homme qui s'est allié au ciel contre la terre : parti symétrique et inverse de celui qu'illustre l'alliance du chasseur hidatsa avec les carcajous « terriens ».

Pourtant, dans les deux cas, l'idée sous-jacente est la même : la souillure apparaît comme condition et moyen de la conjonction, et le mixte occupe une place secondaire par rapport au simple. Si l'on veut le mixte, c'est-à-dire la conjonction des extrêmes (telle que la réalise, on l'a vu, la chasse aux aigles), il faut accepter une des deux grandes formes concevables de la souillure : celle qu'apporte la mort ou, plus exactement, le renoncement par l'homme à l'immortalité ; ou celle que représente, dans l'instant, l'emploi d'une charogne comme appât et la participation d'une femme indisposée aux rites les plus sacrés. La seule différence est que les Pueblo conçoivent la souillure sous l'angle de la *périodicité*, les Hidatsa sous celui de la *corruption*. Soit — en empruntant ces formules à la tradition saussurienne — une souillure qui relève, dans un cas, de « l'axe des successions », dans l'autre, de « l'axe des simultanéités ».

TABLE CHRONOLOGIQUE

Pour rendre ce recueil plus maniable, j'ai préféré grouper les cours par thèmes. On les trouvera ci-dessous rangés en ordre chronologique. Le lecteur notera que je fis tantôt deux cours par an sur des sujets différents, tantôt un seul en raison d'un allègement de service, ou, le plus souvent, parce que le sujet choisi devait m'occuper toute l'année.

A partir de 1974-1975, j'ai adopté une autre formule comportant un cours et un séminaire. Il y eut donc au total neuf séminaires, que je n'ai pas inclus dans ce recueil pour plusieurs raisons. Ils ont fait, doivent ou pourront faire l'objet de publications séparées ; et surtout, les contributions des participants y tinrent tant de place que ces séminaires furent, plus que mon œuvre, la leur et celle des membres du laboratoire d'anthropologie sociale qui se chargèrent de les organiser, MM. J.-M. Benoist, M. Izard et M. Godelier.

1959-1960	19,	97
1960-1961	37,	103
1961-1962	53,	161
1962-1963	55	
1963-1964	61	
1964-1965	109	
1965-1966	66	
1966-1967	69	
1967-1968	73	

1968-1969	78
1969-1970	84
1970-1971	89
1971-1972	112, 168
1972-1973	121, 181
1973-1974	129
1974-1975	141
1975-1976	150
1976-1977	189
1977-1978	194
1978-1979	200
1979-1980	209
1980-1981	221
1981-1982	230

(Les neufs cours donnés à l'École pratique des hautes études ont été laissés en ordre chronologique.)

TABLE DES MATIÈRES

Préface 9

Première partie

LE CHAMP DE LA RECHERCHE

   I. L'Avenir de l'ethnologie (année 1959-1960) 19
  II. Le Totémisme aujourd'hui et la Pensée sauvage (année 1960-1961)...................... 37

Deuxième partie

MYTHOLOGIQUES

     I. Le Cru et le cuit (année 1961-1962) 53
    II. Du Miel aux cendres (année 1962-1963) 55
   III. L'Origine des manières de table, 1 (année 1963-1964)................................ 61
   IV. L'Homme nu, 1 (année 1965-1966) 66
    V. L'Origine des manières de table, 2 (année 1966-1967) 69
   VI. L'Homme nu, 2 (année 1967-1968) 73
  VII. Interlude : le brouillard et le vent (année 1968-1969) 78
 VIII. L'Homme nu, 3 (année 1969-1970) 84
   IX. L'Homme nu, 4 (année 1970-1971) 89

Troisième partie

RECHERCHES SUR LA MYTHOLOGIE ET LE RITUEL

- I. Trois dieux hopi (année 1959-1960) 97
- II. Un Mythe iroquois (année 1960-1961) 103
- III. Esquisses pour un bestiaire américain (année 1964-1965) 109
- IV. La Voie des masques (année 1971-1972) 112
- V. Asdiwal revisité (année 1972-1973) 121
- VI. Le Graal en Amérique (année 1973-1974) et appendice 129
- VII. Cannibalisme et travestissement rituel (année 1974-1975) 141
- VIII. Ordre et désordre dans la tradition orale (année 1975-1976) 150

Quatrième partie

DÉBATS EN COURS SUR L'ORGANISATION SOCIALE ET LA PARENTÉ

- I. Recherches sur la parenté et le mariage (année 1961-1962) 161
- II. Discussions sur l'atome de parenté (année 1971-1972) 168
- III. État actuel des études bororo (année 1972-1973) 181

Cinquième partie

CLAN, LIGNÉE, MAISON

- I. La Notion de maison (année 1976-1977) 189
- II. Considérations sur l'Indonésie (année 1977-1978) .. 194
- III. Les Problèmes de la Mélanésie (année 1978-1979) ... 200
- IV. Mélanésie (suite) et Polynésie (année 1979-1980) ... 209

TABLE DES MATIÈRES

V. Comparaisons : Nouvelle-Zélande, Madagascar, Micronésie (année 1980-1981) 221
VI. Considérations sur l'Afrique (année 1981-1982) 230

Sixième partie

ANNEXE : NEUF RÉSUMÉS DE COURS DONNÉS A L'ÉCOLE PRATIQUE DES HAUTES ÉTUDES, SECTION DES SCIENCES RELIGIEUSES

I. La Visite des âmes (année 1951-1952) 245
II. Recherches de mythologie américaine (année 1952-1953) 249
III. Recherches de mythologie américaine, suite (année 1953-1954)..................................... 252
IV. Rapports entre la mythologie et le rituel (année 1954-1955)..................................... 255
V. Les Prohibitions du mariage (année 1955-1956) 258
VI. Recherches récentes sur la notion d'âme (année 1956-1957)..................................... 260
VII. Le Dualisme dans l'organisation sociale et les représentations religieuses (année 1957-1958) 262
VIII. Le Dualisme dans l'organisation sociale et les représentations religieuses, suite (année 1958-1959) 265
IX. La Chasse rituelle aux aigles (année 1959-1960)..... 268

Table chronologique 273

L'impression de ce livre
a été réalisée sur les presses
des Imprimeries Aubin
à Poitiers/Ligugé

pour les Éditions Plon

Achevé d'imprimer le 25 avril 1984
N° d'édition, 11163 — N° d'impression, L 16641
Dépôt légal, avril 1984

Imprimé en France